국가부도
경제학

영미금융 침략전쟁의 기원

국가부도
경제학

Economics Leading to Sovereign Default

이희재 지음

궁리
KungRee

생산을 위해 쓰이는 돈이 왜 중요한가

한 방송에서 〈연예인과 갓물주〉라는 탐사 다큐멘터리를 내보낸 적이 있다. 적게는 수십억대 많게는 수백억대의 건물을 매입하고 몇 년 안에 되팔아 거액의 차익을 남기고도 법인 뒤에 숨어 세금을 제대로 안 낸다는 연예인 건물주와 건물 투기로 인해 치솟은 임대료를 감당 못하고 가게에서 쫓겨나는 자영업자의 실태를 고발한 프로그램이었다.

프로그램은 연예인이 건물에서 얻은 천문학적 소득이 제대로 환수되지 않는 현실을 꼬집었고 서민에게 문턱이 높기만 한 은행이 유명 연예인에게 건물을 사라며 수십억 수백억을 척척 빌려주는 세태 앞에서 경악했지만 정작 은행이 그 돈을 어디서 조달하는지는 궁금해하지 않았다. 댓글들도 국민의 사랑을 받고 자란 연예인이 서민을 벗겨먹는 배은망덕을 성토하는 내용 일색이었지 은행을 질타하는 목소리는 없었다. 우리가 절약해서 예금한 돈을 자금이 필요한 사람에게 빌려주는 곳이 은행이라는 믿음이 뇌리에 굳세게 박혀 있어서이리라.

절대 다수의 연예인이 건물 구입가의 80~90%를 은행에서 빌리는 현실을 보면서 "(우리가) 한 푼 두 푼 저축한 돈이 저렇게 쓰인다니 어처구니없기도 하다"고 내뱉은 진행자의 푸념은 은행에서 빌려주는 돈의 출처에 대한 보통 사람의 고정관념을 압축한 발언이었다.

『국가부도경제학』은 그런 고정관념을 깨뜨리려고 썼다. 은행은 이미 존재하는 돈을 이자만 살짝 더 얹어서 빌려주는 중개업자가 아니라, 대출을 예금인 척 속여 수십억 수백억 수천억의 돈을 허공에서 만들어내는 발권업자임을 밝히려 했다. 불로소득과 양극화의 주범은 갓물주가 아니라 허공에서 찍어낸 돈으로 건물이라는 고정자산의 가치를 자꾸 부풀려 이자 소득으로 배를 불리면서 서민의 고혈을 빠는 은행의 고리대금업임을 정조준하고자 했다.

돈이란 무엇일까. 혹자는 금이라 말하고 혹자는 세계 어디에서나 구매력을 갖는 달러 같은 기축통화라 말하고 혹자는 누구도 함부로 찍어낼 수 없어 통화가치가 유지되는 비트코인 같은 암호화폐만이 진짜 돈이라 말한다. 모두 돈을 주역으로 여기는 발상이다. 그래서 전에는 금본위제가 무너지면 하늘이 무너질 것처럼 나라마다 금 확보에 힘썼으며, 지금은 애써 물건을 만들어 넘기고 받은 달러를 잘 쓰지도 못하고 신줏단지처럼 받들며 쌓아놓기만 하고, 널뛰기하는 비트코인의 시세를 목도하면서도 비트코인만 돈의 가치를 유지한다는 발언을 일삼는다.

돈은 주역이 아니라 조역이다. 사람은 금이 없어도 달러가 없어도 비트코인이 없어도 살 수 있지만 먹을 것 없이는 못 산다. 사람은 생명체이기에 먹어야 하고 문명사회의 일원이기에 입어야 하고 비

바람을 피할 보금자리도 있어야 한다. 사람에게는 의식주가 필요하다. 공동체가 얼마나 풍요로운지는 그 공동체에 돈이 얼마나 넘쳐나느냐가 아니라 의식주로 집약되는 물자와 서비스가 얼마나 넘쳐나고 잘 나눠지느냐에 달렸다. 돈이 넉넉한 사회가 아니라 물자와 서비스가 넉넉히 공유되는 사회가 풍족한 사회다. 그런 물자와 서비스를 흔히 '부'라고 하지만 재물처럼 눈에 보이는 즉물성을 강조하고픈 마음에서 이 책에서는 '재부'라 부르겠다.

재부가 주역이고 돈은 조역이다. 재부는 밀이 되었건 목재가 되었건 신발이 되었건 옷이 되었건 미사일이 되었건 커피가 되었건 디자인이 되었건 상담이 되었건 인간이 생명체로서 건강하게 살아가는 데 도움이 되는 물자와 서비스다. 그리고 돈은 농부가 되었건 벌목공이 되었건 제화공이 되었건 재단사가 되었건 과학자가 되었건 바리스타가 되었건 디자이너가 되었건 상담사가 되었건 그런 물자와 서비스를 생산한 사람에게 그 사람이 생산에 들인 노고에 대해 공동체의 이름으로 지는 빚이다. 돈이 공동체의 빚인 까닭은 돈이라는 생산의 증표를 소지한 사람은 공동체 어디를 가더라도 그 사람이 들인 수고에 상응하는 물자와 서비스를 누리는 권리를 돈이 보장해서 그렇다. 생산을 돕는 돈만이 진짜 돈이다. 생산과 무관한 돈은 가짜 돈이고 가짜 빚이어서 공동체의 생산 기반을 무너뜨린다. 돈은 공동체의 빚이기에 생산과 무관한 투기성 자금이 공동체 안에 마구 생겨나면 공동체 다수 성원은 빚더미에 오른다. 투기가 아니라 생산으로 이어지는 돈만을 잘 공급하는 것이 그래서 중요하다.

영어 usury는 보통 '고리대금'으로 옮기지만 고리대금은 오해를 낳기 쉬운 풀이다. 영국 작가 힐레어 벨록은 『헬렌을 위한 경제학』에서 usury는 이자를 높게 받느냐 낮게 받느냐와 무관하다고 갈파했다. usury는 원래 재부를 '닳아 없애다', '점점 마모시키다'는 말에서 나왔다. 어째서 재부가 갉아먹힌다는 것일까. 갓물주가 40억의 은행 대출을 끼고 50억에 매입한 건물을 2~3년 뒤 60억에 팔았다고 하자. 60억에 건물을 매입한 새 갓물주도 50억의 은행 대출을 받았다고 하자. 은행 대출이 10억 늘어난 만큼 은행 이자도 늘었을 것이고 새 갓물주도 은행 이자가 올라간 만큼 가게세를 올릴 것이다. 이 과정이 되풀이되면서 임대료가 폭등하면 결국 생산자는 가게에서 쫓겨나 생산을 포기하게 된다. 금리가 낮을수록 새 갓물주의 은행 대출도 손쉬워지지만 그만큼 건물에 낀 거품도 부풀어오르는 탓에 생산자가 생산현장에서 밀려날 가능성은 더 커진다. usury를 고리대금으로 번역하면 은행이 저금리로 갓물주에게 꿔주는 돈은 마치 불로소득이 아닌 듯한 착각을 낳기 쉽다. usury의 정확한 풀이는 고리대금이 아니라 '비생산 대출'이라야 한다. 생산에 기여하기는커녕 생산자를 생산현장에서 몰아내는 은행의 갓물주를 상대로 한 비생산 대출은 금리가 높건 낮건 하나같이 소수 투기자의 불로소득으로 이어져 다수 생산자를 어렵게 만든다.

우리가 IMF를 겪은 이유

90년대 초까지도 한국의 은행들은 지금과 달리 비생산 대출에 적극 나서지 못했다. 기업이 비업무용 부동산을 많이 가지면 정부가 제약을 가했다. 정부는 은행 대출이 생산 부문에 집중되도록 독려했다. 이른바 '관치금융'이었다. 한국의 급속한 공업화 밑바탕에는 관치금융이 있었다. 하지만 공동체의 빚일 수밖에 없는 돈이 공동체 안으로 자유롭게 쏟아져 들어오도록 허용하는 자본시장 개방이 선진국의 자격조건이라 착각한 정부가 민간기업의 외자유치를 1993년에 허용하면서 4년 뒤 한국은 환란을 겪고 말았다. 환란을 겪기 전까지 생산 주역들에게 돈을 공급하던 한국의 은행들은 환란을 겪으며 외국 자본에게 지분이 대거 넘어가 지금은 갓물주를 통한 이자놀이로 거금을 챙기는 데 몰두한다. 한국이 환란을 겪은 것은 미국의 주장대로 관치금융 탓이 아니라 관치금융이 무너진 탓임을 이 책은 밝히고 싶었다.

한국이 가장 소중한 공공재인 돈의 공급 결정권을 공익의 대변자인 국가가 아니라 사익을 탐하는 민간은행에게 빼앗긴 것은 지금으로부터 30여 년 전인 1997년 환란을 겪으면서였다. 하지만 선진 의회민주주의와 선진 금융의 종주국으로 일컬어지는 영국은 지금부터 300여 년 전인 1694년에 민간 투기꾼들이 세운 잉글랜드은행에게 똑같은 권리를 빼앗겼다. 그 뒤로 영국 국민은 민간 투기꾼들이 허수아비 왕에게 돈을 꿔주며 부추기는 전쟁의 총알받이로 나서는 것도 모자라 막대한 전쟁빚을 자손만대가 대를 이어 갚아야 하는 신세로 전락했다. 투기 세력이 대준 돈으로 전쟁에서 이겨 해가 지지 않는 제국을 건설했어도 다수 국민은 나라빚과 가난에서 못 벗어났다.

금권집단의 눈치를 살펴야 했던 영국의 주류 경제학자들은 돈이 무엇인지 빚이 무엇인지 얼버무렸다. 그래서 금이라는 유한한 자원을 풀었다 조였다 하면서 나라의 재부를 끝없이 독점해가는 금권집단의 이익을 떠받들며 금본위제를 예찬했다. 돈은 민간은행이 허공에서 찍어내는 것이 아니라 지금 당장 쓰고 싶은 재부를 아낀 사람들의 인내의 결실이므로 국가도 민간은행에서 돈을 꾸고 이자를 물어야 한다고 주장했다. 공공지출의 중요성을 역설했다고 해서 진보 경제학자로 칭송받는 케인스도 정부가 돈을 과감히 써야 한다고만 말했지 민간은행이 허공에서 찍어내는 돈을 왜 정부가 이자까지 물면서 빌려야 하는지에는 의문을 던지지 않았다.

영국의 금권세력은 전쟁을 왜 부추기나

영국의 주류 경제학자들은 불황과 실업의 원인을 늘 금권집단에게 유리한 쪽에서만 찾았다. 1차대전 중 영국은 막대한 노동력을 전투병으로 내보냈음에도 공장에서는 물자가 쉴새없이 쏟아져나왔다. 전쟁이 끝나자 영국의 실업률은 급증했고 빈곤층도 다시 늘어났다. 주류 경제학자들은 제대 군인의 사회 복귀로 인한 노동력 공급 증가와 전쟁물자 수요 감소로 인한 생산 과잉에서 원인을 찾았다.

하지만 그것은 오진이었다. 소비력 감소가 불황을 낳았다. 소비력 감소의 원인은 영국 정부의 긴축이었고 영국 정부가 긴축을 선택한 것은 영국 정부가 전쟁 중에 발행한 국채를 매입한 민간 투자자들의 재산 가치를 지켜주려던 데 근본 원인이 있었다. 긴축으로 통화량을 줄여야 채권이라는 돈의 가치가 올라가니 말이다. 투자자보다 국민을 섬기는 정부였다면 원금에다 이자까지 복리로 무섭게 불어나는 빚을 국민이 대대로 세금으로 갚아야 하는 국채 발행이 아니라 이자는 물론 원금 상환 의무도 없는 화폐 발행을 전쟁자금으로 선택해야 마땅했을 것이다. 영국은 기축통화 파운드를 보유한 나라였으니 말이다.

실제로 중세 영국의 왕은 필요한 국책사업이 있으면 나무가지에 사업내용과 금액을 새긴 뒤 쪼개서 반은 보관하고 반은 사업자에게 지급했다. 부절목이라 불렸던 나무가지돈은 위조가 불가능했고 위조가 적발되면 참수형에 처해졌다. 부절목이 돈으로 통용된 것은 왕이 부절목을 세금으로 받아주어서였다. 돈의 권위는 금이 아니라 국가 권력에서 나왔다.

중세 영국에서 소액 결제에는 금화나 은화를 썼지만 거액은 부절목으로 치렀다. 부절목은 생산행위가 있어야만 발행했으므로 인플레이션과 무관했다. 1278년부터 1500년까지 약 200년 동안 영국에서 밀 가격은 겨우 1.2% 올랐다. 200년이 넘도록 영국 돈 파운드의 가치가 98.8%나 유지되었다. 왕이 일자리를 만드는 생산자에게만 돈을 공급한 덕분에 경제에 거품이 안 끼여서였다. 반면 1818년부터 2018년까지 200년 동안 파운드는 98.8%의 가치를 잃었다. 민간 투기 집단이 발권력을 차지한 잉글랜드은행이 거품을 만드는 투기꾼 위주로 돈을 공급해서였다.

중세의 영국 왕도 세금을 걷었지만 그것은 주로 외국과 전쟁을 벌일 때로 국한되었다. 부절목은 영국 안에서만 통용되는 돈이었다. 나라 밖에서 전쟁물자를 대려면 금이 필요했다. 1694년 잉글랜드은행이 세워질 당시 영국 왕이었던 윌리엄 3세가 민간 사채업자에게 발권력을 내주면서까지 손을 벌렸던 이유도 자신의 모국 네덜란드가 스페인과 치르던 전쟁에 도움을 주기 위해서였다. 영국의 금권세력이 자꾸 대외 전쟁을 부추긴 근본 이유는 평화가 지속되어 영국에서만 통용되는 무이자 돈 부절목의 쓰임새가 늘어나면 자신의 돈벌이 기회가 사라질 가능성이 높아서였다.

나라빚만 늘리는 전쟁을 거부하고 귀족에게 고통 분담을 요구한 왕들은 영국에서도 프랑스에서도 폭군으로 몰려 참수당했다. 1649년 영국의 찰스 1세가 그렇게 죽었고 1793년 프랑스의 루이 16세가 그렇게 갔다. 프랑스혁명의 소용돌이 속에서 나라를 지켜 훗날 황제로 등극한 나폴레옹 보나파르트는 프랑스혁명의 시작은 바로 금권집단의 폭정에 반기를 든 루이 16세였다고 말했다. 영국 역사가 로버트 맥네어 윌슨이 『왕권이냐 금권이냐(Monarchy or Money Power)』에서 밝힌 내용이다.

프랑스혁명의 사상적 토대를 제공한 것으로 칭송받는 계몽 지식인들은 런던의 금권집단과 내통하던 사채업자 자크 네케르의 살롱을 드나들면서 네케르의 돈으로 주연을 즐기며 왕을 부패의 원흉으로 그렸고 파리 민중은 계몽 지식인들의 붓끝에 놀아나 부패의 원흉 네케르를 구국의 영웅으로 칭송했다. 부패한 국제투기집단의 노리개로 전락하는 것을 막아주었던 한국의 관치금융이 오히려 국제투기집단에게 부패의 온상으로 지목된 것과 다르지 않다.

금권세력이 전쟁을 벌이는 데는 전쟁빚으로 국가 전체를 금권의 노예로 부리려는 것 말고도 또 하나의 중요한 이유가 있다. 영국과 미국의 금권세력은 국가와 국민을 풍요롭게 만드는 것은 금융이 아니라 생산이라는 것을 증명하는 체제의 등장을 두려워했다. 1933년 히틀러가 집권한 뒤 독일의 실업률이 삽시간에 줄어든 것은 재무장 탓이 아니라 중앙은행이 국가의 일자리 만들기 정책을 적극 뒷받침한 산업금융정책 덕분이었다. 영국과 미국은 생산을 종속 변수로 두고 금융을 중심 변수로 두는 영미 주류 경제학의 허구성을 드러내는 나라가 일어설 때마다 그런 나라를 무너뜨리려고 번번이 전쟁을 벌였다. 산업을 주인공으로 여기는 독일식 산업금융체제가 금융을 주인공으로 여기는 영국식 금융산업체제를 따라잡으려 하자 영국의 금권세력이 벌인 전쟁이 1차대전이었다. 발권력을 국가가 가지면서 생산에 필요한 돈을 적재적소에 공급하여 실업률을 단숨에 줄인 독일식 국가통화주권체제를 두려워한 나머지 미국의 금권세력이 벌인 전쟁이 2차대전이었다. 당시 미국의 루스벨트 정부는 대공황으로 생겨난 실업난을 뉴딜정책으로 해결하겠다며 민간은행에서 빌린 돈을 공공사업에 퍼부으며 한때 실업률을 크게 줄였지만 국가가 은행빚을 갚느라 세금을 올리면서 국민 소비력이 크게 줄어 결국 다시 실업률이 급증하던 때였고 이런 미국식 민간통화주권 체제는 독일식 국가통화주권 체제와 뚜렷이 대비되었다.

금권세력의 하수인으로 전락한 영국 경제학

지금 미국이 중국을 집요하게 공격하는 이유도 중국이 금융보다 산업을 우선시하는 산업금융체제라서 그렇고 민간이 아니라 국가가 발권력을 가진 국가통화주권체제라서 그렇다.

영미 주류 경제학은 국가가 발권력을 가지는 것은 위험천만하다면서 1차대전 뒤 전쟁빚을 갚느라 독일 정부가 돈을 펑펑 찍어내는 바람에 경제가 파탄나지 않았느냐고 전후 독일의 초인플레를 증거로 들이댄다. 아니다. 독일의 초인플레는 영미 전승국의 압력으로 독일 중앙은행법이 바뀌어 독일 중앙은행이 정부의 감독을 받지 않게 되고 국내외 투기꾼들의 독일 통화 공격에 독일 중앙은행이 가담하면서 벌어진 일이었다. 무책임한 것은 나무가지를 돈으로 쓰면서도 200여 년 동안 나라 돈의 가치를 지켜냈던 중세 영국 왕이 아니라 보유한 금의 범위 안에서 통화를 발행하는 척 사기를 치면서 허공에서 만들어낸 돈으로 투기 부문에만 돈을 공급해 나라의 생산기반을 무너뜨린 민간 중앙은행 잉글랜드은행이었다. 무책임한 것은 정부의 통제를 받는 독일 중앙은행이 아니라 영미의 비호 아래 정부로부터 독립한 독일의 민간 중앙은행이었다.

옛날에는 전염병이 오래 가면 병사자보다 아사자가 많았다. 병에 걸려 일을 못하는 사람이 급증하면 곡물 생산량이 급감해서였다. 지금은 코로나 바이러스가 돌아도 일을 못할까봐 걱정하는 사람은 있어도 굶을까봐 걱정하는 사람은 없다. 돈이 있어도 식량을 못 구해 굶어 죽는 사람이 많았다. 지금은 감염병으로 인한 강도 높은 거리두기로 일을 못 하는 바람에 돈을 못 벌어 생계가 위협받는 사람은 있어도 식량 자체는 모자라지 않는다.

왜 이렇게 달라진 것일까. 전에는 천 명 만 명의 농부가 생산하던 쌀과 밀을 지금은 몇 명의 농부가 기계로 생산할 수 있게 되어서다. 1차대전이 끝날 무렵 퍼졌던 스페인독감도 전 세계에서 5천만 명의 목숨을 앗아갔지만 굶어죽은 사람은 드물었다. 지금부터 한 세기 전 벌써 인간은 세계를 휩쓰는 감염병이 식량생산에 영향을 주지 못할 정도의 생산력에 당도해 있었다.

방사성 동위원소를 발견하여 1921년 노벨상을 받은 영국의 화학자 프레더릭 소디는 햇빛, 바람, 가축 같은 자연 에너지에 기댔던 문명 단계에서 다수의 빈곤은 불가피했을지 몰라도 수백만 년 농축된 자연 에너지를 단숨에 태우는 석탄, 석유 같은 화석연료를 활용하는 문명 단계에서는 소수의 빈곤조차 용납될 수 없다고 1926년에 낸 경제서 『재부, 가상재부, 부채(Wealth, Virtual Wealth and Debt)』에서 지적했다. 소디는 폭발적으로 증가한 생산력에도 영국에서 빈곤이 사라지지 않는 것은 자원과 기술이 없어서가 아니라 민간은행이 돈줄을 거머쥐고 공동체의 돈을 자신의 돈벌이 수단으로만 삼는 탓이라고 비판했다. 원자력까지 가용 에너지로 현실화할 경우 인간의 생산력은 더욱 폭발적으로 늘어나겠지만 그때에도 국가가 민간은행으로부터 발권력을 빼앗지 못할 경우 공동체 다수 성원은 폭발적으로 증가한 생산력의 수혜를 받지 못할 것이라는 우려에서 과학자 소디가 주류 경제학에 도전하는 경제서를 써야 했을 만큼 100년 전의 영국 경제학은 이미 금권세력의 하수인으로 전락해 있었다.

핵융합 발전을 통해 태양 에너지를 인간의 손으로 만들어내려는 지금 인간이 도달한 생산력은 이미 공동체 성원 모두에게 풍요를 안겨줄 수 있는 수준에 당도했었던 한 세기 전과는 또 비교가 안 될 만큼 폭발적으로 늘어났다. 오늘의 자동화는 육체노동뿐 아니라 정신노동에서까지도 사람의 일손을 크게 줄인다. 그만큼 온 분야에서 사람이 덜 일해도 물자가 남아돈다는 뜻이니까 생산력이 낮았던 옛날에 비하면 축복이지만 국민 경제가 아니라 금융시장의 안위를 살피는 것이 중앙은행의 소임이라고 가르치는 주류 경제학의 지배력이 계속된다면 축복은 재앙이 되고 만다. 생산력의 폭발이 공동체에게 축복으로 자리잡으려면 필요한 곳에 제대로 돈이 공급되어야 한다.

생산력이 낮은 사회에서 돈을 필요 이상으로 공급하면 문제가 생긴다. 조선 왕조에서 대원군이 경복궁 건립 자금을 마련하려고 발행한 당백전은 당연히 물가 앙등으로 이어졌다. 공업력이 전무한 터라 농업 생산량은 그대로인데 돈만 늘어나서 그랬다. 하지만 생산력이 높은 사회에서 돈을 잘못 아꼈다간 공동체가 재앙을 맞는다. 높은 생산력 덕분에 물자는 남아도는데도 노인은 자살로 내몰리고 젊은이는 연애와 결혼을 포기하여 인구가 내리막길을 걷는다.

국가부도를 유도하는 영미 경제학의 허상

돈은 바구니에 불과하다. 딸기 농사가 잘 돼서 딸기가 넘쳐나고 딸기를 먹고 싶어하는 사람도 넘쳐나는데 바구니 만드는 회사의 횡포로 바구니 조달이 안 되는 바람에 딸기 유통이 중단되어 딸기가 썩어나간다면 말이 될까. 민간금융이 돈의 공급을 주도하도록 허용하는 것은 바구니 회사가 딸기 생산과 소비를 좌지우지하도록 허용하는 것이나 같다.

한두 세기 전만 해도 세계 대부분의 나라에서 정부가 통화 공급을 주도했다. 그런데 지금은 초국가 금융 카르텔이 퍼뜨린 국가 불신론에 모두가 세뇌되어 국가가 국민을 위해 써야 할 핵심 주권인 발권력을 '독립' 중앙은행과 민간은행들에게 빼앗기고도 국가주권을 잃었는지 모르고 살아간다. 그래서 연애와 결혼과 출산을 포기하는 젊은이가 급증하는데도 국가는 시장의 눈치만 보면서 발만 동동 구른다. 그런 나라는 국가가 부도난 나라다. 허공에서 돈을 찍으며 사익을 탐하는 시장이 중심을 꿰차고 돈을 주무르는 경제가 선진 경제라고 가르치는 영미 경제학은 국가부도를 지향하는 경제학이다.

국가부도경제학이 궁극적으로 추구하는 것은 경제의 구심점에서 국가를 몰아내고 그 자리에 금권집단을 앉히는 것이다. 그래서 국가가 제 역할을 못하도록 몇 가지 신화를 퍼뜨렸다. 이 책에서 그 신화를 부수려고 한다.

신화 하나. "물가를 관리하는 것이 독립된 중앙은행의 가장 중요한 임무다."

한국을 포함하여 대부분의 나라에서 중앙은행은 물가가 2%를 안 넘어가도록 관리하는 것을 주된 소임으로 내세운다. 그러나 국가부도경제학이 작성하는 물가 집계에는 절대 다수 국민의 생활비에서 가장 큰 비중을 차지하는 집값이 빠져 있다. 영세한 편의점주의 수입에서도 편의점에서 일하는 알바생의 수입에서도 절반은 집세로 월세로 빠져나간다. 영세 자영업자의 고혈을 빠는 것은 알바생의 시급이 아니라, 건물주에게 수십억 수백억을 꿔주면서 부동산 가격을 폭등시켜 가게세를 살인적 수준으로 높여가는 민간은행이다. 물가에서 집값이 빠지니 은행이 찍는 돈으로 아무리 부동산 가격이 폭등해도 물가에는 반영이 안 되고 은행은 물가 상승을 걱정 안 하면서 마음껏 돈놀이를 할 수 있다. 국가부도를 막으려는 진짜 중앙은행이라면 목표를 물가 2% 미만 유지에 둘 것이 아니라 실업률 2% 미만 유지에 두어야 한다. 그리고 실업률이 2% 밑으로 떨어질 때까지 국가가 좋은 일자리를 만들어내려고 벌이려는 공공사업에 아낌없이

자금을 뒷받침해야 한다.

신화 둘. "경기는 중앙은행의 금리 조절로 관리된다."
국가부도경제학에서는 금리가 내리면 기업이 은행에서 돈을 쉽게 빌릴 수 있어 투자가 늘어나고 경기가 살아난다고 가르친다. 하지만 기업의 투자를 늘리는 것은 금리가 아니라 국민 다수의 소비력이다. 국민의 소비력이 높아서 물건이 잘 팔리면 기업은 아무리 금리가 높아도 투자를 늘린다. 국민의 소비력이 낮을 때 중앙은행이 낮추는 금리는 부동산 투기만 더욱 살려 오히려 국민의 수거비 부담을 높이면서 국민의 소비력을 더욱 떨어뜨린다. 중앙은행이 금리를 낮추는 것을 흔히 돈을 푼다고 말하지만 그렇게 풀려난 돈이 가는 곳은 국민의 호주머니가 아니라 투기꾼의 지갑이다. 일본이 금리를 제로로 낮춰도 인플레는커녕 디플레를 걱정해야 하는 이유는 풀린 돈이 국민의 호주머니로 못 들어가서 그렇다.

신화 셋. "국가는 거둬들인 세금의 범위 안에서 돈을 써야 한다."
그렇지 않다. 가정살림과 나라살림은 다르다. 가정은 돈을 마음대로 찍을 수 없기에 빚을 늘리면 곤란하지만 국가는 금권집단에게 발권력을 잃은 몇백 년을 빼고는 돈을 생산에 부응해서 국민 경제에 공급해도 아무 문제가 없었다. 나라가 가령 핵융합, 풍력발전, 수소충전소, 국방과학 등 공동체의 건강한 재부 생산 토대를 마련하려고 쓰는 돈에다 이자를 물려선 안 된다. 국가가 이자를 물어야 하는 국채는 허공에서 찍어낸 돈을 은행에서 싸게 빌린 투기꾼에게 돈벌이 기회만 준다. 투기꾼의 돈벌이 기회보장이 우선인 영미 '선진' 금융에서는 중앙은행이 정부가 발행한 국채를 정부로부터 직접 매입하는 것이 불법이지만 다행히 한국은 아직 그렇지 않다. 한국의 중앙은행인 한국은행은 국가 소유이므로 정부의 국채를 직접 매입한 한국은행에 국가가 지급하는 이자는 한국은행의 인건비를 빼고 고스란히 국고로 환수된다. 국채 발행에 따르는 이자 부담이 줄어드니 국민의 소비력은 늘어난다. 영국과 미국 같은 '선진' 금융체제에서는 국가가 중앙은행에 바로 국채를 못 팔고 반드시 민간 채권시장에서 팔아야 하므로, 국채 발행에 따르는 이자 부담은 고스란히 납세자에게 돌아와 국민 소비력이 감소하고 국민 경제가 위축된다. 하지만 중앙은행이 국채를 국가로부터 바로 사주면 국가가 이자 부담 없이 집행하는 사업으로 좋은 일자리가 늘어나 국민 소비력이 증대되고 국민 경제가 확대된다.

자동화로 좋은 일자리가 사라지면서 기본소득을 요구하는 목소리가 높아졌지만, 기본소득을 부르짖기에 앞서 국가의 통화주권을 되찾아야 한다. 세금에 기대는 기본소득은 지속가능성이 약하다. 세금에 기대는 기본소득은 납세자의 반감을 부르기 십상이다. 기본소득보다 더 현실적이고 중요한 것은 국가가 교통, 주택, 에너지, 수도 등 공동체의 생산 기반 영역에 이자 부담 없이 과감히 투자해서 일자리를 늘리고 공동체 성원의 생활비 부담을 떨어뜨리는 것이다. 통화주권을 되찾은 국가는 세금을 안 걷어도 얼마든지 나라살림을 알차게 꾸려갈 수 있음을 통화주권을 잃기 전 식민지 미국의 역사가 실증한다.

신화 넷. "기축통화가 아니면 국가가 통화 공급을 함부로 늘려선 안 된다."

그렇지 않다. 발달한 공업력이 있는 한, 폭발적 생산 잠재력이 있는 한, 딸기를 얼마든지 생산할 수 있고 생산된 딸기를 먹고 싶어하는 소비자가 넘쳐나는 한, 국가는 돈이라는 딸기 바구니가 부족하지 않도록 일자리를 열심히 만들어내야 한다. 오히려 기축통화 지위에 기대다가 공업력을 잃어가는 영국, 미국, 일본의 현실을 타산지석으로 삼아야 한다. 지난날 한국이 원화라는 자국 통화가 있었음에도 외채에 의존해야 했던 것은 공업력이 없이시였다. 공업력이 없으니 원료뿐 아니라 기술, 생산 설비까지 모두 외화로 치러야 해서였다. 지금은 안 그렇다. 발달한 공업력이 있는 나라는 기축통화가 없더라도 자신이 만든 공산품을 외국에 넘기고 필요한 물품과 서비스를 받을 수 있다.

한국에 공업력이 있으니 러시아 같은 자원 부국과 척을 지지 않는 한 설령 기축통화국이 한국 원화를 공격한다 해도 한국 경제는 안 무너진다. 기축통화의 신화를 퍼뜨리는 이들은 기축통화국이 무책임하게 찍어내는 돈으로 이루어지는 부동산 투기와 주식 투기로 돈을 버는 것만을 선진 경제로 착각하는 사람들이다. 국가부도경제학에 세뇌된 경제 전문가들이 아니라 통계 전문가들 손에 집값이 반영된 물가 기록을 토대로 생산과 수요 잠재력에 부응해서 국민 경제에 통화를 공급하는 책임을 맡기면, 중세 영국 왕이 나무가지돈의 가치를 지켰던 것처럼 원화의 가치를 얼마든지 지킬 수 있다. 생산력이 낮았던 중세 영국 농업사회에서도 가능했는데 생산력이 더없이 높은 현대 한국 공업사회에서랴.

신화 다섯. "주가는 경제실력의 지표다."

공동체 안에 있는 돈이 생산과 연동되어 있을 때는 그럴 수 있다. 하지만 생산과 무관한 투기성 자금이 끌어올리는 주가는 경제를 망가뜨린다. 미국이 좋은 예다. 좋은 일자리가 급감해서 가처분 소득이 감소해도 미국 주가는 상승일로다. 미국 주가 상승의 비결은 저금리 덕에 은행에서 싸게 빌린 돈으로 너도 나도 주식을 사들인 데 있다. 개인투자자뿐 아니라 기업도 은행에서 빌린 돈으로 자사주를 매입해 자기 회사 주가를 끌어올린다. 주가가 높고 주주에게 배당금을 많이 주어야 유능한 경영인으로 평가받아서 그렇다. 결국 경영인은 주가가 최고점에 이르렀을 때 주식을 팔아 튀고 기업은 빚더미에 올라 투자은행에 구조조정당한다. 미국 기업의 경쟁력이 갈수록 떨어지는 이유는 주가를 기업 실력의 척도로 삼는 투기 문화 탓에 있다.

경제실력의 척도는 높은 주가가 아니라 낮은 실업률과 높은 정규직 비율이다. 국가가 직접 조달한 자금으로 좋은 일자리를 만들면 국민의 소비력이 늘어 기업실적이 좋아지고 기업과 취업자가 내는 세금도 늘어난다. 주가도 당연히 오른다. 이렇게 생산소비와 연동된 주가 상승만이 경제실력의 척도다. 이렇게 과감한 지출로 마중물 노릇을 하면서 움츠러든 소비를 늘려 국민과 기업의 지갑을 두둑이 해주는 것이 국가의 역할이다. 반면 국가가 채권시장에 국채를 팔아 자금을 조성하면 이자를 꼬박꼬박 물어야 하고 이것은 고스란히 국민의 세금 부담으로 돌아온다. 세상에서 가장 안전한 자산인 국채를 사들인 사채업자에게 국가가 빚을 갚으려면 세금을 올려야 하고 세금이 오르면 국민의 가처분소득이 줄어드니 소비가 줄어 기업실적이 나빠진다. 주가도 내려가고 세수도 줄어든다. 악순환이다.

주가를 높이려면 배당금을 높여야 하고 배당금을 높이려면 직원의 임금을 줄여야 한다. 주식시장은 건강한 경제의 지표가 될 수 없다. 미국 같은 기축통화국이 양적완화의 이름으로 푸는 돈은 미국 국민의 자산을 지키는 것이 아니라 채권 같은 투기은행의 자산만을 지켜준다. 국가의 구제금융으로 살아난 투기은행은 서민의 집을 차압하여 돈을 버는 것도 모자라 양적완화로 배성받은 공돈으로 전 세계의 주식을 사들이면서 기업 위에 군림한다.

소중한 공공재인 돈의 공급권을 되찾는 방법

한국처럼 공업력이 발전한 나라는 4차산업혁명을 통해 생산력이 더욱 극대화된다. 생산력이 낮아서 생산물이 부족할 때 국가가 마구마구 찍어대는 돈은 물가고로 이어지지만 생산력이 높아서 생산물이 풍족할 때 국가가 요소요소 공급하는 돈은 풍족한 소비로 이어져 가계와 민간을 모두 살찌운다. 국민 경제 주체 모두를 풍요롭게 만든다. 민간 투기꾼의 발권력을 제압한 나라는 4차산업혁명의 결실을 모두가 공유할 수 있다.

고대 그리스는 수사학, 문법학, 변증학을 중시했다. 노예가 아닌 자유민으로 대접받고 살려면 말을 유려하고 정확하고 논리적으로 해야 한다고 보았기에 이런 기예를 집중적으로 가르쳤다. 그러나 글쓴이는 이런 생각에 동의하지 않는다. 예나 지금이나 왕정에서나 공화정에서나 사람이 제대로 대접받으려면 돈이 무엇인지를 제대로 알아야 한다. 예나 지금이나 돈이 무엇인지를 제대로 아는 사람이 드물었기에 그리스가 무너졌고 로마가 무너졌고 생산력이 눈부시게 발달한 지금도 금권세력이 퍼뜨리는 국가부도경제학에 속아 적잖은 국민이 공동체 성원 다수를 위한 정책을 추진하려는 정부를 불신의 눈으로 바라본다. 비정규직 노동자의 정규직 전환 정책에 반발하는 일부 정규직 노동자의 움직임만 하더라도 그렇다. 정규직 노동자가 늘어나면 자기한테 돌아오는 몫이 줄어들지 모른다는 불안감이 작용했을 것이다. 한국의 생산력은 지금보다 정규직을 몇 배로 늘려도 충분히 감당할 만한 수준에 도달했다. 생산 잠재력이 폭발적으로 늘어난 사회에서 소비력을 가진 정규직 노동자의 증가는 개인에게도 이웃에게도 공동체에게도 축복이 된다. 이 책은 믿지 말아야 하는 것은 정부가 아니라 허공에서 찍어낸 돈으로 국가를 무너뜨려 만인을 만인의 적으로 만들어가는 금권세력임을 규명하려고 한다. 만인이 자유민으로 대접받는 길은 가장 소중한 공공재인 돈의 공급권을 민간 투기집단으로부터 되찾는 것임을 증명하려고 한다.

코로나 바이러스가 확산될 조짐을 보이자 중국 정부는 국가자원을 총동원하여 각각 병상 1천 개가 넘는 병원을 열흘 만에 두 개 지어서 감염병을 차단하는 데 성공했다. 미국 정부는 코로나 바이러스가 퍼지자 투기집단의 금융자산을 살리는 데 국가자원을 총동원했다. 금융투기세력의 이익 독식에 의한 다수 국민의 소비력 고갈로 인해 감염병이 생기기 몇 달 전부터 이미 폭락세를 보였던 투기집단의 금융자산을 코로나 사태로 조성된 경제난을 명분으로 삼아 2008년 금융위기 때 그랬던 것처럼 고스란히 지켜주는 데 국가 자원을 쏟아부었다. 중국은 다수가 안전한 나라고 미국은 소수만 안전한 나라다.[1] 다수가 기댈 만한 국가권력이 미국에는 이미 존재하지 않는다.

『국가부도경제학』을 쓰기로 마음먹은 것은 영화 〈국가부도의 날〉을 보고 나서였다. 〈국가부도의 날〉의 주어는 한국이지만 『국가부도경제학』의 주어는 가깝게는 미국이고 멀게는 영국이다. 영국에서 20년 동안 살면서 깨달은 것은 영국이 왕의 폭정을 가장 먼저 제압한 민권의 종주국이 아니라 국가의 통화주권을 가장 먼저 강탈한 금권의 종주국이라는 사실이다. 한국에서는 죽음으로 내몰릴지언정 다수를 대변하려는 사람이 대통령이 될 수 있지만 영국에서는 다수를 대변하려는 사람은 절대로 총리가 되지 못한다.

미국은 지금부터 100여 년 전 민간 연방준비은행이 달러의 발권력을 차지한 1913년에 국가부도를 맞았고 영국은 지금부터 300여 년 전 민간 잉글랜드은행이 파운드의 발권력을 차지한 1694년에 국가부도를 맞았다. 생산력이 폭발적으로 증가한 지금도 두 나라 거리는 노숙자로 넘쳐난다. 두 나라의 국가부도는 현재진행형이다. 1997년 한국이 당한 국가부도의 주어가 '금융 후진국' 한국이 아니라 '금융 선진국' 미국과 영국이었음을 깨닫는 것은 공기만큼 소중한 공공재인 돈이 공동체의 모든 성원에게 기여하는 나라로 한국을 만들어가는 첫걸음이다.

---

1 Michael Hudson, 'Another Giveaway', 2020년 4월 22일, https://michael-hudson.com/2020/04/another-giveaway/

차례

서문 ‥ 5

1 · 소수의 이익을 지키는
미국 사회주의   27

2 · 다수의 이익을 지키는
베네수엘라 사회주의   47

3 · 정부가 아니라 독립 중앙은행이
초래한 독일 초인플레   75

4 · 성공한 독일 산업금융을 실패한
영국 금융산업이 막아낸 1차대전   91

5 · 실패한 뉴딜 경제가 성공한
나치 경제를 막아낸 2차대전   153

6 · 통화주권을 되찾으려다
실패한 미국 독립전쟁   197

7 · 투기 억제가 살려냈던
일본 경제   221

8 · 한국의 1997년 IMF 환란은
미국의 경제 공격   247

찾아보기 ‥ 315

1

소수의 이익을 지키는 미국 사회주의

Economics Leading to Sovereign Default

골드만삭스, 미국 부동산 시장을
투기판으로 만들다

2006년 5월 30일은 아들 부시 대통령이 골드만삭스 최고경영자 헨리 폴슨을 미국 재무장관으로 임명한 날입니다. 폴슨은 1974년부터 30년 넘게 골드만삭스에서 일했습니다. 1998년부터는 최고경영자로 골드만삭스를 이끌었습니다.

폴슨이 재무장관으로 받을 연봉은 18만 3500달러였습니다. 그런데 2005년 한 해 동안 폴슨이 골드만삭스에서 받은 보수는 3800만 달러였습니다. 공직을 맡는 바람에 수입이 200분의 1이하로 줄어든 셈이었죠.

폴슨은 거액의 연봉만 받은 것이 아니라 골드만삭스의 주식 지분도 1%나 갖고 있었습니다. 주가도 계속 오르고 있었습니다. 재무장관에 임명되었을 때 150달러 선이었던 골드만삭스 주가는 1년 3개월 뒤인 2007년 10월에 236달러를 찍었습니다. 폴슨은 공직자가 되는 바람에 보수에서도 자산에서도 크게 손해를 봤습니다.

하지만 폴슨은 재무장관을 맡아야 할 두 가지 이유가 있었습니다. 하나는 개인적 이익이고 하나는 집단적 이익이었습니다.

재무장관이 되어 폴슨이 얻은 개인적 이익은 엄청난 면세 혜택이었습니다. 민간 기업에서 일하다가 공직자로 임용된 사람은 이해충돌 방지 차원에서 자기가 몸담았던 기업의 주식이나 관련 자산을 처분해야 합니다. 그리고 세금도 내야 합니다. 그런데 1989년 아버지 부시 대통령 때 개정된 규정 덕분에 사기업 출신의 공직자는 자산을 처분하면서 세금을 한 푼도 안 내게 됐습니다. 공직을 맡으려는 유능한 민간 경제 전문가에게 너무 큰 경제적 희생을 강요해서는 안 된다는 이유였습니다. 헨리 폴슨은 재무장관이 되자마자 7월에 골드만삭스 주식 323만 주를 처분했습니다. 주당 152달러였으니 무려 4억 9100만 달러 규모였죠. 만약 장관이 아니었다면 골드만삭스 최고경영자 헨리 폴슨은 똑같은 주식을 처분하고 최소 5천만 달러의 자본이득세를 내야 했을 겁니다.

하지만 아무리 세금을 안 낸다 해도 4천만 달러 가까운 연봉을 포기하기는 쉽지 않았을 겁니다. 폴슨이 골드만삭스를 떠난 뒤에도 주가는 계속 올라 2007년 10월 말에는 236달러까지 치솟았습니다. 폴슨이 앞으로도 주식시장과 부동산 시장이 강세를 보이리라 확신했다면 골드만삭스를 안 떠났을 가능성이 높습니다. 하지만 폴슨은 재무장관으로 임명된 시점에 이미 금융위기가 임박했음을 알았습니다. 2005년 하반기부터 미국의 부동산 상승세가 꺾이더니 같은 해 4분기부터 비우량 주택담보대출의 90일 이상 연체율이 갑자기 증가했거든요.

부동산 상승세가 꺾이자마자 주택담보대출 연체율이 급증했다는 것은 가진 돈도 없으면서 부동산 차익을 기대하고 형편도 안 되는데 무리하게 집을 산 사람이 많았다는 뜻입니다. 부동산 경기가 식었어

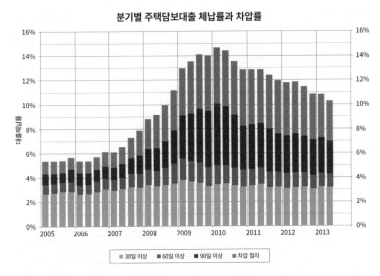

분기별 주택담보대출 체납률과 차압률

30일 이상 ■ 60일 이상 ■ 90일 이상 ■ 차압 절차

출처: Mortgage Banks Association(주택담보대출은행협회)

도 2005년 하반기에는 융자금을 정 못 갚겠다 싶으면 집을 팔아서 이익을 조금이라도 남기고 정리할 수 있었습니다. 하지만 2006년부터는 그것도 불가능해졌습니다. 결국 1조 1천억 달러 규모의 **비우량 주택담보대출** 중 24%에 해당하는 2650억 달러가 미수금으로 남으면서 2008년 9월 15일 투자은행 리먼브라더스의 파산으로 상징되는 금융위기가 전 세계를 강타했죠. 헨리 폴슨 재무장관은 미국 부동

비우량 주택담보대출 서브프라임 모기지(subprime mortgage)라고도 한다. 말 그대로 신용 상태가 안 좋은 사람들이 집을 사려고 높은 이자를 내고 은행에서 빌린 돈이다. 경기가 나빠지면 저소득자가 가장 먼저 영향을 받는다. 저소득자는 수입이 줄어 빚을 못 갚게 되면 연체자가 되고 연체자가 늘어나면 은행은 신규 주택담보대출을 줄인다. 은행에서 추가로 공급되던 부동산 구입 자금이 감소하면 부동산 하락이 시작되고 경기가 얼어붙는다.

산 시장을 투기판으로 키우는 데에 결정적 역할을 했던 골드만삭스와 월가의 여러 투자은행들을 살리는 시점에 중요한 역할을 맡았습니다.

투자은행의
무모한 투자

2650억 달러의 미수금은 결코 작은 돈은 아니지만 57조 달러 규모였던 미국 전체 금융시장에서 차지하는 비중이 아주 높다고 볼 수는 없었습니다. 그런데도 왜 전 세계 금융시장이 격랑에 휩싸였을까요? 답은 과도한 증권화에 있었습니다.

원래 은행은 아주 보수적으로 주택자금을 대출했습니다.[1] 집을 사려고 돈을 빌리려는 사람이 짧게는 15년에서 길게는 30년, 40년 동안 과연 매달 꼬박꼬박 돈을 잘 내겠는지 수입과 재정상태를 꼼꼼히 들여다보고 주택 구입자금을 빌려줬습니다. 돈을 빌려주는 주체와 돈을 돌려받는 주체가 같다 보니 대출을 책임 있게 할 수밖에 없었습니다. 하지만 금융 선진화라는 이름 아래 월가 로비로 은행이 자신의 주택담보대출증서를 다른 투자은행에 팔 수 있게 됐습니다. 그때부터 은행은 장기 안정보다 단기 이익을 노리고 주택담보대출을

---

1 이하 은행의 주택자금 대출이 어떻게 점점 위험해졌는지는 찰스 퍼거슨(Charles Ferguson)이 책으로 쓰고 영화로도 만든 『내부 작업 Inside Job』을 바탕으로 삼았다. https://www.youtube.com/watch?v=-h4V3kVh0do

마구 늘렸습니다. 빌려준 돈을 잘 돌려받아야 한다는 부담이 없어졌으니 신용도가 썩 높지 않은 사람에게도 집을 사라고 돈을 척척 빌려줬습니다. 이걸 서브프라임 모기지 곧 비우량 주택담보대출이라고 합니다. 신용도가 낮을수록 이자를 높게 받을 수 있었으니 은행은 비우량 주택담보대출을 꺼릴 이유가 없었습니다. 대출하자마자 바로 증권화해서, 다시 말해 시장에서 사고 팔 수 있는 증권으로 만들어서 투자은행에 팔아치우면 되니까요. 은행으로부터 이런 주택담보대출증서를 사들인 투자은행은 이것을 다시 신용수준에 따라 잘게 나누고 쪼갠 뒤 신용카드 부채, 학자금 부채, 기업인수자금 부채와 묶은 다음 새로운 증권으로 만들어 또다시 투자자에게 팔았습니다. 이런 증권을 **부채담보증권**이라고 합니다.

부채담보증권도 신용도에 따라 당연히 이자가 다릅니다. 신용도가 높은 부채담보증권은 안전하지만 이자는 낮습니다. 반면에 신용도가 낮은 비우량 주택담보대출이 많이 섞여 들어간 부채담보증권은 위험하지만 이자가 높습니다. 투자자는 이자가 높은 부채담보증권을 선호했습니다. 위험도가 높은 부채담보증권을 투자자가 마다하지 않으니 비우량 주택담보대출 시장 규모도 1997년 연간 30억 달

부채담보증권 보통 영어 약자 CDO(Collateralized Debt Obligation)로 불리는 부채담보증권은 말 그대로 은행이 돈을 꿔주고 채무자에게 빚을 받아내는 채권자로서의 권리를 투자은행이 은행으로부터 사들인 다음 웃돈을 얹어 다른 투자자에게 파는 금융상품이다. 보통 은행은 자기 자본의 일정 비율 이상을 대출할 수 없도록 규제를 받는데 CDO가 허용되면 은행은 대출증서를 팔아 자본을 확충할 수가 있으므로 자기 자본율을 유지하면서도 대출을 계속하면서 수익을 늘릴 수 있다. CDO는 미국 부동산 시장 팽창에 기여했다.

러에서 2007년 600억 달러로 급증했습니다. 고위험 부채담보대출을 투자자가 반기니 투자은행도 은행에서 마구 돈을 빌려서 비우량 주택담보대출을 사들여 증권화한 뒤 투자자들에게 되팔아서 떼돈을 벌었습니다. 투자은행은 위험한 투기를 차단하는 차원에서 회사 자본을 크게 웃도는 부채 차입을 불허했던 규정을 증권거래위원회가 2004년 4월 느슨하게 풀어준 덕분에 돈을 마음껏 빌릴 수 있었습니다. 이 로비를 주도했던 사람이 바로 골드만삭스의 헨리 폴슨이었습니다. 2000년 초 1 대 3 수준이었던 투자은행의 자본부채비율은 1 대 33까지 올라갔습니다. 빌린 돈으로 서래한 부채담보증권의 가격이 3%만 내려가도 투자은행은 부도 위험에 몰린다는 뜻이었습니다.

그런데 아무리 높은 이자가 매력적이라고 해도 투자은행이 왜 이렇게 무모한 투자를 겁 없이 할 수 있었을까요? 그것은 투자 손실을 고스란히 보장해주겠다고 약속한 **신용부도보상**이라는 보험상품이 있어서였습니다. 신용부도보상은 쉽게 말해서 부도난 채권을 보상해주는 보험이었습니다. 2008년 미국 금융시장을 추락시킨 결정적 원인이 바로 이 신용부도보상의 폭증이었습니다.

신용부도보상　영어 약자 CDS(Credit Default Swap)로 잘 불리는 신용부도보상은 CDO 곧 부채담보증권이 부도가 날 가능성에 대비해 들어두는 보험을 말한다. 일반 보험은 자산을 소유한 사람이 자산을 위험으로부터 지키려고 들지만 CDS는 타인의 자산을 대상으로 삼아서도 들 수 있었다. 그래서 CDO가 늘어나면 CDS는 그보다 몇 곱으로 늘어났고 결국 CDO와 함께 금융위기의 주원인으로 작용했다.

런던으로 몰려든
미국 금융사들

　보험은 자산을 보유한 당사자가 위험으로부터 본인의 자산을 지키려고 가입합니다. 주택보유자는 만에 하나 집에 불이 나더라도 재산 피해를 입지 않으려고 주택보험에 듭니다. 가장은 만에 하나 본인이 죽더라도 남은 가족의 생계를 보장받으려고 생명보험에 가입합니다. 이렇게 보험은 자산을 보유한 당사자가 드는 것이 상식입니다.

　그런데 신용부도보상 보험은 해당 자산, 곧 부채담보증권을 보유하지 않은 사람도 자유롭게 구입할 수 있었습니다. 가령 1억 달러짜리 부채담보증권을 투자은행으로부터 사들인 투자자는 연간 50만 달러의 보험료를 내더라도 당연히 이런 보험에 들었겠죠. 그런데 신용부도보상 보험은 문제의 1억 달러짜리 증권이 없어도 50만 달러의 보험료를 내면 누구나 구입할 수 있었습니다. 이런 투자자가 9명이라고 하면 보험사는 증권이 부도났을 때 증권 보유자를 포함해서 10명에게 모두 10억 달러를 보험료로 지급해야 합니다. 보험료를 아주 비싸게 받지 않으면 보험사 입장에서는 아주 위험천만한 보험이 아닐 수 없습니다. 그런데 이런 보험으로 떼돈을 번 보험사가 2008년 금융위기가 터질 당시 세계 최대의 보험사였던 미국 보험사 AIG(아메리카인터내셔널그룹)의 런던 지점이었습니다.

　AIG 런던 지점은 1987년부터 신용부도보상 보험을 팔았습니다. AIG뿐 아니라 당시 많은 미국 은행과 보험사가 런던으로 몰려들었습니다. 1987년 10월 27일 영국의 마거릿 대처 정부가 시중은행과 투자은행의 영업 영역을 분리하던 법의 철폐를 골간으로 하는 금융개혁법(이른바 빅뱅)을 통과시켰거든요. 그 전까지는 일반 시민의 예금을 받는 시중은행은 투기성 높은 상품이나 주식에는 아예 손을 못 댔습니다. 대처 정부의 빅뱅은 주식시장이나 채권시장이 폭락했을 때 그 불똥이 일반 저축자에게 튀는 것을 막아줘왔던 안전장치를 무너뜨렸습니다. 새로운 투기판에서 돈벌이 기회를 노리고 미국 금융사들이 런던으로 몰려든 것은 당연했습니다. 미국에는 1929년 대공황 이후 1932년에 시중은행과 투자은행의 분리를 엄격히 규정한 글래스스티걸법이 만들어졌었는데 1987년에도 그 법이 아직 시퍼렇게 살아 있었거든요. 글래스스티걸법은 1999년 금융서비스현대화법이 통과되고 나서야 미국에서도 사라졌습니다.

AIG 런던 지점의 신용부도보상 보험 매출은 2000년 초부터 급증했습니다. 2000년 미국에서 원자재선물거래선진화법이 통과되면서 투기성 높은 파생상품 시장에 대한 "규제가 법으로 금지"되었거든요. 위험천만한 파생상품 시장에 대한 규제를 법으로 원천봉쇄한 셈입니다. 그때부터 자기가 보유하지 않은 자산에 대해서까지 투기를 허용하는 신용부도보상 같은 보험이 날개 돋힌 듯 팔려나갔습니다. 직원이 400명에 불과했던 AIG 런던 지점은 2008년 금융위기가 닥치기 전까지 모두 5000억 달러의 신용부도보상 보험을 팔았습니다. 2000년부터 2007년까지 AIG 런던 지점 직원들이 받은 보너스는 모두 35억 달러였고 최고책임자는 3억 1500만 달러를 수령했습니다. AIG 런던 지점의 매출이 왜 폭발적으로 늘어났을까요? 보험료가 파격적으로 낮은 저가정책을 추구해서였습니다.

AIG를 유동성 위기로
몰아간 주범

하지만 2005년 하반기에 미국 부동산 가격이 떨어지기 시작하자 주택담보대출금을 못 갚는 사람이 늘어났고, 이들이 늘어나자 주택담보대출을 토대로 은행이 투자은행에 팔았던 부채담보증권이 부실화했습니다. 그렇게 되자, 이런 경우에 보상받을 수 있는 신용부도보상 보험금 청구액이 늘어나면서 AIG 런던 지점은 적자의 수렁에 빠져들었습니다. 2006년 적자는 9억 달러에 그쳤지만 2007년에는 106억 달러로 급증했습니다. 그리고 2008년 9월 정부로부터 850억 달러의 구제자금을 받는 처지로 몰렸습니다. 나중에 추가로 구제자금을 받아서 모두 1800억 달러의 공적 자금을 받게 됐습니다.

그런데 AIG를 유동성 위기로 몰아간 주범이 바로 골드만삭스였습니다. 주택시장이 뜨겁게 달아오를 때는 비우량 부채담보증권을 신나게 팔아 돈을 벌었던 골드만삭스는 주택시장이 차갑게 얼어붙을 조짐이 보이자, 2006년 후반부터 신용부도보상 보험을 열심히 사들였습니다. 그리고 부채담보증권이 겨우 몇 퍼센트만 떨어져도 AIG에 보험금을 요구했습니다. 2007년 11월까지 이런 식으로 골드만삭스가 AIG에서 받아낸 보험금이 벌써 20억 달러였고 2008년 9월 이전까지 받아낸 보험금은 70억 달러가 넘었습니다. 9월 이후에도 몇십억 달러를 더 챙겨서 골드만삭스는 금융위기를 통해 AIG로부터 보험금으로 모두 130억 달러를 챙겼습니다. 프랑스의 소시에테제네랄 같은 은행도 AIG로부터 110억 달러의 보험금을 받았는데 이 중

절반이 골드만삭스에게 돌아갔습니다. 골드만삭스가 프랑스 은행을 통해서도 AIG 보험을 대거 사들였거든요.

보통 채무자의 형편이 어려워지면 채권자는 채무자가 망하지 않도록 빚을 탕감해달라는 채무자의 요청에 응하기 마련입니다.[2] 채무자가 망하면 채권자도 돈을 날릴 가능성이 높으니까요. 그런데 왜 골드만삭스는 거세게 보험사를 몰아붙였을까요? 보험사가 절대로 망하지 않으리라는 확신이 없고서는 보일 수 없는 행동이었습니다. 무슨 일이 있어도 보험금을 전액 받아낼 수 있으리라는 자신감이 없고서는 할 수 없는 행동이있습니다. 바로 골드만삭스 출신의 헨리 폴슨 재무장관을 믿었던 거죠. 이것이 바로 폴슨이 재무장관을 맡았던 또 하나의 이유였습니다. 폴슨은 월가의 집단적 이익을 지키려고 재무장관을 맡았던 겁니다.

폴슨 장관은 유동성 위기로 정부 지원이 절실하던 AIG를 압박해서 9월 18일 사장을 교체했습니다. 새 사장은 골드만삭스 이사였습니다. 거액의 골드만삭스 주식을 갖고 있던 사람이었습니다. AIG의 새 사장은 AIG의 보험을 샀던 투자은행들이 요구한 보험금을 순순히 다 내줬습니다. 금융위기가 임박한 2008년 초 다른 보험사들은 보험계약사들과 부채담보증권 가격 인하 교섭에 들어가서 적게는 10%에서 많게는 60%까지 채권의 액면가를 깎는 데 성공했습니다. 오직 AIG만 보험금을 고스란히 지급했습니다. 스위스 은행 UBS는

---

2 채권자로서 골드만삭스의 이상한 행보와, 골드만삭스는 비호하면서 AIG는 압박한 재무부의 수상한 조치에 대한 설명은 미국의 비주류 경제학자 마이클 허드슨의 『숙주 살해 Killing the Host』(2015) 15장, 16장, 17장을 토대로 삼았다.

2억 8천만 달러 규모의 채권을 탕감해주겠다는 뜻까지 밝혔는데도 AIG는 응하지 않았습니다. 아니, 응할 수가 없었습니다. 미국의 중앙은행인 연방준비은행이 천문학적 액수의 구제자금을 지원하면서 AIG 주식 79.9%를 인수하여 경영권을 장악한 다음 골드만삭스 출신 사장과 손발을 맞춰 보험금 전액 지불 원칙을 밀어붙였거든요.

사실 AIG는 1800억 달러라는 거액의 공적 자금을 지원받아야 할 만큼 형편없는 상황은 아니었습니다. 아무리 유동성 위기를 겪었다지만 생명보험 같은 일반 보험 분야는 주 정부 단위의 규제가 있었으므로 충분한 적립금이 있었습니다. 만약 예전처럼 연방예금보험공사가 나서서 AIG를 접수했더라면 채권자들과의 협상을 통해 채무자와 채권자가 피해를 분담하면서 세금 투입을 최소화할 수 있었을 겁니다. 그런데 헨리 폴슨 재무장관이 AIG에게 보험금을 전액 지불하도록 만든 것은 납세자의 이익보다는 골드만삭스 같은 투자은행의 이익을 지켜준 셈입니다. AIG에 서둘러 거액의 공적 자금을 제공한 데에는 골드만삭스 같은 투자은행이 보험금을 전액 받을 수 있도록 하려던 의도가 깔려 있었다는 의심을 안 하기가 어려운 사건 전개였습니다.

폴슨이 CEO로 있던 2006년 상반기에 골드만삭스는 31억 달러의 비우량 부채담보증권을 발행했는데 5월 30일 폴슨이 재무장관으로 지명된 이후 하반기부터는 신용부도보상 보험을 열심히 사들였습니다. AIG 보험사를 무너뜨리면 자기 회사 출신 재무장관의 진두지휘 아래 보험금을 칼같이 받아낼 수 있으리라는 확신이 없었으면 하기 어려운 행동이었습니다.

2007년부터 2016년까지 10년 동안 미국에서 은행에 차압당한 주택은 780만 채입니다. 폴슨은 2008년 금융위기가 닥치자 7500억 달러 규모의 부실자산구제사업 예산을 편성하여 언젠가 거품이 터지리란 걸 알면서도 무모한 대출과 보험 가입으로 떼돈을 벌었던 은행들로부터 부실채권을 인수하고 저금리로 돈을 빌려줬습니다. 여론의 비판이 거세지자 차압위기에 몰린 주택보유자도 살리겠다며 이중 500억 달러를 주택담보대출유지사업이라는 이름으로 따로 예산을 책정했습니다.

하루 아침에
채무불이행자가 된 서민들

하지만 부시 정부에서 오바마 정부로 넘어간 2009년부터 사업이 구체화하자 미국의 투기 집단은 자신들이 지배하는 언론을 통해 다수 국민을 이간질했습니다. 돈을 갚을 형편도 안 되면서 집값이 계속 오를 줄 알고 한탕주의를 노리고 은행을 속여 돈을 빌렸던 무책임한 사람들의 빚을 깎아주는 것은 살고 있는 주택 시가가 구입 당시의 가격보다 크게 떨어져 손해가 막심한데도 빌린 돈을 갚아나가고 있는 성실한 채무자를 모독하는 일이라면서요. 주택보유자의 부채를 탕감해주면 도덕적 해이가 만연하고 계약의 신성성이 파괴된다면서요. 그래서 500억 달러 중에서 실제로 차압을 막는 데 쓰인 돈은 9%에도 못 미쳤습니다. 은행들은 정부에게 부실채권을 넘기고 현금을 받아 위기에서 벗어난 뒤 막상 은행들의 무모한 투기로 인해 얼어붙은 경제로 말미암아 하루 아침에 일터에서 쫓겨난 서민을 채무불이행자라며 집에서 쫓아냈습니다.

그런데 500억 달러의 주택담보대출유지사업은 사실은 곤경에 처한 주택보유자들에게 파산절차를 통해 파산법원으로부터 부채를 탕감받을 수 있으리라는 헛된 희망을 붙어넣기 위해 마련했던 꼼수였습니다. 주택보유자들이 미련 없이 집을 포기해 집이 한꺼번에 시장에 쏟아지면 부동산 가격이 폭락해서 은행들은 돌이킬 수 없는 피해를 볼 테니까요. 재무부가 납세자의 돈으로 편성한 7500억 달러의 구제자금 중 절반이라도 주택보유자에게 썼다면 차압위기에 몰리지 않은 주택보유자의 금리도 형평성 있게 똑같이 깎아주면서도 대규모 차압을 막을 수 있었을 겁니다.

하지만 오바마를 둘러싼 고위직 관료 중에는 그런 건의를 할 만한 사람이 거의 없었습니다. 대통령 비서실장은 투자은행가 출신의 람 이매뉴얼이었고 폴슨의 뒤를 이어 재무장관에 임명된 사람은 부시 대통령 시절 폴슨 재무장관과 손잡고 은행 살리기에서 맹활약한 뉴욕연준 총재 출신의 티모시 가이트너였습니다. 경제 수석 래리 서머스는 가이트너와 함께 로버트 루빈의 애제자들이었습니다. 월가의 거두 로버트 루빈은 1995년부터 1999년까지 클린턴 정부에서 재무장관을 지내면서 금융 규제를 허물어뜨린 주역이었습니다. 관료, 기업, 은행 담합을 낳은 한국의 정실주의가 환란의 주범이라며 1997년 한국이 국가부도를 맞았을 때 IMF(국제통화기금) 구제자금 제공을 빌미로 한국 기업과 은행을 헐값에 내놓도록 압박한 장본인이기도 했죠. 백악관에 자기 사람을 재무장관으로 박아넣어 자신의 무모한 투기를 고스란히 지켜낸 정실주의의 끝판왕이 해서는 안 될 소리였습니다.

오바마는 후보 시절 은행의 탐욕에 철퇴를 가하겠다고 공약하면서 살던 집이 차압당할까봐 불안에 떨던 주택보유자를 포함해서 다수 서민의 지지에 힘입어 금융위기가 터진 2008년 말 미국 대선에서 압승을 거뒀지만 애당초 금융개혁에 나설 리가 없는 인물이었습니다. 오바마는 민주당 후보로서는 이례적으로 상대 공화당 후보 후원금의 3배를 걷었습니다. 그런데 오바마의 후원금 모금 총책임자였던 페니 프리츠커는 비우량 주택담보대출 상품을 처음으로 개발한 인물이었습니다. 프리츠커는 1987년 도산한 은행을 정부의 파격적 감세 조치 아래 헐값에 인수한 뒤 신용이 안 좋은 저소득층 유색인한테 턱없이 높은 수수료와 살인적 금리를 받고 돈을 빌려주고 이들의 주택담보대출을 증권화해서 팔아넘겨 다시 거액을 벌고 결국 은행을 망하게 만든 장본인이었습니다. 프리츠커는 나중에 오바마 집권 2기 정부에서 상무장관으로 중용됩니다.[3]

하지만 오바마가 월가의 전폭적 지원을 받은 것은 월가의 대부 로버트 루빈이 밀어줘서였습니다. 2004년까지 연방의회도 아니고 일개 일리노이 주의회의 상원의원에 불과했던 오바마는 프리츠커의 소개로 루빈을 만난 뒤 2005년 연방의회 상원의원이 되었고 2008

---

3 Greg Palast, 「차기 상무장관 물망에 오르는 억만장자 은행 강도 Billionaire Banker Bandit Likely to Become Next Commerce」, *Truthout*, 2013년 2월 12일. https://truthout.org/articles/billionaire-banker-bandit-likely-commerce-secretary/

년에는 대통령에 당선됐습니다. 오바마는 2007년 2월 대통령 출마를 선언했지만 이미 월가는 곧 밀어닥칠 전무후무한 규모의 금융 파국을 예감하면서 불안에 떨었겠죠. 특히 씨티그룹을 이끌던 로버트 루빈은 밤잠을 설쳤을 겁니다. 1999년 재무장관에서 물러난 루빈을 CEO로 맞아들인 뒤 씨티그룹은 루빈의 무모한 투기 경영으로 파산 직전이었습니다. 폴슨이 부시 정부의 재무장관으로 가게 된 것, 무명 정치인이었던 오바마에게 대통령의 꿈을 가질 수 있도록 거액의 후원금을 지원한 것 모두 월가의 입김에서 벗어날 수 없었습니다. 그리고 월가를 주무르던 이가 바로 로버트 루빈이었습니다. 결과론입니다만 씨티그룹은 한때 총자산이 200억 달러 밑으로 곤두박질칠 정도로 주식시장에서 외면받았지만 정부로부터 모두 4762억 달러의 대출과 재정 보증을 받고 결국 살아남았습니다. 금융위기 당시 미국 정부의 가장 큰 지원을 받은 금융사가 씨티그룹이었습니다.

미국 정부가
챙기고 섬기는 것은

　정부만 은행을 구제한 것이 아니었습니다. 연방준비은행도 금융권으로부터 양적완화라는 이름으로 모두 4조 달러라는 어마어마한 규모의 부실채권을 담보로 받아주고 거의 무이자로 돈을 빌려줬습니다. 금융시장에 돈을 넉넉하게 공급해야 은행들이 어려움에 처한 개인들에게 대출할 여력이 생긴다면서요. 그런데 은행들은 이 돈을 자국 국민에게 빌려준 것이 아니라 국내외 주식과 해외 부동산 투기에 퍼부었습니다. 전 세계의 부동산 가격을 2008년 금융위기 이후 크게 올린 장본인은 중국 부자와 러시아 부자가 아니라 바로 양적완화로 미국 연준이 마구 푼 돈이었습니다. 미국의 대형 은행들은 국가의 도움으로 금융위기에서 벗어난 뒤 부동산 투기와 외환 투기, 대출을 통한 이자 수익으로 전 세계를 상대로 다시 거액을 챙기는 데 성공했습니다.

하지만 내 집 마련의 꿈을 이루고 열심히 살다가 하루 아침에 집에서 쫓겨난 사람들은 사정이 달랐습니다. 노숙자 처지는 간신히 면했다 하더라도 집을 은행에 차압당한 사람은 신용도가 낮아져서 월세를 구하기도 어려울 뿐더러 어렵게 집을 구했다 하더라도 남들보다 훨씬 비싸게 월세를 내야 합니다. 그래서 금융위기 이후 유행하게 된 것이 세입자에게 나중에 집을 매입할 권리를 주기로 약속하고 세를 주는 매입가능임대 방식입니다.[4] 얼핏 괜찮아 보이지만 함정이 숨어 있습니다. 집을 살 권리를 주는 대신 집과 관련된 세금과 수리 비용은 모두 세입자가 부담해야 합니다. 매입가능임대 조건으로 시장에 나온 집들의 상당수는 투기꾼이 금융위기 이후 몇백 채 몇천 채씩 심지어는 보지도 않고 헐값에 사들였습니다. 그러다 보니 밀린 지방세도 몇천 달러씩 쌓인 집이 적지 않고 주택 안전 규정에 미달한 집도 많습니다. 지방 정부의 수리 요구에 응하지 못했다가 집에

4 Amy Scott, 「주택 위기의 유산: 위험한 매입가능임대 거래 One legacy of the housing crisis: risky rent-to-own deals」 *Marketplace*, 2018년 7월 2일. https://www.marketplace.org/2018/06/28/economy/financial-crisis-still-isnt-over-homebuyers-rent-own-deals

서 다시 쫓겨나는 일도 비일비재합니다.

투기꾼은 매입가능임대주택 세입자가 내는 월세를 다시 투자은행에게 팔고 투자은행은 이것을 다시 증권화해서 또 다른 투자자에게 팔기 때문에 나중에는 집 주인이 누구인지를 밝혀내기도 쉽지 않습니다. 자기 집에서 쫓겨났다가 어렵게 월세를 얻어 언젠가는 이 집 주인이 될 수 있으리라는 희망을 품고 살다가 또다시 쫓겨나는 비참한 운명에 빠지는 사람이 한둘이 아니지만 미국 정부는 이들에게 관심이 없었습니다. 미국 정부가 챙기고 섬기는 것은 월가로 상징되는 1%의 부호이지 99%의 다수 국민이 아니니까요. 하지만 1%의 부호가 아니라 99%의 다수 국민을 섬기려던 정부도 있었습니다. 바로 카리브해 너머 미국 남쪽에 있던 베네수엘라였습니다.

2

다수의 이익을 지키는
베네수엘라 사회주의

Economics Leading to Sovereign Default

우리가 알지 못하는
은행의 정체

비슷한 시기 베네수엘라에서는 정반대의 일이 벌어졌습니다. 2008년 베네수엘라의 우고 차베스 대통령은 베네수엘라은행의 국유화 계획을 발표했습니다. 차베스 대통령에 따르면 베네수엘라은행의 모기업인 스페인의 산탄데르은행이 베네수엘라의 민간 부문에 베네수엘라은행을 매각할 계획이라는 정보를 입수하고 베네수엘라 정부가 인수 의사를 밝혔다는 것이었습니다.

경영에는 전혀 문제가 없었습니다. 민간은행 베네수엘라은행은 1994년 유가 하락으로 베네수엘라가 맞았던 금융위기 때 국유화되었다가 2년 뒤인 1996년 스페인의 산탄데르은행에 3억 달러에 인수됐습니다. 산탄데르는 베네수엘라은행을 인수한 지 겨우 9개월 만에 투자금을 회수했습니다. 2008년 상반기에도 베네수엘라은행의 이익은 1억 7천만 달러였습니다. 2007년 상반기보다 29% 늘어난 액수였습니다. 2007년도 상반기 이익도 1년 전보다 20% 늘어났으니 영업 실적이 계속 좋아지고 있었습니다. 2007년도 한 해에 산탄데르가 베네수엘라은행을 통해 벌어들인 순익은 3억 2530만 달러였습니다. 2008년 현재 베네수엘라은행의 자산은 8억 9100만 달러였습니다. 이런 알짜 은행을 산탄데르는 왜 정리하려고 했을까요?

산탄데르는 실탄이 시급히 필요했습니다. 미국발 금융위기로 도산 위기에 몰린 영국 은행들을 인수할 생각이었거든요. 산탄데르는 2008년 9월 영국의 주택담보대출사 얼라이언스앤레스터를 22억 4천만 달러에 인수한 데 이어 며칠 뒤에는 역시 영국의 주택담보대출사 브래드퍼드앤빙리를 10억 9천만 달러에 인수했습니다. 베네수엘라 정부로부터 베네수엘라은행의 매각 대금 10억 5천만 달러를 최종적으로 받은 것은 2009년 5월 31일이었으므로 약간의 시차는 있지만 이 돈은 산탄데르의 영국 지점망 확충 사업에 큰 도움이 되었겠죠. 산탄데르는 이미 2004년에도 영국의 애비내셔널은행을 164억 달러에 인수하여 단숨에 유럽 굴지의 은행으로 떠올랐습니다. 산탄데르는 스페인, 영국, 브라질, 멕시코에 걸쳐서 1억 3천만 명의 고객을 확보하여 유럽에서 가장 큰 은행이 됐습니다.

스페인 은행 산탄데르가 인수한 세 영국 은행에는 공통점이 있습니다. 모두 주택금융조합에 뿌리를 둔 은행이었다는 사실입니다. 주택금융조합은 빌딩 소사이어티(building society)라고 하는데 18세기 말 공업도시로 성장하면서 주택난이 심각했던 버밍엄에서 처음 생겼습니다. 회원들이 매달 회비를 내서 모은 돈으로 회원들의 주택을 마련하자는 발상으로 만들어진 모임이었습니다. 일종의 계였죠. 주택금융조합은 서민들의 주택 장만에 큰 도움이 됐고 순식간에 영국 전역으로 퍼졌습니다. 1970년대 말까지 영국에서는 주택금융조합만 주택담보대출을 제공할 수 있었습니다. 그런데 보수당 대처 정부가 들어서면서 1982년부터 일반 은행도 주택담보대출 시장에 뛰어들 수 있게 법이 바뀌었습니다. 그때부터 영국 집값이 폭등하기 시작했습니다. 왜 집값이 뛰었을까요? 주택금융조합은 예금자가 맡긴 돈에 이자를 붙여서 집을 사려는 사람에게 빌려줬습니다. 우리가 알고 있는 은행의 역할이죠. 당장 돈이 안 필요한 사람들이 맡긴 돈을 당장 돈이 필요한 사람에게 빌려주는 역할을 했습니다. 주택금융조합이 돈을 빌려줬다고 해서 통화량이 늘어나진 않았습니다. 따라서 집값이 뛸 이유가 없었습니다.

그런데 은행은 다릅니다. 일반인은 물론이거니와 경제학 전문가에게도 은행은 무슨 돈으로 대출을 하느냐고 물으면 열에 아홉은 "은행은 당장 돈이 필요하지 않은 사람들이 맡긴 돈을 당장 돈이 필요한 사람에게 빌려주는 역할"을 한다고 대답할 겁니다. 틀렸습니다. 그건 바로 주택금융조합에서 하던 일입니다. 은행은 "허공에서 스스로 만들어낸 돈"을 빌려줍니다. 무슨 말이냐구요? 은행이 집을 사려는 고객에게 10억 원을 빌려주고 싶으면 은행 회계 장부에 이렇게 적어넣기만 하면 됩니다. '자산: 10억 원, 부채: 10억 원'. 왜 자산이 10억 원이냐구요? 고객에게 앞으로 받아야 할 돈이 이자는 별개로 하고 원금만 10억 원이니까요. 왜 부채가 10억 원이냐구요? 고객 이름으로 지급해야 할 돈이 10억 원이니까요. A은행이 집을 사려는 고객 a에게 자기앞수표 10억 원을 끊어서 주고 A은행의 고객 a로부터 이 수표를 넘겨받은 집주인 b가 자기가 거래하는 B은행에 수표를 넣으면 B은행은 집주인 b의 계좌 잔고를 10억 원 늘려주고 A은행에게 10억 원의 지급을 요구할 테니까요. 그런데 A은행은 B은행에게 현금 10억 원을 지불하는 게 아닙니다. 중앙은행에 있는 A은행의 계좌에서 10억 원을 빼고 역시 중앙은행에 있는 B은행의 계좌에 10억 원을 더할 뿐입니다. 집 살 돈은 A은행뿐 아니라 B은행도 빌려주고 그 규모가 엇비슷하다면 결국 정산했을 때 A은행과 B은행이 주고받을 돈은 미미합니다. 은행 숫자가 많으면 개별 은행은 허공에서 만들어낸 돈을 마구 빌려주면서 이자놀이 하기가 쉽지 않습니다. 신중한 대출을 하는 경쟁 은행에게 정산해줘야 하는 돈이 늘어나면 시장의 불신을 살테니까요. 하지만 은행의 숫자가 적으면 은행끼리의 담합이 수월합니다. 은행이 A, B, C, D, E 다섯 개밖에 없는 나라에서는 다섯 은행이 마구 내출해도 대출규모가 엇비슷하면 티가 잘 안 납니다. 영국 같은 '선진' 금융국일수록 은행 숫자가 적은 것은 그래서입니다.

주택금융조합은 기존의 돈을 빌려줬으므로 대출로 인해 통화량이 늘지 않았지만 은행은 기존에 없던 돈을 허공에서 빚어내 빌려줬으므로 통화량이 그만큼 늘어납니다. 일반인이 10억 원짜리 집을 지으려면 땅도 사야 하고 설계도도 의뢰해야 하고 건축 자재도 사들여야 하고 공사를 맡을 건설기술자들에게 노임도 지급해야 합니다. 하지만 은행이 10억 원을 만들어내는 데는 돈이 하나도 안 듭니다. 영국에서 주택담보대출 영업 허가를 은행에게도 내준 이후 왜 영국에서 집값이 폭등했는지 이해가 가시겠죠?

은행의 공공성

여기서 은행업의 유래를 한번 짚어볼까요? 은행도 원래는 고객이 맡긴 돈으로 영업했었습니다. 아니, 대출도 안 하고 그냥 돈을 맡아 주기만 했었습니다. 옛날 서양에서 가장 각광받은 재산 보관 수단은 금이었습니다. 금괴를 가진 자산가는 금붙이 다루는 일이 주업이라 튼튼한 금고가 있었던 금장에게 금괴를 맡기고 보관료를 낸 뒤 영수증을 받았습니다. 그리고 나중에 금괴가 필요해졌을 때 영수증을 제시하고 금괴를 돌려받았습니다. 그런데 필요할 때마다 일일이 금괴를 찾았다가 맡겼다가 하는 일이 번거롭게 여겨지자 나중에는 거래 상대자에게 은행에서 찾은 금괴를 지급하지 않고 그냥 영수증만 건넵니다. 이런 식으로 해서 영수증은 차츰 돈처럼 거래됩니다. 처음에는 한두 명에 불과하던 금장의 고객이 어느새 10명으로 늘어납니다.

그런데 가만 보니까 사람들이 한꺼번에 금괴를 찾는 일은 좀처럼 없다는 사실을 금장은 깨닫습니다. 그래서 아까운 금괴를 썩히느니 당장 금괴가 필요한 사람에게 빌려주기로 마음먹습니다. 물론 이자를 받고서요. 처음에는 금괴 10개 중 1개만 빌려줬다가 차츰 대담해져서 나중에는 10개 중 9개를 빌려주기에 이릅니다. 10명의 금괴 주인들은 자기 금괴가 금고 안에 안전하게 있으리라 믿었을 테니 이건 어디까지나 금장의 사기였죠. 그래도 여기까지는 괜찮았습니다. 진짜 금괴를 빌려준 거였으니까요. 그런데 돈맛을 알게 된 금장은 어떻게 하면 돈을 더 벌 수 있을까 궁리하다가 수중의 금괴는 10개뿐인데 100장의 영수증을 발행합니다. 그 전까지는 이자만 받았는데 이제는 원금의 9배에 해당하는 돈을 허공에서 만들어내서 유통시키고 그것도 모자라 이자까지 받습니다. 금장은 떼돈을 벌었죠. 그리고 아예 금장에서 은행가로 업종 전환을 했습니다. 이것이 은행의 유래입니다. 베네수엘라 정부는 민간은행의 비중이 커지면 투기 분야로 대출이 집중돼서 사회가 불건전한 방향으로 흐르기 십상이라는 점을 우려했기에 돈으로 장난을 치다가 문제가 생긴 은행들을 국유화했던 겁니다.

영국에서 주택금융조합은 대처 정부에서 주택담보대출 시장이 일빈 은행에게 개방된 뒤 당연히 어려움에 빠졌습니다. 예금자가 맡긴 돈에 꼬박꼬박 이자를 물어야 하는 주택금융조합은 허공에서 찍어내는 돈을 빌려주는 은행과의 경쟁에서 당연히 밀렸습니다. 그러자 영국 정부는 원한다면 주택금융조합도 은행으로 업종 전환할 수 있는 길을 열어주겠다고 했습니다. 은행이라는 주식회사로 변신해서 같이 경쟁하라는 소리였죠. 주택금융조합원들은 조합이 주식회사로 바뀌면 주식을 받아서 한몫 챙길 수 있었습니다. 결국 애비내셔널 주택금융조합이 가장 먼저 은행으로 변신했고 얼라이언스앤레스터, 브래드포드앤빙리 등도 조합을 포기하고 은행으로 돌아섰습니다. 그리고 여태까지의 경영방침과 달리 여느 은행들처럼 고위험 고수익을 노리고 무모한 투자를 일삼다가 결국 산탄데르라는 외국 은행에게 넘어갔습니다.

그런데 2008년 미국과 유럽의 다른 은행들은 파산을 모면하려고 전전긍긍하던 상황에서 산탄데르는 어떻게 사업 확충에 나설 수 있었을까요? 그건 상대적으로 엄격한 스페인의 금융 규제와 산탄데르의 보수적 경영 덕분에 미국의 악성 증권 상품에 물들지 않았던 덕분이었습니다. 스페인 은행법은 일반 은행이 증권화 상품에 투자하는 것을 불허했습니다. 또 산탄데르는 대규모 투자자가 아니라 소액 융자에 집중하는 소매형 박리다매 전략으로 안전경영을 전통적으로 중시해온 은행이었습니다.

그렇지만 아무리 경영난에 봉착한 경쟁 은행들의 인수자금이 필요했다곤 해도 2007년 한 해에만 3억 2530만 달러의 이익을 남긴 베네수엘라 금융시장에서 산탄데르는 왜 철수하려고 했을까요? 베네수엘라 정부가 은행 대출의 3분의 1을 농업, 주택 건설, 소액 대출에 배정하도록 규정한 은행법을 만들면서 까다롭게 간섭하는 것이 여간 성가시지 않아서였습니다. 우고 차베스는 1998년 대통령에 당선된 뒤 2000년 재선을 거쳐 2006년 3선에 성공하면서 막대한 석유 수익을 등에 업고 시멘트, 석유, 가스, 통신, 전력 부문을 잇따라 국유화했습니다. 은행에 대한 국가 규제도 갈수록 심해지고 있었습니다. 영국처럼 은행 규제가 거의 없고 금융을 국가중추산업으로 대접하는 나라로 옮기는 것이 장기적으로 유리하다는 판단을 산탄데르는 내렸겠죠. 영국은 은행가를 절대로 감옥에 보내지 않는 나라로 유명합니다. 영국령 해외 조세도피처로 전 세계의 불법자금이 집결하는 것은 그래서입니다. 차베스 대통령은 2006년 3선에 성공한 뒤 발표한 6년 장기계획 안에 은행의 공공성을 강화한다는 내용을 담은 바 있었습니다. 현대 자본주의 체제에서 은행의 주수입원은 부동산 투기 대출에서 벌어들이는 이자 수입인데 그런 투기를 용인하지 않으려는 방향으로 나아가려는 베네수엘라에서는 사업을 접는 게

낫다는 판단을 산탄데르는 했겠죠.

베네수엘라의
공공주택 사업

산탄데르가 베네수엘라은행을 완전히 매각하고 불과 몇 달이 지
난 2009년 말 베네수엘라 정부는 4개 민간은행을 청산하고 4개 민
간은행을 기존의 국가 은행과 하나로 통합하여 국유화했습니다. 베
네수엘라 정부가 국유화를 노리고 멀쩡한 은행들을 걸고 넘어진 것
은 아니었습니다. 그 해 2월 스탠포드뱅크베네수엘라라는 미국계
은행이 미국에서 **양도성예금증서**를 과다하게 발행했다가 미국 당국
에 적발되어 자산이 동결되면서 베네수엘라에서도 예금인출 사태
가 벌어졌습니다. 같은 해 5월 이 은행이 베네수엘라의 다른 민간은
행에 인수되면서 사태는 일단락됐지만 베네수엘라 정부는 비슷한
사태가 벌어져 금융계 전체의 위기로 비화하는 것을 막으려고 은행
들의 감독을 강화했고 여기서 문제가 있는 은행들이 적발됐습니다.
대출액 대비 지급준비금 부족으로 유동성 위기에 빠질 위험성이 높

양도성예금증서　보통 CD(Certificate of Deposit)라고 하는데 예금자가 돈을 맡기면 일정 기간이
지난 뒤에 은행이 이자를 얹어서 돌려주는 정기예금과 비슷하다. 정기예금과 다른 점은 이름이 안
적혀 있어 시장에서 사고 팔 수 있다는 것이다. 은행은 양도성예금증서를 팔면 현금을 조달할 수 있
어 좋지만 남발하면 시장의 불신을 산다.

았던 은행, 경영진에게 거액을 마구 빌려줬던 은행, 국가 소유 은행임에도 생산 부문에 대출하지 않고 민간은행에 거액을 빌려주면서 이자 놀이만 했던 은행이 적발됐습니다. 이듬해에도 다른 은행들이 추가로 정리되어 베네수엘라에서 국유화된 은행의 대출 비중은 전체 여신액의 3분의 1을 약간 넘어서게 됐습니다.

투기에만 골몰하는 민간은행들의 입지는 2010년 들어 베네수엘라에서 더욱 좁아졌습니다. 이 해 베네수엘라 정부는 은행을 공공 서비스 제공 기관으로 규정하는 은행법을 제정했습니다. 2012년에는 은행의 공적 역할을 더욱 강화하는 법도 제정됐습니다. 이제 베네수엘라 은행들은 수익의 15%를 공익에 기여해야 했습니다. 또 수익의 5%는 지역사회가 원하는 사업에 기부해야 했습니다.[1] 이 돈은 베네수엘라 정부가 벌이던 공공주택 건설사업의 중요한 재원이 됐습니다. 베네수엘라는 2011년부터 공공주택을 대대적으로 짓기 시작해서 2019년 말까지 300만 채를 짓기로 한 목표를 경제난 속에서도 달성했습니다. 베네수엘라의 공공주택 사업에는 국유화된 은행들의 저금리 지원이 큰 도움이 됐습니다.

우고 차베스 정부가 들어서기 전만 해도 베네수엘라 국민 대다수는 참혹한 주거환경에서 살았습니다. 1985년 천주교 메리놀회 소속 선교사로 베네수엘라 수도 카라카스의 판자촌을 찾은 찰스 하디 신부는 발 디딜 곳을 찾을 수가 없었습니다. 비좁은 골목길이 온통 인

---

1 Rachael Boothroyd, 「은행의 사회적 공헌 책임을 늘리는 베네수엘라, 안 그러는 미국과 유럽 Venezuela Increases Banks' Obligatory Social Contritutions, U.S. and Europe Does Not,」 *Venezuelanalysis*, 2012년 4월 23일. https://venezuelanalysis.com/analysis/6942

분과 축분으로 뒤덮여서였습니다. 카라카스의 판자촌은 공식 지도에도 나오지 않았습니다. 판자촌에는 상하수도 시설도 없었고 화장실도 태부족이었습니다. 들어오고 나가는 물이 없으니 그나마 있는 화장실도 무용지물이었습니다. 판자촌 주민들은 신문에 용변을 보고 신문지를 말아 집 밖으로 던졌습니다. 식수는 가뭄에 콩 나듯 오는 급수차에 의존해야 했습니다. 국가도 시도 판자촌에 사는 서민과 빈민은 방치했습니다.[2]

집권 이후 빈곤 퇴치와 의료망 확충에 집중하던 차베스 정부가 공공주택 건실에 대대직으로 나선 게기는 2010년 11월 말 베네수엘라에서 일어난 대홍수였습니다. 카라카스를 비롯하여 곳곳에서 산사태가 일어나 많은 사람이 죽고 13만 명의 이재민이 발생했습니다. 차베스 대통령은 대통령궁에 60명의 이재민을 수용했지만 항구적 해법이 될 수는 없었습니다. 베네수엘라 정부는 거주권을 베네수엘라 국민의 기본권으로 최우선시하면서 공공주택을 대대적으로 지어서 베네수엘라 다수 서민에게 저렴하게, 극빈층에게는 무상으로 제공하기 시작했습니다. 화장실도 없는 동네에서 악취에 시달리던 베네수엘라의 서민들은 방 3개에 화장실이 따로 있는 임대주택 열쇠를 받는 순간 감격의 눈물을 흘렸습니다.[3] 2013년 3월 암으로 타계한 차베스의 뒤를 이어 권력을 승계한 뒤 2018년 재선에 성공한

---

2   Charles Hardy, 『카라카스의 카우보이 Cowboy in Caracas』, 2007.
3   '2011년 이후 약 200만 채의 집을 공급한 베네수엘라대주택사업 Venezuela: GMVV cerca de entregar 2 millones de casas desde 2011,' *teleSuR tv*, 2017년 12월 27일. https://www.youtube.com/watch?v=xDP2JJVGhGw 눈물 흘리는 여성 입주자의 모습은 동영상에서 2분쯤에 나온다.

마두로 대통령은 2025년까지 500만 채의 공공주택을 지어 베네수엘라의 주택 부족 문제를 완전히 해결할 방침입니다. 인구 3200만명의 나라에서 500만 채의 공공주택은 엄청난 숫자입니다. 대략 6명에 집 한 채가 돌아가는 셈이니까요.

은행을 돕는 스페인 중앙정부

산탄데르은행의 거점인 스페인에서도 엄청난 양의 집이 지어졌습니다. 금융위기가 세계를 강타하기 직전이었던 2006년 한 해에만 90만 채에 육박하는 주택이 완공됐습니다. 2007년에도 65만 채 가까이 지어졌습니다. 하지만 이 중에서 공공주택은 거의 없었습니다. 스페인은 유럽에서도 공공주택이 적기로 유명합니다. 스페인의 공공주택은 전체 주택의 1%에도 못 미칩니다. 그리스 다음으로 낮습니다. 공공주택 비율이 유럽에서 가장 높은 네덜란드가 32%고 오스트리아는 23%, 마거릿 대처 보수당 정권 당시 공공주택을 세입자에게 헐값에 매각하면서 공공주택체계가 무너지고 부동산 투기가 기승을 부리게 됐다는 평가를 받는 영국도 아직 18%의 공공주택을 유지하고 있습니다.

산탄데르은행을 비롯해서 스페인의 은행들은 미국 은행들이 그랬던 것처럼 주택담보대출을 마구 내줬습니다. 그래서 금융위기가 닥치자 미국에서처럼 스페인에서도 대출금을 못 갚아 집에서 쫓겨나는 사람이 쏟아졌습니다. 2008년부터 2015년까지 스페인에서는 60만 건의 차압이 이뤄져서 38만 가구가 살던 집에서 쫓겨났습니다. 차압된 집들은 대부분 은행 소유입니다. 금융위기가 닥치자 스페인 정부는 스페인 은행에 610억 유로의 공적 자금을 지원했습니다. 하지만 스페인 국민의 세금 지원 덕분에 위기에서 벗어난 스페인 은행들이 위기에 빠진 스페인 국민을 거리로 내몰았습니다. 베네수엘라 정부는 부실 은행이 보유했던 자산 중 토지를 공공주택 부지로 적극 활용했지만 스페인 정부는 부실 은행으로부터 확보한 토지를 민간 투기꾼에게 헐값에 팔아넘겼습니다. 투기꾼들은 나중에 그 땅에 다시 집을 지어 팔아 폭리를 취하겠지요.

2017년 현재 스페인에는 빈 집이 340만 채에 이릅니다. 스페인 전체 주택의 13.7%가 사람이 안 사는 빈 집입니다. 대부분은 은행 소유입니다. 그런데 은행은 이런 보유 부동산을 시장에 적극적으로 내놓지 않습니다. 부동산 가격이 다시 크게 오를 때까지 기다리겠다는 의도죠. 임대시장에도 안 내놓습니다. 은행이 이자 놀이에서 안 그치고 건물주 노릇까지 하면서 이익을 챙긴다는 부정적 여론이 굳어질까 봐서죠. 그래서 카탈루냐 지방에서도 특히 바르셀로나처럼 주택 수요가 많은 곳에서는 집 구하기가 하늘의 별 따기입니다. 카탈루냐 주의회와 바르셀로나 시의회는 부동산 자산을 매매시장에도 임대 시장에도 안 내놓고 장기 보유하는 은행에 벌금을 물리려고 하지만 스페인 정부는 여기에 번번이 제동을 겁니다. 카탈루냐 독립 운동이 지역민의 호응을 얻는 데는 이처럼 지역민의 절박한 요구를 묵살하는 스페인 중앙정부에 대한 반감도 크게 작용합니다. 은행이 보유 부동산을 시장에 안 내놓고도 버틸 수 있는 것은 카탈루냐 지역민의 세금을 포함해서 스페인 국민의 혈세에서 나온 지원 덕분인데 스페인 중앙정부는 은행을 돕기만 했지 은행에게도 고통 분담을 압박하면서 국민을 도우려는 모습을 안 보인다는 사실에 사람들은 분노합니다. 그러니 이런 사람들이 자신들의 목소리에 귀를 기울여주는 지역 정치인들에게 기대와 희망을 거는 것은 당연하지 않을까요.

베네수엘라의
경제전쟁

국가경제가 다수 국민에게 안전한 보금자리를 마련해주려고 얼마나 애쓰냐는 점에서 미국과 스페인은 실패한 나라고 베네수엘라는 성공한 나라입니다. 하지만 베네수엘라 경제를 성공작으로 평가하는 사람은 보기 드뭅니다. 베네수엘라 경제가 어려운 처지에 놓여서 그렇습니다. 베네수엘라 경제의 문제는 물자 부족과 인플레로 요약됩니다.

먼저 물자 부족 문제입니다. 채소나 과일 같은 농산물은 풍족합니다. 하지만 밀가루, 옥수수가루, 설탕, 식용유 같은 가공식품을 사려고 일반 상점에 가면 허탕을 칠 때가 많습니다. 국영 상점에 가면 살 수 있는 확률이 높지만 대신 줄을 서서 오래 기다려야 합니다. 바쁜 사람은 암시장에 가서 몇 배의 웃돈을 주고 사야 합니다. 화장지, 생리대 같은 위생용품도 없어서 못 살 때가 많습니다. 역시 급한 사람은 암시장에 가야 합니다. 서민 생활에는 큰 부담이 됩니다.

더 큰 문제는 인플레입니다. 원래 베네수엘라는 인플레가 심한 나라였습니다. 1998년 차베스가 대통령에 당선되기 전까지 10년 동안 연간 물가상승률이 30% 밑으로 내려간 해가 없었습니다. 1989년은 81%였고 1996년은 무려 103.2%였습니다. 차베스 대통령이 취임한 1999년은 20%였고 2001년에 12.3%까지 떨어졌다가 야당과 노조가 합세하여 반정부 파업과 쿠데타까지 벌인 2002년은 31.2%으로 치솟았지만 그 뒤로도 차베스 임기 중이었던 2012년까지는 10%대 중반과 20%대 중반 사이를 유지했습니다. 그런데 2012년 중반부터 물가가 가파르게 오르더니 2013년 56.2%, 2014년 68.5%에 이어 2015년에는 180.9%, 2016년에는 274.4%로 폭등했습니다. 2017년 12월부터는 연간 상승률이 아니라 월간 상승률이 50%를 가볍게 돌파하면서 2018년의 연간 물가상승률은 무려 13만%에 이른다고 베네수엘라중앙은행이 공식 발표했습니다.

야당의 진단은 이렇습니다. 베네수엘라에서 물자가 부족해진 원인은 민간 부문의 생산과 교역이 위축되어서다. 민간 부문 생산이 위축된 이유는 가격 통제 같은 정부의 지나친 개입으로 원가에도 못 미치는 가격을 받으니 차라리 사업을 정리하고 마는 기업이 늘어나서다. 민간 부문 교역이 위축된 이유는 정부가 외환 사용을 독점하면서 식품 같은 기본 물자를 수입하는 데 필요한 외환을 민간 부문에 제대로 공급하지 않아서 그렇다. 극심한 인플레가 초래된 것도 야당은 정부가 무책임한 선심 정책으로 최저임금을 마구 올리느라 돈을 펑펑 찍어내서 벌어진 문제라고 진단합니다. 야당의 진단과 비

베네수엘라 GDP 추이 1980~2015

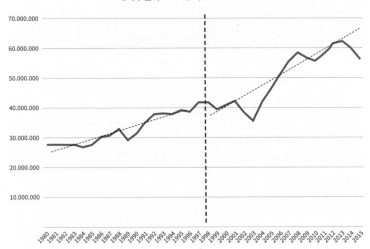

베네수엘라 물자부족률 추이 2003~2013

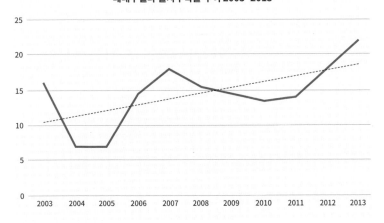

2. 다수의 이익을 지키는 베네수엘라 사회주의

판은 베네수엘라의 언론 환경을 지배하는 민간 언론사에 의해 대서 특필되고 이것은 다시 전 세계로 수출되고 베네수엘라 정부는 무능하고 한심한 포퓰리즘 정권으로 전 세계인의 머리에 박힙니다.

그런데 정말 이런 진단이 맞는 걸까요? 베네수엘라의 경제학자 파스콸리나 쿠르초는 『보이는 시장의 손: 베네수엘라의 경제전쟁』에서 야당의 해석을 반박합니다.[4] 2003년부터 2013년까지 베네수엘라의 GDP 흐름을 보면 2008년까지 죽 오르다가 2009년과 2010년에 꺾였고 다시 2011년부터 2013년까지 상승세를 이어갔습니다.

베네수엘라의 물자 부족은 생산 부족에서 비롯된다는 해석이 맞다면 같은 기간에 물자부족률은 반대 흐름을 보여야 합니다. 물자부족률은 2003년부터 2008년까지는 죽 내리다가 2009년과 2010년에 잠깐 오르고 2011년부터 2013년까지는 다시 하락세를 이어가야 합니다. 실제로 2003년부터 2005년까지는 물자부족률이 뚝 떨어졌습니다. 그런데 GDP가 상승세를 이어가던 2006년에 갑자기 물자부족률이 급상승합니다. 그리고 GDP가 하락세로 돌아선 2009년과 2010년에도 조금씩 내려가던 물자부족률은 GDP가 한창 상승세로 돌아선 2012년에 다시 급상승합니다. 경제원리만으로는 설명이 안 되는 현상입니다. 공교롭게도 2006년과 2012년은 대선이 있던 해였습니

---

4 Pasqualina Curcio, *The Visible Hand of the Market: Economic Warfare in Venezuela*, 2017. '보이는 손'은 영국 경제학자 애덤 스미스가 『국부론』에서 말한 '보이지 않는 손'을 빗댄 말이다. 스미스는 모든 경제 주체가 자기 이익을 추구하면 경제가 가장 효율적으로 돌아간다면서 보이지 않는 손이 경제를 그렇게 만든다고 말했다. 하지만 저자 파스콸리나 쿠르초는 스미스의 이상적 모델은 완전경쟁 상황을 전제로 하지만 현실 경제에서는 가격 경쟁력과 정보 우위를 가진 강자가 약자의 시장 진입을 봉쇄하고 소비자를 압도한다면서 이 보이는 손의 전횡에 맞서는 국가의 역할을 강조한다. 이하 베네수엘라의 경제 문제는 쿠르초의 분석을 토대로 삼는다.

다. 베네수엘라의 물자 부족은 정부의 반경제 시책으로 인한 생산 위축에서 비롯된 것이 아니라는 결론을 내릴 수밖에 없습니다.

국내 물자 생산에 문제가 없었다면 수입 물자는 어땠을까요. 2003년에 비해 2013년의 물자 수입액은 달러로 따졌을 때 388.9%나 늘었습니다. 그런데 여기서도 경제원리로 설명 안 되는 현상이 벌어집니다. 2006년과 2007년 사이에 수입액은 39%나 늘었는데도 물자부족률은 25%로 치솟습니다. 2008년과 2009년은 수입액이 줄었는데도 물자부족률은 오르지 않고 내립니다. 반면 수입액이 다시 증가한 2011년부터는 물자부족률이 다시 치솟습니다.

민간 부문에 수입용으로 배정된 달러는 어땠을까요. 2003년부터 2013년까지 베네수엘라 정부는 민간 부문에 모두 3047억 달러의 수입 대금을 책정했습니다. 2009년과 2011년에만 전년 대비 외환 공급액이 줄었지 다른 해에는 모두 증가세를 보였습니다. 그런데 여기서도 이상한 현상이 눈에 띕니다. 이 기간에 물자부족률이 가장 낮았던 해는 2004년인데 2004년은 외환 배정액이 가장 작았던 해였습니다. 또 수입 물자에 책정된 외환은 2003년 56억 9500만 달러에서 2013년 308억 5900만 달러로 442%나 늘었는데 물자부족률은 오히려 38%나 증가했습니다.

물자 생산과 물자 수입이 늘었는데도 물자 부족을 겪었다면 혹시 소비가 크게 늘었기 때문은 아니었을까요. 금융위기가 전 세계 경제를 강타한 2008년 이후 2010년까지 베네수엘라에서도 소비가 감소했지만 나머지 기간은 소비가 줄곧 늘었습니다. 하지만 같은 기간 동안 물자 생산과 수입은 더 큰 비율로 늘었습니다. 따라서 소비가 물자 부족의 원인이었다고 해석하기도 어렵습니다. 그렇다면 순전히 경제적 원인이 아닌 다른 요인 때문에 베네수엘라 경제가 어려워졌다고 볼 수밖에 없습니다. 그게 뭘까요?

앞에서 2003년에 비해 2013년의 물자 수입액은 달러로 따졌을 때 388.9%나 늘었다고 말했습니다. 그런데 수입액이 늘어난 만큼 수입량도 똑같이 늘었을까요? 그렇지 않았습니다. 무게로 따졌을 때 수입량은 57.6%밖에 안 늘었습니다. 2003년에는 1킬로그램의 물자를 수입하는 데 0.83달러를 썼지만 2013년에는 2.34달러를 썼습니다. 식품으로 범위를 좁혀도 비슷한 현상이 관찰됩니다. 2003~2013년에 수입액은 575.7% 늘었지만 수입량은 151.5% 느는 데 그쳤습니다. 민간 수입업체들이 구입가를 부풀려 적고 달러를 빼돌렸을 가능성이 높습니다. 실제로 통계를 봐도 2003년과 2013년 사이에 민간 부문의 해외 계좌 외환 예금액은 232.8% 늘었습니다.

생산되거나 수입된 물자는 시장에 깔려야 의미가 있습니다. 그런데 베네수엘라의 대형 식품업체는 유통업체와 결탁해서 식품, 의약품, 위생용품, 자동차 및 기계 부품처럼 일상 생활이나 생산활동에 꼭 필요한 물자를 특히 중요한 선거를 앞두고 창고에 쌓아만 두고 내놓지 않는 경우가 많았습니다. 내놓더라도 암시장에만 물건을 내놓으니 일반 소비자는 비싼 돈을 주고 암시장을 찾을 수밖에 없습니다. 자연히 물가도 오릅니다. 베네수엘라에서는 채소나 과일처럼 다수 농민이 생산하는 농산물은 풍부합니다. 하지만 식용유, 밀가루, 커피, 옥수수분처럼 소수 대형 식품가공업체가 독과점하는 품목은 사재기가 용이하기에 일반 소비자는 구입에 어려움을 겪습니다.

창고에 쌓아두었다가 당국에 적발되겠다 싶으면 인접국 콜롬비아로 생산 물자와 수입 물자를 밀반출합니다. 베네수엘라의 수입 물자는 정부가 공식 환율로 공급한 달러로 싸게 사들인 것이라 콜롬비아에서 날개 돋힌 듯 팔립니다. 베네수엘라 정부를 반시장주의 집단이라며 성토하는 민간 대기업들은 이렇게 분식 거래를 통한 달러 빼돌리기, 사재기와 암시장 거래, 밀수출로 시장을 부수고 떼돈을 법니다.

미국이 베네수엘라 경제를 집요하게 공격하는 까닭

베네수엘라의 환율은 왜 그렇게 높을까요. 베네수엘라 화폐 볼리바르의 가치가 떨어져서입니다. 볼리바르의 가치가 왜 떨어질까요. 미국이 볼리바르화를 공격해서입니다. 미국은 볼리바르를 어떻게 공격할까요. 방법은 다양하지만 기본 원리는 베네수엘라에 있는 기존의 달러를 고갈시키고 베네수엘라 정부가 새 달러를 조달하지 못하게 만드는 것입니다.[5] 특히 베네수엘라처럼 수입 의존도가 높은 나라에서는 달러가 없으면 수입이 어려워져 경제가 치명타를 입습니다.

---

5 Jack Rasmus, 「금융제국주의: 베네수엘라의 경우 Financial Imperialism: the Case of Venezuela,」 *Counterpunch*, 2019년 3월 5일. https://www.counterpunch.org/2019/03/05/financial-imperialism-the-case-of-venezuela/

미국은 베네수엘라에 진출한 미국 기업들이 달러를 베네수엘라 밖으로 보내도록 압력을 넣습니다. 베네수엘라 기업과 부자에게는 미국 은행에 돈을 예금하도록 권유하고 각종 편의를 제공합니다. 그런가 하면 미국 안에 있는 베네수엘라 자산을 압류한 뒤 베네수엘라 반정부 세력에게 넘겨 베네수엘라 정부를 압박합니다. 영국 중앙은행은 미국의 베네수엘라 제재정책에 호응하여 베네수엘라 정부의 12억 달러에 상당하는 합법적 금괴 반환 요청을 거부했습니다. 미국은 베네수엘라 정부가 국채 발행으로 달러를 조달하는 길도 각종 위협을 통해 자단했습니다. 이렇게 나가는 달러는 많은데 들어오는 달러가 사라지면 베네수엘라에서 달러가 귀해져서 볼리바르의 상대적 가치는 떨어지기 마련입니다.

하지만 암시장 환율에 더 직접적으로 영향을 미치는 것은 미국에 있는 달러투데이 같은 환율 시세 정보 사이트입니다. 이런 사이트가 암시장 환율을 크게 부풀려서 공시하면 그 가격은 베네수엘라 암시장에서 그대로 반영됐습니다. 수입업체는 가령 1달러당 10볼리바르라는 공식 환율로 정부로부터 싸게 사들인 달러로 제품을 구입해서는 달러당 1000볼리바르라는 미국 사이트에서 조작한 암시장 환율을 적용해서 베네수엘라 시장에 내놓았습니다. 물가는 뛸 수밖에 없습니다. 하루가 다르게 물가가 오르고 볼리바르 가치가 떨어지면 사람들은 불안해져서 더욱 달러에 매달립니다. 물가가 오르면 사람들은 식품처럼 생존에 필요한 최소한의 품목을 빼고는 소비를 아끼게 되고 그렇게 되면 공산품이 안 팔려 기업들도 타격을 받습니다. 제품이 안 팔리면 자연히 실업률도 올라가고 차베스와 마두로의 반기업 반시장 정책이 베네수엘라를 말아먹었다는 미국의 목소리에도 힘이 실립니다. 하지만 베네수엘라에서 발생한 초인플레는 차베스, 마두로 두 베네수엘라 대통령의 실정이 아니라 외화 조달 경로를 차단하여 베네수엘라 통화를 공격한 미국의 전략에서 비롯됐다고 보는 것이 합리적 해석입니다. 볼리바르화는 베네수엘라에서 중요한 선거가 있을 때마다 특히 곤두박질치고 대달러 환율은 치솟습니다.

그런데 미국은 왜 그토록 집요하게 베네수엘라 경제를 공격하는 걸까요? 물론 베네수엘라의 석유 자원 확보도 중요한 이유겠죠. 베네수엘라는 사우디보다도 원유 매장량이 많습니다. 세계 최대입니다. 베네수엘라의 소수 지배층에게 떡고물을 안겨주고 베네수엘라의 자원을 마음껏 빨아먹었던 옛날로 돌아가고 싶었겠죠.

하지만 더 중요한 이유가 있습니다. 베네수엘라의 서민주의 정부는 금융 지배라는 미국의 아킬레스건을 건드렸습니다. 같은 산유국이라도 사우디는 미국에 기름을 팔고 받은 돈을 미국 은행에 다시 맡겼습니다. 미국 달러는 사우디나 주변 나라로 돌지 않고 다시 미국으로 되돌아왔습니다.

중남미와 아프리카 국가들이 외채의 굴레에서 쉽게 벗어나지 못하는 것은 지배층이 돈을 해외 조세도피처로 빼돌려서 그렇습니다. 1970년부터 2010년까지 아프리카 국가들에서 부패한 지배층이 해외로 빼돌린 돈은 2010년 미국 달러 가치로 따져서 모두 1조 3천억 달러였습니다. 자원이 풍부한 나라일수록 빠져나간 돈도 많았습니다. 만약 이 돈으로 금리가 아주 낮은 편에 속하는 미국 채무부 채권을 샀다면 이자 수익까지 합쳐서 1조 7천억 달러에 달했을 겁니다.[6]

아프리카에서 아프리카 지배층이 빼돌린 돈은 다시 조세도피처의 외국 투자회사 자금으로 세탁돼서 아프리카로 고리의 이자와 함께 대출됩니다. 아프리카 국가들이 2010년 현재 외국에 진 빚은 2830억 달러입니다. 프랑스, 영국, 미국은 아프리카인을 위해 아프리카 자원을 쓰려던 아프리카 지도자는 나타나는 족족 제거하고 백인 상전과 본인을 위해 아프리카 자원을 해외 조세도피처로 보내는 아프리카인만 지도자로 살려뒀습니다. 아프리카인을 위해 아프리카 자원을 쓰려는 아프리카 지도자가 뜻을 펼칠 수 있었다면 아프리카는 아프리카 사원만으로도 잘 살 수 있었을 겁니다.

가난한 사람들을 섬기는 사회주의

차베스는 외국에 기름을 팔아 번 돈을 자국민의 교육, 보건, 주택, 복지에 투자했습니다. 또 주변 나라에도 몇십억 달러씩 저리로 빌려주면서 이웃 나라들에게도 자국민을 위해 투자할 수 있는 길을 열어줬습니다. 베네수엘라가 번 달러는 사우디가 번 달러와는 달리 미국 은행으로 돌아오지 않고 중남미 안에서 돌면서 지역 경제를 살찌웠습니다. 게다가 차베스는 남미 은행을 세우고 남미 지역 공동화폐까

---

6 Léonce Ndikumana, 「자본 도피와 조세도피처: 아프리카 투자와 성장에 미치는 영향 Capital Flight and Tax Havens: Impact on Investment and Growth in Africa」, *Revue d'édonomie du développement*, 2014/2(통권 22호).

베네수엘라 반정부 매체가 차베스를 원색적으로 비방한 만평
출처: https://venezuelanalysis.com/analysis/10547

지 만들려고 했습니다. 중남미 지역 공동화폐가 자리잡으면 달러는 중남미에서 힘을 못 씁니다. 달러가 힘을 못 쓰면 미국도 힘을 못 씁니다. 미국에게는 악몽이었습니다. 미국이 베네수엘라 야당을 앞세워 베네수엘라 서민 정부 대통령을 자꾸만 몰아내려는 이유입니다.

베네수엘라의 야당은 주로 백인이 지지 기반입니다. 베네수엘라에서 스스로를 백인으로 여기는 사람은 인구의 40%가 조금 넘습니다. 베네수엘라 인구의 절반 이상은 메스티조라 불리는 혼혈입니다. 나머지는 아프리카에서 노예로 끌려 온 흑인의 후예와 원주민입니다. 베네수엘라에서 혼혈 출신의 대통령은 2013년 급환으로 타계한 우고 차베스가 처음이었습니다. 차베스는 백인 중상류층이 독차지해 온 베네수엘라의 자원 수입을 국민 전체가 고루 누리는 쪽으로 정책을 이끌다가 베네수엘라를 수백 년 동안 지배해온 백인들의 증오를 샀습니다. 서방 언론에서는 베네수엘라 정부가 야당을 탄압하고 언론을 탄압한다고 비난하지만 베네수엘라의 민영 언론은 방송 신문 가릴 것 없이 여전히 백인 부자들 소유고 대부분 야당 편입니다. 차베스가 1999년 대통령에 취임한 뒤 지금까지 20년 가까이 서민주의 정부가 이어지면서 언론 환경이 다소 나아졌다고는 하지만 아직도 베네수엘라 언론은 방송과 신문 모두 반정부 매체가 지배하고 있습니다. 대통령을 아프리카 원숭이로 묘사하는 지극히 인종주의적인 원색적 비방이 일간지 만평에 버젓이 실리는 나라가 과연 독재국일까요.

도널드 트럼프 대통령은 베네수엘라가 사회주의를 너무나 완벽하게 잘 받아들여서 망한 거라고 비웃었습니다. 하지만 미국도 나름대로 사회주의를 추구합니다. 미국이 추구하는 사회주의는 금융 사회주의입니다. 미국 정부는 은행한테 집을 빼앗겨 쫓겨나는 가난한 아기 엄마는 본 체 만 체하지만 투기를 일삼다가 파산위기에 몰린 은행은 어김없이 살려주니까요. 베네수엘라가 추구하는 사회주의는 가난한 아기 엄마를 섬기는 사회주의입니다. 서민주의 정부가 들어서기 전 베네수엘라의 가난한 아기 엄마는 우유가 슈퍼에 넘쳐나도 우유 살 돈이 없어서 아기에게 파스타 삶은 물을 먹여야 했지만 서민주의 정부에서는 그런 일은 안 일어나니까요.

초인플레는 국가 기관이 얼마나 무능하고 무책임한지를 보여주는 데 요긴합니다. 특히 통화 발행의 주체인 중앙은행이 왜 정부로부터 독립되어야 하는지를 선전하는 데 안성맞춤입니다. 1차대전

GDP 대비 해외 조세도피처 유출 자금 비율

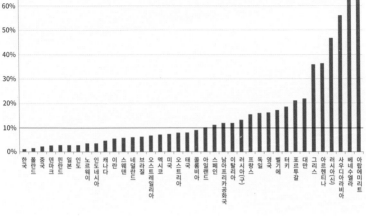

출처: https://gabriel-zucman.eu/offshore/

이후 독일에서 1922~23년에 발생한 사상 최악의 인플레는 정부가 필요에 따라 돈을 마구 찍게 내버려두면 결국 빵 한 덩어리를 사는 데 손수레 한 가득 고액권을 싣고 가야 하는 경제 파탄으로 귀결된다는 생생한 사례로 세인의 뇌리에 각인되어 있습니다.

그런데 베네수엘라의 초인플레도 그렇고 독일의 초인플레도 그렇고 인과 관계가 잘못됐습니다. 정부가 화폐 발행을 남발해서 화폐 가치가 떨어진 것이 아니라 통화 공격을 받아 화폐 가치가 먼저 떨어졌기 때문에 물가 전반이 오르고 정부는 국정 운영을 위해 화폐를 찍게 됐다는 것이 사실에 가깝습니다. 베네수엘라의 경우는 베네수엘라 정부에 적개심을 품고 베네수엘라 통화 가치를 무너뜨리려는 미국과 베네수엘라 기득권 집단의 집요한 통화 공격이 있었습니다. 베네수엘라는 2007년에 이미 해외 조세도피처로 빼돌려진 외화가

GDP 대비 64.1%로 아랍에미리트 다음으로 높은 나라였습니다. 부자들이 자국 돈을 팔아치우고 외국 돈을 사들이니 베네수엘라 통화 가치는 추락할 수밖에 없었습니다.

독일의 경우는 어땠을까요?

3

정부가 아니라
독립 중앙은행이
초래한 독일 초인플레

독일 정부의
신중한 통화정책

독일은 1차대전의 전쟁비용을 국채 발행으로 조달했습니다. 독일의 적국이었던 영국, 프랑스도 국채 발행을 했지만 두 나라는 미국, 스위스 같은 나라에서 돈을 쉽게 빌릴 수 있었습니다. 반면 독일에게 돈을 빌려주려는 나라는 거의 없었습니다. 오히려 독일은 동맹국이었던 오스트리아, 터키에게 거액의 전비를 대줘야 하는 입장이었죠. 그러니 동맹국의 전비까지 챙겨주면서 독일이 마르크화 가치를 1914년 7월 1차대전 개전 직전의 1달러당 4.2마르크에서 1918년 11월 종전 직전까지 전쟁 전의 두 배 수준으로 유지했다는 것은 상당한 선방이었습니다.

독일은 1차대전 중 모두 980억 마르크 규모의 국채를 발행했습니다. 독일 정부가 발행한 국채는 대부분 독일 국민이나 독일 중앙은행이 샀습니다. 중앙은행은 돈을 찍어서 정부에게 국채 매입 비용을 지급했으니 중앙은행이 국채를 매입한 만큼 통화량이 늘어났습니다. 독일 중앙은행은 전쟁 동안 돈을 마구 찍어냈을까요? 독일의 통화량은 전쟁 전인 1913년 72억 마르크에서 전쟁이 끝난 직후인 1918년 11월 284억 마르크로 4배 가까이 늘었습니다. 독일 국민 1인당 통화량도 자연히 110마르크에서 430마르크로 늘었습니다. 물가도 1913년을 100으로 잡았을 때 1918년 말 234로 올랐습니다. 하지만 임금도 1913년을 100으로 잡았을 때 1918년 말 248로 올랐으므로 소비력은 오히려 조금 늘어난 셈이었죠. 영국의 해상 봉쇄로 독일은 심각한 물자 부족을 겪었지만 독일 정부는 전쟁 중 통화정책을 책임 있게 꾸려갔습니다.

독일 정부는 전쟁이 터진 직후 은행법을 고쳐서 마르크화와 금의 교환을 중단시켰습니다. 그 전까지는 독일도 영국, 프랑스처럼 금본위제였습니다. 금본위제는 시폐의 가치를 중앙은행이 보유한 금으로 보증하는 제도입니다. 금본위제에서는 지폐를 중앙은행에 제시하면 중앙은행은 그 지폐의 가치에 해당하는 양만큼의 금을 내줘야 합니다. 따라서 금과 화폐의 교환을 중단시킨다는 것은 금본위제를 포기한다는 뜻이었죠. 영국도 프랑스도 개전과 함께 금본위제를 포기했습니다. 그런데 독일은 전비가 아쉽다고 해서 무책임하게 돈을 찍지는 않았습니다. 보유한 금 가치의 3배보다 많은 돈을 중앙은행이 찍었을 경우 세금을 물렸습니다. 한 푼이라도 돈을 더 찍도록 중앙은행을 압박했을 수도 있었을 정부가 오히려 중앙은행의 무책임한 통화발행을 억눌렀습니다. 마르크 가치가 전쟁 중에도 폭락하지 않은 배경에는 독일 정부의 신중한 통화정책이 있었습니다.

1차 대전 뒤
곤두박질치는 독일 경제

그런데 그렇게 신중했던 독일 정부가 왜 전쟁 뒤에 갑자기 "무책임"하게 초인플레를 유발했을까요. 높은 인플레를 유발한 것은 독일 정부의 무책임한 통화남발이 아니라 투기꾼들의 공격으로 인한 독일 통화 가치의 추락이었고 투기꾼들의 통화공격을 용인한 것은 독일 정부가 아니라 독일 중앙은행이었습니다.

독일은 1차대전 말기에 연합국의 해상 봉쇄로 인한 물자 부족으로 고통을 겪었지만 전쟁이 끝난 뒤 경제난은 더욱 극심해졌습니다. 연합국이 경제봉쇄를 풀지 않아서였죠. 경제봉쇄는 1919년 7월 12일 독일이 연합국의 전비를 모두 배상해주기로 약속한 베르사유조약에 서명한 다음에야 풀렸습니다.

전쟁이 끝나고 한 달이 지난 1918년 12월 독일 정부는 전쟁 중의 경제봉쇄로 인해 죽은 독일 국민이 76만 3천 명이라고 밝혔습니다. 전쟁 이전인 1913년보다 늘어난 민간인 사망자를 경제봉쇄로 인한 사망자로 집계한 통계였죠. 1915년에는 8만 8235명이었던 추가 사망자가 1918년에는 29만 3760명으로 급증했습니다. 전쟁이 끝나갈수록 상황이 어려워졌음을 알 수 있습니다. 전쟁 직후가 워낙 혼란스럽던 상황이라 전쟁이 끝난 뒤부터 베르사유조약이 체결되기까지 8개월 동안 경제봉쇄로 더 죽은 사람이 몇 명인지를 밝힌 통계 자료는 없습니다. 하지만 에센 지역에서만 영양실조로 진단받아 식량배급에서 특혜를 받은 사람의 숫자가 1918년 6만 4천 명에서

1919년 12만 명으로 급증했다는 통계로 미뤄볼 때 전쟁 이후 노약자, 어린이, 여성이 수없이 죽어나갔음을 짐작할 수 있습니다.[1]

전쟁이 끝난 뒤에도 아사자가 속출한 원인은 경제봉쇄로 인한 물자 부족이었습니다. 물자가 부족하면 물가는 오릅니다. 물가가 오르면 돈 가치는 떨어집니다. 달러 대비 마르크 가치는 전쟁이 벌어진 4년여 동안 2분의 1쯤 떨어지는 데 그쳤지만 종전 뒤 1년이 지난 1919년 11월이면 전쟁 전의 9분의 1 수준으로 떨어졌습니다. 마르크 가치가 급락한 원인은 전승국의 압력 아래 1919년 9월 자본 이동 규제가 없어져서였습니다. 마르크 가치 하락에 불안을 느낀 독일의 자산가들은 이 조치 덕분에 해외로 마르크 자산을 옮긴 뒤 달러나 파운드 같은 외환으로 쉽게 바꿀 수 있었습니다. 독일의 부호들이 마르크를 해외에서 일제히 파니 국제 외환 시장에서 마르크 가치는 떨어질 수밖에 없었습니다. 전쟁이 아직 시작되지 않았던 1914년 1월부터 초인플레가 극에 달했던 1923년 12월까지 마르크의 대달러 가치는 다음 표 1과 같습니다.[2]

마르크 가치가 떨어지면 해외 투자가들은 헐값에 독일 자산을 사들일 수 있습니다. 외국인 투자가들의 독일 자산 매입에 따른 외환 유입에 힘입어 1920년에는 마르크 가치가 잠시 회복세를 보이기도 했습니다. 1920년 2월 1달러당 23.60마르크까지 떨어졌던 마르크

1   C. Paul Vincent, 『기아의 정치학: 연합국의 독일 봉쇄 1915~1919 The Politics of Hunger: the Allied Blockade of Germany, 1915~1919』, 1987, pp. 145~6. https://archive.org
2   Carl-Ludwig Holtfrerich, 『독일 인플레 The German Inflation 1914~1923: Causes and Effects in International Perspective』, 1986, p. 17.

표 1. 독일 도매물가지수와 달러/마르크 환율 추이 1914~23(1913=1) (E=환율; W=물가)

월	1914 E	W	1915 E	W	1916 E	W	1917 E	W	1915 E	W
1	1.002	0.96	1.10	1.26	1.27	1.50	1.38	1.56	1.24	2.04
2	1.001	0.96	1.12	1.33	1.28	1.51	1.40	1.58	1.26	1.98
3	1.000	0.96	1.15	1.39	1.32	1.48	1.39	1.59	1.24	1.98
4	0.999	0.95	1.16	1.42	1.30	1.49	1.54	1.63	1.22	2.04
5	0.999	0.97	1.15	1.39	1.24	1.51	1.56	1.63	1.22	2.03
6	0.998	0.99	1.16	1.39	1.26	1.52	1.69	1.65	1.28	2.09
7	0.999	0.99	1.17	1.50	1.31	1.61	1.70	1.72	1.38	2.08
8	0.998	1.09	1.17	1.46	1.33	1.59	1.70	2.03	1.45	2.35
9	0.997	1.11	1.16	1.45	1.37	1.54	1.72	1.99	1.57	2.30
10	1.043	1.18	1.16	1.47	1.36	1.53	1.74	2.01	1.57	2.34
11	1.097	1.23	1.18	1.47	1.38	1.51	1.65	2.03	1.77	2.34
12	1.072	1.25	1.23	1.48	1.36	1.51	1.35	2.03	1.97	2.45
연평균	1.017	1.05	1.16	1.42	1.32	1.52	1.57	1.79	1.43	2.17

월	1919 E	W	1920 E	W	1921 E	W	1922 E	W	1923 E	W
1	1.95	2.62	15.43	12.56	15.46	14.39	45.69	36.65	4281	2789
2	2.17	2.70	23.60	16.85	14.60	13.76	49.51	41.03	6650	5585
3	2.48	2.74	19.97	17.09	14.87	13.38	67.70	54.33	5048	4888
4	3.00	2.86	14.20	15.67	15.13	13.26	69.32	63.55	5826	5212
5	3.06	2.97	11.07	15.08	14.83	13.08	69.11	64.58	11355	8170
6	3.34	3.08	9.32	13.82	16.51	13.66	75.62	70.30	26202	19385
7	3.59	3.39	9.40	13.67	18.26	14.28	117.49	100.59	84186	74787
8	4.48	4.22	11.37	14.50	20.07	19.17	270.26	192.0	1100632 in mill	944041 in mill
9	5.73	4.93	13.81	14.98	24.98	20.67	349.18	287.0	23.5 in bn	23.9 in bn
10	6.39	5.62	16.23	14.66	35.76	24.60	757.73	566.0	6.0	7.1
11	9.12	6.78	18.39	15.09	62.64	34.16	1711.08	1154	522	725.7
12	11.14	8.03	17.38	14.40	45.72	34.87	1807.83	1475	1000	1261.6
연평균	4.70	4.15	15.01	14.86	24.91	19.11	449.21	341.82		

출처: Statistisches Reichsamt: Zablen zur Geldentwertung in Deutschland 1914 bis 1923(Berlin 1925), pp. 6, 16, 17.

3. 정부가 아니라 독립 중앙은행이 초래한 독일 초인플레

가치는 같은 해 6월에는 9.32마르크까지 올랐습니다.

하지만 독일 경제는 워낙 어려운 상황이었습니다. 독일은 패전으로 인구의 12%, 영토의 13%를 빼앗겼습니다. 독일이 빼앗긴 영토는 철과 석탄이 밀집된 공업 지대였습니다. 영토 상실로 독일은 전쟁 전보다 철 생산이 48%, 석탄 생산이 3분의 1이나 줄어들었습니다. 그렇게 어려워진 상황에서도 석탄을 연합국에게 헐값에 수출해야 했습니다. 생산뿐 아니라 유통도 타격을 받았습니다. 독일은 기관차 5천 대, 트럭 5천 대, 기차 15만 량, 선박 250만 톤을 빼앗겼습니다. 국민이 굶주리는 상황에서 소, 양, 염소 같은 가축까지 전승국으로 반출됐습니다. 계속되는 물자 부족 상황에서도 달러당 14~15마르크 수준을 유지하던 마르크 가치는 1921년 5월 이른바 런던최후통첩으로 독일의 전쟁배상금이 1320억 마르크로 확정된 이후 15마르크 벽이 무너졌고 독일이 그 해 8월 10억 마르크를 배상한 뒤 마르크의 대달러 환율은 9월 24.98마르크, 10월 35.76마르크, 11월에는 무려 62.64마르크로 추락했습니다. 그래도 이듬해 5월의 대달러 환율은 69.11마르크였으니 몇 달 전보다 크게 떨어지지는 않았습니다.

마르크가 걷잡을 수 없이 떨어지면서 본격적인 초인플레 시대가 열린 것은 바로 1922년 6월부터였습니다. 화폐 가치가 전월보다 50% 이상 떨어질 때를 초인플레 상황이라고 합니다. 마르크의 대달러 환율은 1922년 6월 75.62, 7월 117.49, 8월 270.26, 9월 349.18, 10월 757.73으로 급락하더니 11월에는 1711.08로 곤두박질쳤습니다. 그리고 1923년 말에는 1달러당 1조 달러까지 추락했습니다.

건강한 공동체는
국가가 중심에

　도대체 1922년 6월에 무슨 일이 있었을까요? 중요한 정치적 사건이 있었습니다. 그 해 6월 24일 발터 라테나우 독일 외무장관이 암살당했습니다. 라테나우는 중도 보수 정치인이었습니다.

　패전 직후 독일은 국론이 크게 분열돼 있었습니다. 공산당을 주축으로 한 좌파 세력은 전쟁이 끝나기 전부터 반전운동을 벌였고 독일의 패전을 공산혁명의 호기로 삼았습니다. 실제로 휴전협정이 조인되기도 전인 1918년 11월 7일 뮌헨에서는 공산주의자들이 봉기해서 공화정을 선언했습니다. 독일 좌파는 러시아에서처럼 전쟁의 혼란기를 이용해서 공산혁명을 일으키려고 했습니다. 러시아는 영국, 프랑스와 함께 연합국의 일원이었지만 후방에서 레닌, 트로츠키 같은 공산주의자들이 반전운동을 벌이다가 1917년 10월 공산주의 혁명을 성공시키면서 제정이 무너졌고 공산당 정부는 독일에게 항복했습니다. 독일 공산주의 지도부에는 소련에서 보낸 활동가들이 포진하고 있었습니다.

　독일 우파는 1918년 상반기까지도 우세했던 전세가 뒤바뀐 것은 외세와 내통한 공산주의자들이 전선에서 싸우던 독일군의 등에 칼을 꽂았기 때문이라고 믿었습니다. 우파는 독일을 패전으로 몰아간 것은 공산혁명을 성공시키기 위해 패배를 바랐던 좌파의 매국행위였다고 보았습니다. 실제로 독일 의회의 좌파 의원들은 세계 혁명을 시작하기 위해 우리는 독일군을 방해할 것이라고 말하기도 했습니다.[3] 독일에서 공산혁명의 성공을 바란 것은 소련만이 아니었습니다. 연합국도 은근히 공산세력의 집권을 반겼습니다. 뮌헨에 들어선 좌파 정부는 독일의 전쟁 범죄를 고발하는 문서를 만들어 베르사유 회담장으로 보내 연합국에 추파를 던졌고 연합국은 독일이 베르사유조약에 아직 서명하지 않았는데도 서둘러 공산당이 정권을 잡은 바이에른에게만 경제봉쇄를 풀어줬습니다.[4] 전쟁이 끝난 다음에도 독일에서 이념 갈등이 이어지기를 바란 것이었죠.

독일 우파는 독일은 패전한 것이 아닌라 연합국에 기만당했다고 생각했습니다. 전쟁 막판 물자 부족으로 전쟁을 속행하기가 어려웠던 것은 사실이지만 독일은 러시아 크리미아 지역까지 진출한 상태였고 프랑스도 상당 부분 점령한 상태였습니다. 독일 영토는 연합국에게 점령당하지 않았습니다. 독일군 지도부는 1917년 10월혁명으로 러시아에 공산 정권이 들어선 뒤 공산주의 확산에 대한 우려를 연합국도 가질 수밖에 없는 만큼 전쟁 이전의 질서로 돌아가는 것이 가능하다고 판단했습니다. 윌슨 미국 대통령이 1918년 초에 발표한 평화 공존과 민족자결주의의 14개 원칙을 독일이 수용하면 연합국의 전쟁 물자를 전담하면서 새로운 패권국으로 떠오른 미국의 주도 아래 평화협정 체결이 가능하다고 믿었습니다.

하지만 베르사유에서 윌슨은 무기력하고 유약했으며 유럽 정세

---

3 Leon Degrelle, 『히틀러: 베르사유에서 태어나다 Hitler: Born at Versailles』, 1987, p. 438. http://der-fuehrer.org/bucher/english/Degrelle,%20Leon%20-%20Hitler-Born%20at%20Versailles.pdf
4 같은 책, p. 312.

에 무지했습니다. 폴란드, 체코, 루마니아처럼 1차대전을 세력 팽창의 호기로 삼았던 나라나 민족의 대표들은 베르사유 회담장에서 영국, 프랑스의 비호 아래 미인계와 뇌물 공세, 통계 조작을 통해 독일인, 헝가리인이 거주하던 다수 지역을 자기 영토로 만들었습니다. 따라서 독일 우파는 베르사유조약 내용에 강한 반감을 품었습니다.

그러나 현실은 현실이었습니다. 자원도 인구도 생산시설도 해외 자산도 모두 빼앗긴 상태에서 경제를 다시 일으키려면 아무리 부당하더라도 일단은 전승국들의 요구를 최대한 들어주는 데에 중점을 둬야 한다고 생각한 정치인이 발터 라테나우였습니다. 라테나우는 정치인이기 이전에 기업인이었습니다. 지금도 건재한 독일 전자기기업체 AEG의 창업자 에밀 라테나우가 그의 아버지였습니다. 라테나우는 1915년 아버지가 죽은 뒤 AEG를 더욱 알차게 키웠습니다. 유능한 조직력을 인정받아 1차대전 중 원자재조달부 장관으로 일했고 전쟁 뒤에는 재건부 장관을 맡았습니다. 그리고 1922년 2월에 외무장관에 임명됐습니다.

라테나우는 유대인이었기에 독일 우파의 불신을 샀고 미움을 받았습니다. 러시아와 독일에서 공산주의 혁명을 주도한 인물 중에는 유대인이 압도적으로 많았습니다. 하지만 라테나우는 독일 문화를 좋아했습니다. 기업인이었지만 무분별한 자본가의 자유를 찬양하기보다는 경계했습니다. 공산주의에는 반대했지만 건강한 공동체가 유지되려면 국가가 중심에 있어야 한다고 믿었습니다. 독일의 국익을 중시하는 우익 성향이었지만 유대인이라는 이유로 우익의 미

움을 받았고 사회주의에 호의적이지 않다는 이유로 좌익으로부터
도 비판을 받았습니다.

그러나 라테나우가 결정적으로 곤경에 몰린 것은 1922년 4월 16
일 이탈리아 제노아 근처의 라팔로에서 러시아와 외교 관계를 정상
화하고 경제협력을 강화하는 비밀 조약에 서명하면서부터였습니
다. 독일과 러시아는 불과 몇 년 전까지 교전국이었지만 전쟁으로
큰 피해를 입었고 전후 복구가 절실한 상황에서 두 나라 모두 국제
적으로 고립됐다는 공통점이 있었습니다. 독일과 러시아는 라팔로
소약을 통해 전쟁 중에 발생한 피해에 대한 배상청구권을 상호 포기
하기로 합의했습니다.

원래 영국과 프랑스가 독일과 러시아 대표를 제노아로 불러 회의
를 연 것은 시베리아 철도 건설비 등으로 제정 러시아가 프랑스와
영국에 진 빚을 러시아가 독일에 전쟁배상금을 물리는 방식으로 간
접적으로 독일에게 받아내려던 것이었는데 독일과 러시아의 밀약
으로 이런 구상은 물거품이 됐고 영국과 프랑스는 분노했습니다. 자
원 대국 러시아와 기술 대국 독일의 공조는 큰 잠재적 위협이었습니
다.[5] 독일 외무장관이 조국의 등에 칼을 찌른 공산혁명의 주역 소련
과 우호조약을 맺었다는 사실이 알려지자 독일 우익은 라테나우를
성토했습니다. 그리고 두 달 뒤인 6월 24일 라테나우는 암살당했습
니다. 주류 역사학에서는 독일의 초인플레는 라테나우의 죽음과 함
께 시장이 독일 경제 회생에 대한 기대를 접으면서 본격화됐다고 설

---

5   Caroll Quigley, 『비극과 희망 Tragedy and Hope』, 1966, p. 294.

명합니다.

투기판의 무대가 된
중앙은행

그런데 스티븐 잘렝가라는 금융전문가는 조금 다르게 분석합니다.[6] 5월 26일에 의미심장한 사건이 일어났습니다. 독일 중앙은행인 국가은행을 독립시키고 중앙은행에 대한 재무장관의 영향력을 없애는 법이 통과됐습니다. 원래 독일은 생산 부문에 대한 은행의 신용 제공 역할을 중시하는 전통이 강한 나라였습니다. 독일이 19세기 후반 이후 단시일에 산업 강국으로 일어설 수 있었던 것도 그런 전통 덕분이었습니다. 그런데 민간인들에게 중앙은행의 운영을 일임하는 법이 생기면서 중앙은행은 투기판의 본산이 됐습니다.

원리는 이렇습니다. 투기꾼이 한 달 뒤에 갚기로 하고 연리 12%로 은행에서 100만 마르크를 빌립니다. 그리고 이 돈으로 1만 달러를 삽니다. 그런데 마르크 가치가 1달러당 100마르크에서 한 달 뒤 1달러당 110마르크로 내리면 이 투기꾼은 한 달 뒤 1만 달러를 팔아서 110만 마르크를 받습니다. 100만 마르크에 대한 연리 12%의 월

---

6 1922년 중반께 시작되어 1923년 말까지 이어진 독일의 초인플레가 정부의 통제에서 벗어나 민간인에게 장악된 중앙은행 체제에서 일어났다는 내용은 Stephen Zarlenga, 『기억을 상실당한 돈 The Lost Science of Money』, 2002, 21장 「민간 중앙은행 밑에서 일어난 독일의 1923년 초인플레」의 분석을 토대로 삼았다. http://library.uniteddiversity.coop/Money_and_Economics/Lost_Science_of_Money.pdf

이자는 1만 마르크이므로 한 달 뒤에 101만 마르크를 갚으면 됩니다. 그러므로 한 달 만에 9만 마르크라는 불로소득이 생깁니다. 이런 투기 행위에 투기꾼뿐 아니라 일반 은행까지 가세하고 중앙은행이 여기에 아무런 제동을 걸지 않으면 통화는 신뢰를 완전히 잃고 사람들은 하루가 다르게 떨어지는 돈 가치가 무서워서 수중에 돈이 생기면 닥치는 대로 물건으로 바꿉니다. 순식간에 초인플레 상황이 조성됩니다. 주식시장에서 전문 투기꾼들이 특정 기업의 주식을 빌린 뒤 계속 팔아서 주가를 떨어뜨린 뒤 가격이 하락한 주식을 되사서 원래의 주식 주인에게 갚고 차액을 남기는 '공매도' 수법과 똑같습니다.

무엄하게도 러시아와 우호조약을 맺은 라테나우를 응징할 생각으로 영국과 프랑스가 중앙은행 독립법을 만들도록 압력을 넣었는지는 정확히 알 길이 없습니다. 하지만 중앙은행에 대한 정부의 감독권이 사라지면서 독일이 초인플레로 접어들었다는 엄연한 사실은 전후 독일의 초인플레가 정부의 무책임한 통화 남발로 일어났다는 주류 역사학의 진단이 오진임을 드러냅니다. 베네수엘라에서도 독일에서도 초인플레는 무책임한 정부의 통화 남발이 아니라 정부에 반감을 품은 세력의 통화 공격 탓에 일어났습니다.

패권을 휘두르는 나라의 통화 공격 앞에서는 웬만한 강국도 무너지고 맙니다. 독일이 초인플레로 인한 경제 파탄으로 배상금을 못 주는 지경에 이르자 프랑스는 벨기에와 함께 1923년 1월 23일 독일의 루르 공업지대를 점령했습니다. 석탄과 목재, 산업제품을 직접 챙기겠다는 속셈이었죠. 중요한 생산시설이 집결된 루르를 잃고 독일의 경제난은 더욱 심각해졌습니다. 독일이 프랑스에게 배상금을 못 주니 프랑스도 미국에 진 전쟁빚을 못 갚았습니다. 미국은 독일에게 비현실적으로 과중한 전쟁배상금을 매기는 것보다는 부담을 조금 줄여주는 것이 돈을 받아내기에 유리하겠다는 판단을 내리고 1924년 찰스 도스가 이끄는 대표단을 보내 영국, 프랑스, 벨기에, 이탈리아와 절충에 들어갔습니다. 그리고 루르 점령 외국군 철수, 독일 통화 안정을 위한 자금 제공, 전쟁배상금을 낮췄다가 조금씩 올리는 방안을 도출했습니다. 그런데 프랑스가 한사코 반대했습니다. 그러자 미국은 영국과 손잡고 산하 은행들이 보유한 프랑화를 일제히 투매했습니다. 프랑화 가치는 삽시간에 폭락했고 프랑스는 한 달도 못 가서 백기를 들고 절충안을 받아들였습니다. 전승국이고 아프리카와 아시아에 방대한 식민지를 거느렸던 프랑스도 영미의 통화 공격에 속수무책이었습니다.

프랑스는 세금이 아니라 국채로 전쟁을 치른 나라였습니다. 프랑 폭락으로 국채 금리가 폭등하면 프랑스는 국가부도 위기로 몰릴 수 있었습니다. 외환이나 금이 넉넉하다면 그것으로 프랑을 사서 프랑 가치를 방어할 수 있었을 테지만 전쟁을 빚으로 치른 프랑스에게는 그런 여력이 없었습니다. 프랑스는 금이 바닥 난 상태였습니다. 1차대전 직전까지 국제 무역과 금융의 구심점이었던 기축통화국 영국과 1차대전 직후 영국을 포함한 유럽 열강을 모두 채무국으로 강등시키고 유일무이한 채권국으로 떠오른 신생 기축통화국 미국의 공격을 막아내기에는 프랑스도 역부족이었습니다. 프랑스혁명 당시혁명 정부가 교회에서 몰수한 자산을 토대로 발행한 아시냐 화폐가 빠르게 가치를 잃은 것도 혁명 정부가 아시냐를 남발해서가 아니라 영국이 아시냐를 대량으로 위조한 탓이었습니다. 1795년 5월까지 혁명 정부가 발행한 아시냐는 78억 6천만 프랑이었는데 영국이 위조한 아시냐는 120억 프랑에서 150억 프랑이었습니다. 1차대전도 영국의 투기금융체제가 독일의 생산금융체제에 위협을 느끼고 벌인 전쟁이었습니다.[7]

7 앞의 책, p.449.

국가부도경제학

성공한 독일 산업금융을
실패한 영국 금융산업이
막아낸 1차대전

영국은 기축통화국이었지만 1차대전 직전 불안에 떨고 있었습니다. 발행한 파운드에 비해 영국의 중앙은행이었던 잉글랜드은행이 보유한 금이 너무 적었거든요. 당시는 금본위제였습니다. 금본위제는 종이돈의 가치를 금으로 보증하는 제도입니다. 10파운드짜리 지폐를 은행에 가져가서 금으로 바꿔달라고 하면 은행은 지폐를 받고 그에 맞먹는 양의 금을 내줘야 합니다. 종이쪼가리에 불과한 지폐를 사람들이 돈으로 주고받는 것은 언제든지 은행에 가면 귀중한 금으로 바꿀 수 있다는 믿음이 있어서라는 것이 금본위제의 전제입니다.

패권국 영국의
금이 빠져나가다

영국은 1850년이면 세계 패권국의 지위를 굳혔습니다. 영국 제조업은 질과 양에서 누구도 넘볼 수 없었습니다. 영국이 자국 농업 보호를 위해 제정했던 곡물법을 1846년에 폐지했다는 것은 그런 자신감의 반영이었습니다. 영국 공산품은 세계 시장을 휩쓸었고 막대한 무역 흑자 덕분에 들어온 금을 토대로 영국은 금융 중심국으로서의 자리도 굳혔습니다. 런던은 세계 최대의 자본시장으로 자리잡았습니다. 독일 기업은 수출입을 할 때 신용장 개설에서 영국 은행의 도움을 받아야 했습니다.

하지만 1870년 이후 상황이 달라지기 시작했습니다. 대서양 건너에서는 미국이, 유럽 대륙에서는 독일이 영국의 경쟁자로 떠올랐습니다. 미국은 1861~5년의 남북전쟁을 끝내고 공업화에 박차를 가했고 독일은 1870년 프로이센과 프랑스의 전쟁에서 이김과 동시에 통일을 이루면서 제조업에 국운을 걸었습니다.

19세기 후반에서 20세기 중반까지 국가 생산력의 척도는 석탄과 철 생산량이었습니다. 1890년의 식탄 생산량은 영국(1억 8200만 톤), 미국(1억 4천만 톤), 독일(8800만 순이었습니다. 하지만 1910년에는 미국(4억 4800만 톤), 영국(2억 6400만 톤), 독일(2억 1900만 톤) 순으로 영국이 1위 자리를 미국에 내줬고 독일에게 바짝 추격당했습니다. 1890년의 무쇠 생산량은 미국 920만 톤, 영국 790만 톤, 독일 460만 톤이었지만 1910년에는 미국 2730만 톤, 독일 1460만 톤, 영국 1천만 톤으로 영국이 독일에게 밀려났습니다. 신기술이 요구되는 강철에서는 독일이 영국을 압도했습니다. 1880년부터 1900년까지 20년 동안 독일의 강철 생산량은 10배로 늘었습니다.[1]

영국 제조업의 세계 시장 점유율은 1899년 20.8%에서 1913년 15.8%로 줄었지만 독일은 15.1%에서 20.4%로 늘면서 영국을 제쳤습니다. 미국 시장에서도 독일은 영국을 따라잡았습니다. 1899년 미

---

1 이하 영국과 독일의 경제력 비교는 Marcello De Cecco, 『돈과 제국 Money and Empire: The International Gold Standard, 1890~1914』, 2장 〈1870년 이후의 세계 경제〉(pp. 22~38)에 나오는 내용입니다. https://archive.org

국의 공산품 총수입액은 3억 3500만 달러였는데 이 중 영국 제품은 9300만 달러, 독일 제품은 6600만 달러였습니다. 그런데 1913년에는 총수입액 4억 1400만 달러 중 영국 제품은 1억 1천만 달러, 독일은 1억 2700만 달러로 역전됐습니다. 독일은 전기, 화학, 정밀기계 같은 첨단 산업에서 세계 시장을 석권했습니다.

영국은 국내 시장에서도 독일에 추월당했습니다. 1899년과 1913년 사이에 영국의 독일 공산품 수입은 1913년 통화 가치로 1억 4900만 달러에서 2억 4600만 달러로 70% 증가한 반면 같은 기간 독일의 영국 공산품 수입은 1억 2100만 달러로 제자리 걸음이었습니다. 유럽 시장에서도 영국은 독일에 비슷하게 밀리는 처지가 됐습니다. 무역 수지를 보면 1890~1913년 기간 영국의 수입은 1720만 달러에서 7370만 달러로 급증했지만 수출은 2840만 달러에서 5400만 달러로 증가폭이 수입보다 더뎌 무역 적자로 돌아섰습니다.

영국 경제의 주인은
산업이 아니라 금융

영국 제조업이 기댈 언덕은 식민지 시장이었습니다. 영국은 곡물법을 폐지한 이후 자유무역을 줄곧 표방했지만 영국의 식민지 공산품 시장은 사실상 영국에게만 개방돼 있었습니다. 식민지 고위 관리가 모두 영국인이었기에 가격이 비싸고 질이 떨어지더라도 영국 제품 위주로 수입했거든요. 표 2^2는 1차대전이 일어나기 얼마 전이었

표 2. 영국과 독일의 수출 상품 판매 비교

수출 시장	프랑스, 러시아, 이탈리아		영국 제국		아르헨티나, 브라질, 칠레(1911)	
상품	영국	독일	영국	독일	영국	독일
기관차	50	896	1281	96	657	410
펌프	79	181	250	18	49	43
엔진 일반	626	2143	1299	393	178	179
농기계	1073	1295	368	46	204	132
보일러	241	162	642	1	195	35
공작기계	209	1621	271	105		
채광설비	37	82	697	12		
재봉기계	901	944	319	151	408	212
방직기계	1792	1095	1431	28	26	9
타자기	11	118	8	7	4	23
자동차	436	1666	2153	317	226	443
오토바이	306	313	1384	266	53	24
주방기구	304	1077	1216	134	523	308
화차	5	184	1120	59	1242	323
무기 탄약	205	211	2048	201	265	1027
기타 기계	1032	3022	3581	257	946	1274
총액	7037	15010	18066	1811	4650	4372

던 1911년 시점에서 영국이 자신의 식민지 시장을 사실상 독점하고 아르헨티나, 브라질 같은 남미에서 기득권을 유지했을 뿐 프랑스, 러시아, 이탈리아 같은 유럽 시장에서는 독일에게 일방적으로 밀렸다는 사실을 보여줍니다.

영국 제조업은 왜 경쟁력을 잃었을까요. 경쟁력이 강했을 때 무역 수지 흑자를 통해 들어온 막대한 자금을 제조업에 재투자하기보다 단기 고수익이 보장되는 주식, 증권 투자에 쏟아부어서였습니다. 재투자가 안 이뤄져 생산시설이 노후화하다 보니 제품은 국내외 소비

---

2 같은 책, p. 32. 1912년 통계이며 단위는 1,000파운드이다.

시장에서 점점 외면받았습니다. 제품이 안 팔리면 무역수지는 적자로 돌아서고 금본위제이다보니 수입 대금 결제를 위해 금은 자꾸 빠져나갑니다. 해외에서 금을 끌어오려고 잉글랜드은행이 택한 방법은 기준 금리 인상이었습니다. 다른 나라보다 이자를 높게 주면 해외 자본은 이자 차익을 노리고 영국으로 왔습니다. 하지만 금리가 오르면 그렇지 않아도 경쟁력에서 밀리던 영국 제조업은 더욱 어려워지게 되겠죠. 이자 부담이 늘어나면 생산 원가도 높아지고 자연히 제품 단가도 올라가면서 국내외 시장에서 더욱 외면받으니까요.

 영국은 산업혁명의 종주국이지만 산업혁명이 일어나기 전에도 그렇고 일어난 다음에도 그렇고 영국 경제의 주역은 산업이 아니라 금융이었습니다. 영국에서 산업혁명을 주도한 기술혁신자는 사업 자금을 직접 조달해야 했습니다.[3] 18세기 말 증기기관을 만든 제임스 와트도 예외는 아니었습니다. 산업혁명을 이끈 사업가들은 직접 조달한 자금으로 생산에 들어간 뒤에야 겨우 은행에서 융자를 얻을 수 있었습니다. 영국 은행은 원래 무역 융자로 커왔으므로 재고라든가 운송과정에 있는 상품의 증서라든가 부동산처럼 만약의 경우 유동성 확보가 가능한 가시적 담보를 선호했습니다. 미래 선도 산업에 대한 관심은 영국 은행에게는 원래부터 없었습니다.

---

3 이하 1차대전 직전까지 영국 은행과 독일 은행의 차이는 Michael Hudson, 『숙주 살해』, 2015, 7장을 토대로 삼았다.

4. 성공한 독일 산업금융을 실패한 영국 금융산업이 막아낸 1차내전

산업에 중심을 둔
독일 경제와 독일 은행

독일은 달랐습니다. 독일도 1850년대까지는 영국 경제를 이상으로 삼았습니다. 하지만 금융이 중심에 오는 영국식 모델이 1847년, 1857년, 1866년 잇따라 심각한 금융위기를 겪고 그 규모가 갈수록 커지는 것을 보면서 독일은 다른 길을 모색했습니다. 독일은 금융이 아니라 산업이 중심에 오는 경제를 추구하기 시작했습니다. 특히 1870년 프로이센이 프랑스와 전쟁을 벌여 이긴 뒤 통일 독일을 세운 다음부터는 산업 입국 전략을 본격적으로 실천에 옮겼습니다.

독일은 산업 기술력으로 영국을 따라잡으려면 정부 지원 말고도 장기적 금융 조달이 필요하다고 판단했습니다. 영국에서는 금융이 산업을 짓눌렀고 정부는 늘 금융의 안위부터 살폈습니다. 하지만 독일에서는 정부, 산업, 금융이 국가의 생산력을 키운다는 공동의 목표를 지향했습니다. 덕분에 독일 기업은 생산 설비 마련에 필요한 자금을 은행에서 조달할 수 있었습니다. 독일 은행은 기업이 생산 확대에 이윤을 재투자하다 보면 이자 지급이 힘들어짐을 알았기에 이자의 일부를 기업 주식으로 기꺼이 받았습니다. 반면 영국 은행은 이익의 대부분을 배당금으로 지급했습니다. 또 돈을 빌려준 기업한테서도 기업의 수익 중 최대한을 은행 몫으로 챙기려 했습니다. 자연히 영국 기업은 장기 전략을 못 세우고 유동성에 얽매였습니다. 반면 독일 은행은 수익 중에서 배당금을 절반만 지급하고 나머지는 은행에 신규 자본으로 적립했습니다. 독일 은행은 보유한 기업 주식으로 배당금도 받았습니다. 배당금 수입은 이자 수입보다 더 유리했습니다. 자본 확충과 배당금 증가는 독일 은행을 건강하게 만들었고 독일 경제를 튼튼하게 만들었습니다.

영국 경제와 독일 경제의 차이는 두 나라 경제를 뒷받침하는 경제 이론의 차이이기도 했습니다. 영국 경제가 추구한 것은 자유무역이었고 자유무역이 왜 모든 사람, 모든 나라에게 좋은지를 논리적으로 설명한 경제학자가 애덤 스미스와 데이비드 리카도였습니다.[4] 스미스에 따르면 남한테서 사는 쪽이 자기 손으로 만드는 쪽보다 더 비용이 더 적게 드는 물건을 굳이 자기 손으로 만들려는 사람은 어리석습니다. 그래서 현명한 재단사는 구두를 직접 안 만들고 구두공한테서 삽니다. 현명한 구두공은 양복을 직접 안 만들고 재단사한테서 삽니다. 나라와 나라 사이도 마찬가지입니다. 국내 생산비가 더 비싸게 드는 물자는 외국에서 싸게 들여오는 쪽이 현명합니다. 수입 비용은 국내 생산비가 더 싸게 드는 물자를 많이 팔아서 번 돈의 일부로 대면 됩니다. 각 나라가 가장 잘 만들고 비용도 적게 드는 물자를 만들어 팔면 모든 나라에게 이익이 됩니다. 가장 싸게 만들어서 가장 비싸게 판다는 원칙만 충실히 따르면 모두가 유복해집니다.

애덤 스미스는 이렇게 절대우위론으로 자유무역을 정당화했습니다. 가령 영국이 옷감을 만들어 포르투갈에 수출해야 좋은 것은 옷감 생산비가 포르투갈보다 영국에서 싸기 때문이고 포르투갈이 와

---

4 이하 영국 경제 이론과 독일 경제 이론의 차이는 Marcello De Cecco, 『돈과 제국』, 1장을 토대로 삼았다.

인을 만들어 영국에 수출해야 좋은 것은 와인 생산비가 영국보다 포르투갈에서 싸기 때문입니다. 영국과 포르투갈은 각각 옷감과 와인에서 절대우위를 누리므로 자유무역을 통해 자신이 절대우위를 누리는 물자를 집중적으로 만들어 파는 것이 둘 다에게 유리합니다.

데이비드 리카도는 한 걸음 더 나아가 비교우위론으로 자유무역을 정당화했습니다. 가령 포르투갈에서 와인뿐 아니라 옷감까지도 영국보다 더 싸게 만들 수 있다 하더라도 포르투갈 안에서 와인 생산비가 옷감 생산비보다 싸다면, 다시 말해서 포르투갈 안에서 와인이 옷감보다 생산성에서 비교우위를 누린다면 포르투갈은 와인 생산에 집중해서 와인을 한 병이라도 더 많이 파는 것이 유리합니다. 왜 그럴까요? 리카도는 옷감과 와인을 만드는 데 드는 인력을 예로 들어 설명합니다. 영국에서는 1단위의 옷감과 와인을 만드는 데 각각 100명과 120명이 필요하고 포르투갈에서는 같은 양의 옷감과 와인을 만드는 데 각각 90명과 80명이 필요하다고 칩시다. 포르투갈은 영국보다 옷감과 와인을 모두 싸게 만들 수 있으니 영국과 무역을 하지 않고 자급경제를 추구해야 할까요? 리카도는 그렇지 않다고 역설합니다. 포르투갈이 옷감 생산을 포기하고 비교우위를 누리는 와인 생산에만 전념하면 똑같은 170명을 투입해서 2.125단위의 와인을 만들 수 있습니다. 영국도 와인 생산을 포기하고 비교우위를 누리는 옷감 생산에만 집중하면 똑같은 220명을 투입해서 2.2단위의 옷감을 만들 수 있습니다. 영국과 포르투갈이 자유무역을 하면 똑같은 양의 옷감과 와인을 소비하면서도 각각 0.125단위의 와인과 0.2단위의 옷감을 남겨서 다른 나라로 수출할 수 있습니다.[5]

프리드리히 리스트의 탄생을 축하하는 동독의
기념우표(1989)

리스트가 쓴 『국민정치경제체제』 표지

    비교우위에 입각한 리카도의 자유무역론은 영국이 1846년에 곡물법을 폐지한 이후 교역국들에게 자유무역을 관철하는 데 강력한 논거를 제공했습니다. 1776년에 나온 애덤 스미스의 『국부론』과 1817년에 나온 데이비드 리카도의 『정치경제학과 과세의 원리』는 영국이 세계 경제에서 절대 강자로 올라설 수 있었던 원동력이 자유무역에 있었던 것으로 해석되면서 유럽 각국 무역 장벽을 낮추는 데에 큰 영향을 미쳤고 영국 공산품의 시장 확대에 크게 기여했습니다. 스미스와 리카도의 자유무역 경제학은 1840년대면 이미 유럽에서 보편 경제학 원리로 등극했습니다.

    하지만 독일 경제학자 프리드리히 리스트는 가정과 국가는 다르다고 믿었습니다. 자유무역은 영국처럼 제조업 경쟁력을 확실히 굳힌 나라에게만 유리하다고 봤습니다. 프랑스 같은 강국도 영국과 자

5 David Ricardo, 『정치경제학과 과세의 원리 The Principles of Political Economy and Taxation』, 1817, 7장 46절. https://archive.org/details/onprinciplespol00ricagoog/page/n10

유무역을 했다간 얻을 것보다 잃을 것이 훨씬 많았지만 독일처럼 아직 통일을 못 이루고 수십 개의 소국으로 뿔뿔이 갈린 나라는 영원히 제조업 강국 영국의 노예로 살아갈 수밖에 없다고 리스트는 생각했습니다. 리스트는 영국도 실은 보호주의로 자국 산업을 키웠음을 자신의 주저 『국민정치경제체제』(1841)에서 역사적으로 규명했습니다.

영국도 처음엔 보호주의로
자국 산업 보호

영국 산업혁명의 원동력은 양털에 기반하는 섬유산업이었지만 리스트에 따르면 원래 영국에는 양이 없었습니다. 겨울에 가축을 먹일 식량이 없어 양은커녕 소도 잘 못 키웠고 잡식성이라 손이 많이 안 가는 돼지를 주단백질원으로 삼았습니다. 양을 키워보라고 조언한 것은 북해와 발트해를 무대로 활동하던 한자동맹의 독일인 상인들이었습니다.[6] 영국은 한자동맹에 양모, 모피, 곡물을 제공하는 원료 공급기지로 오랫동안 남아 있었습니다. 한자동맹은 1250년 런던에 무역기지를 세우고 영국의 대외 무역을 사실상 독점하면서 각종 면세 혜택을 누렸습니다. 영국이 부가가치가 낮은 양모 생산국에서

---

6 이하 영국의 보호주의 역사는 Friedrich List, 『국민정치경제체제 National System of Political Economy』, 1856, 1부 〈역사〉 중 [잉글랜드]편을 토대로 삼았다. https://archive.org/details/NationalSystemOfPoliticalEconomyFriedrichList

부가가치가 높은 모직물 생산국으로 탈바꿈하기 시작한 것은 14세기 중반 에드워드 3세가 자국 산업 육성을 위해 외국인 직조공을 대거 유치하면서부터였습니다. 어느 정도 기술 인력이 양성되자 영국은 외국산 모직물 수입을 금지하고 자국 산업을 보호했습니다.

영국은 15세기 말 대항해시대가 열린 뒤 포르투갈, 스페인에 이어 해양 강국으로 부상한 네덜란드로부터 수산업과 조선업 기술을 습득한 뒤 1651년 식민지와 영국 사이의 교역 물자는 영국 선박만이 실어나를 수 있도록 못박은 항해법을 만들어 물류 강국이었던 네덜란드를 공격함과 동시에 외국 상품 유입을 줄여 자국 산업을 보호했습니다. 1600년 동인도회사를 세운 뒤 영국의 대외 무역 기본 원칙은 원자재만 수입하고 공산품만 수출한다는 것이었습니다. 그런데 19세기 초부터 영국이 인도에서 차를 대량으로 재배하기 전만 하더라도 인도는 견직물과 면직물 말고는 영국에 팔 원자재가 별로 없었습니다. 인도의 견직물과 면직물은 품질과 가격에서 영국제를 압도했습니다. 영국은 인도에서 수입한 양질의 섬유제품을 자국 시장으로 반입하지 않고 유럽 대륙에서 유통시켰습니다. 싸고 좋은 외국 제품을 자국 시장에 풀지 않은 것은 애덤 스미스의 자유무역원칙에 위배되는 것이었지만 스미스의 경제학 원리는 어디까지나 이론이었고 현실의 영국 국가는 자국 산업을 지키는 보호주의를 철저히 추구했다고 리스트는 지적합니다.

독일 경제학자
리스트의 청사진

스미스와 리카도에게 경제학은 어디까지나 이론이었습니다. 스미스는 국가 재부가 어디에서 생기는지를 이론적으로 규명하려고 했고 리카도는 왜 자유무역을 모두가 받아들여야 하는지를 논리적으로 정당화하려고 했습니다. 하지만 리스트에게 경제학은 가난하고 힘 없는 약소국이 누구에게도 무시당하지 않는 강국으로 올라서기 위한 생존술이었습니다. 리스트의 관심은 경제 주체의 행위를 지배하는 불변의 법칙을 찾아내는 데 있지 않았습니다. 리스트는 갈갈이 찢어져서 주변 강국들의 전쟁터로 짓밟혀온 독일을 최단시일에 강국으로 만드는 길을 찾는 데에만 관심이 있었습니다. 그리고 역사 연구를 통해 영국도 경제력이 없었던 시절에는 자국 경제를 지키려고 노심초사했음을 증명했습니다.

영국은 1846년 곡물법을 폐지한 데 이어 1849년 항해법까지 폐지했습니다. 세계 무역이 급증하던 상황에서 세계 해운 시장을 선점하기 위한 발빠른 조치였습니다. 중세의 해양 강국 베네치아도 한자동맹도 모두 해양 패권 유지를 위해 항해법을 만들었지만 영국이 이들과 달랐던 점은 상황에 따라 보호무역과 자유무역을 유연하게 추구했다는 점이었다고 리스트는 지적합니다. 베네치아와 한자동맹은 무역량이 늘어나던 시점에서 항해법을 고수하는 바람에 세력 확대의 기회를 놓치고 말았습니다.

애덤 스미스와 데이비드 리카도의 경제 이론에서는 개인과 인류만 있었습니다. 하지만 리스트의 경제 이론에서는 개인과 인류 사이에 현실적으로 존재하는 국가를 핵심 변수로서 다룹니다. 국가가 어떻게 지혜롭게 무역정책과 산업정책을 펼쳐야 하는지 리스트는 생생한 역사적 사례를 통해서 설명했습니다. 독일이 처음에는 영국의 자유무역론을 추종하여 어려움을 겪다가 나중에 자국 산업을 보호하고 육성하여 산업강국으로 일어설 수 있었던 것은 리스트가 그려놓은 청사진이 있어서였습니다.

하지만 세계 무역 규모가 커지고 철도, 운하, 항만 같은 대형 사업의 투자기회가 늘어나면서 독일 경제도 위기에 노출될 위험성이 커졌습니다. 1880년대에 중남미에서는 철도 건설 투자 사업이 성행했습니다. 아르헨티나 정부가 발행한 채권에 거액을 투자했다가 1890년 영국 굴지의 은행 베어링브라더스가 휘청하면서 벌어진 금융위기는 유럽 전역의 은행을 위기에 빠뜨렸고 독일 은행도 예외는 아니었습니다. 금융위기 상황에서 곡물 수입업자가 농간을 부려 경제는 더 어려워졌습니다. 독일 정부는 제조업, 농업, 대학, 정당, 은행 대표들로 금융개혁위원회를 만들어 금융위기 재발 방지를 위한 방안 강구에 들어가 1896년 새로운 외환법과 증권법을 만들어 곡물 투기와 주식 투기를 금지시켰습니다. 독일에서 이때 강력한 금융규제법이 통과된 뒤 많은 영미 은행이 독일에서 영업을 줄였고 영미 은행의 영향력도 독일에서 자연히 줄어들었습니다.[7] 독일 은행은 독일 기업의 제품을 수입하는 나라의 형편에 맞게 수입 자금도 신축성 있

---

7   William Engdahl, 『전쟁의 세기 A Century of War』, 1992, pp. 14~15.

4. 성공한 독일 산업금융을 실패한 영국 금융산업이 막아낸 1차대전

게 대출해줬습니다. 무리한 조건을 강요하지 않으니 대출금 상환도 원활하게 이뤄졌고 독일은 제조업 강국뿐 아니라 금융강국으로서도 영국의 지위를 위협하기에 이르렀습니다. 1차대전 직전 독일은 해외 투자에서 벌어들이는 돈이 연간 10억 마르크에 달했습니다.[8] 1913년 독일의 수출액이 100억 마르크였으니 공산품 수출액의 10분의 1에 해당하는 돈을 해외 자산을 통해 벌어들일 만큼 독일은 금융에서도 눈부시게 발전하고 있었습니다.

강력한 금융 규제로 금융 강국 발돋움한 독일, 식민지 흑자로 무역 적자 메꾼 영국

반면에 영국은 무역 적자로 고전하고 있었습니다. 금본위제에서 무역 적자가 지속된다는 것은 금이 계속 해외로 빠져나간다는 뜻입니다. 영국은 자신의 무역 적자를 식민지의 무역 흑자로 메꿨습니다. 특히 인도는 자체 소비가 활발하지 않았고 영국이 산업 발전을 억눌러서 공산품 수요가 많지 않았으므로 면화, 차 같은 원자재 수출을 중심으로 세계를 상대로 매년 거액의 무역 흑자를 올렸고 식민 당국은 여기서 들어온 금을 런던으로 보냈습니다. 인도에서 들어온 금은 영국이 무역 적자에도 불구하고 기축국 지위를 계속 유지하는

---

8   Hjalmar Schacht, 『돈의 마술 The Magic of Money』, 1967, p. 55.

데 큰 도움이 됐습니다. 따라서 식민지 유지는 영국 제조업이 내리막길을 걷던 상황에서도 영국이 패권을 유지하는 데 절대적으로 중요했습니다.

독일은 영국, 프랑스와 달리 해외 식민지가 별로 없었습니다. 카메룬 등 아프리카 몇 군데, 남태평양의 섬 몇 개, 중국의 칭다오 정도였습니다. 통일 국가 수립이 늦었다는 것이 큰 이유였겠지요. 하지만 공업국 독일에게 해외 시장은 중요했습니다. 특히 독일은 오토만제국, 그러니까 터키의 방대한 시장 개척에 공을 들였습니다. 원래 독일은 식민지에 관심이 별로 없었습니다. 비스마르크는 식민지 소유에 거부감을 자주 표현했습니다. 그러다가 1884년 서부 아프리카의 카메룬을 식민지로 삼으면서 식민지 확보에 나섰습니다. 독일이 이 무렵 갑자기 식민지 획득에 적극적으로 나선 것은 무역 기회를 박탈당할지 모른다는 불안감이 작용해서였습니다. 당시 카메룬에서는 영국, 독일, 프랑스가 현지인과 교역하고 있었는데 카메룬의 왕들은 남쪽에서 북진하는 프랑스의 식민지가 되는 것을 두려워한 나머지 영국에게 자신들의 땅을 영국 제국의 일부로 편입시켜달라고 자진해서 요청했습니다.

프랑스는 자기 식민지 안으로 들어오는 비프랑스 제품에 높은 관세를 매겨서 사실상 무역 장벽을 세우기로 유명했습니다. 하지만 영국이 비용 부담으로 확답을 미루는 사이에 독일이 카메룬 통치자들의 요청을 받아들였습니다. 독일은 영국의 무역정책에 대해서도 불안을 느끼고 있었습니다. 영국은 10년 전인 1874년 태평양의 섬나라 피지를 식민지로 삼은 뒤, 독일 상인들이 현지인에게서 산 땅과 현지인에게 빌려준 기존의 무역융자금에 대한 권리를 박탈한 바 있었습니다.[9] 세계 어느 나라에서든지 장사할 기회가 합리적으로 주어졌다면 독일은 굳이 식민지를 가지려고 하지 않았을지도 모릅니다. 하지만 신흥 공업 대국 독일에게 수출 시장은 중요했습니다. 영국과 프랑스에게 수출 시장을 식민지로 빼앗기지 않으려면 독일도 식민지를 가져야 한다고 독일 재계는 독일 정부에 압력을 넣지 않았을까요.

독일의 터키 내륙 철도 부설권이 영국 패권 체제를 위협

　1889년 독일은 오토만제국의 수도 콘스탄티노플(이스탄불)에서 출발해서 터키의 내륙 깊숙히 아나톨리아를 관통하는 철도 부설권을 따냈습니다. 1천 킬로미터에 이르는 노선은 예정을 앞당겨 1896

---

9 Harry Rudolph Rudin, 『카메룬의 독일인 Germans in the Cameroons, 1884~1914: A Case Study in Modern Imperialism』, 1938, p. 33.(https://archive.org/) 저자에 따르면 독일은 식민지를 수탈자원이 아니라 생산자원으로 만들려고 노력했다. 백인 무역상에게 가장 짭짤한 교역품은 술, 총, 화약이었는데 독일 식민 당국은 고관세로 이런 물품의 카메룬 유입을 막았다. 대신 카메룬으로 수입되는 철도 자재, 건설 자재, 농기계 같은 생산재에는 관세를 매기지 않았다. 저자가 현지에서 만난 다수의 카메룬인은 독일인은 "아주 엄격했고 때로 가혹했지만 언제나 공정했던" 사람들로 기억했다.(같은 책, p. 419) 생산을 중시한 독일의 식민지 정책은 영국, 프랑스와 비교된다. 영국은 중국에서 살 물건은 많은데 팔 물건이 없자 식민지 인도에서 대량 재배한 아편을 중국에 들여와 중국을 아편굴 천지로 만들었다. 19세기 후반 프랑스는 캄보디아, 베트남, 라오스를 잇따라 합병한 뒤 인도차이나 전역을 아편굴 소굴로 만들었다. 아편굴은 프랑스 식민지 당국의 중요한 세입 기반이었다. 독일이 윌슨의 민족자결주의 원칙에 호응하여 휴전에 응하면서 자진해서 포기한 식민지 자산은 훗날 베르사유조약에서 독일의 전쟁상환금으로 인정받지 못했다. 독일이 포기한 식민지 카메룬은 베르사유조약 이후 영국과 프랑스의 통치 아래 들어갔다.

년 완공됐습니다. 독일이 건설한 철도는 콘스탄티노플과 지방의 경제 통합에 크게 기여했습니다. 독일도 베를린에서 아나톨리아 고원 내륙의 코니아까지 단숨에 상품과 화물을 실어나를 수 있게 되어 시장 확대에 큰 도움이 됐습니다. 독일은 1899년에는 이 노선을 바그다드까지 확대하는 사업권까지 따냈습니다.

하지만 독일과 터키의 경제협력은 영국을 자극했습니다. 특히 바그다드까지 철길을 뚫겠다는 구상은 영국이 용납하기 어려운 사태 전개였습니다.[10] 바그다드는 서쪽으로는 이집트로 이어지고 동쪽으로는 페르시아만을 거쳐 인도로 이어집니다. 이집트와 인도 모두 사실상 영국의 식민지였습니다. 게다가 흑해와 지중해를 잇는 다르다넬스해협을 터키가 독일에게 개방하면 독일은 지중해의 해양 강국으로 떠오릅니다. 독일은 석탄에 이어 차세대 에너지로 주목받고 있던 석유도 안정적으로 확보할 가능성이 높았습니다. 석유가 생산되던 루마니아, 러시아 흑해 연안의 바쿠, 그리고 잠재 생산량이 엄청난 것으로 판명난 페르시아(이란)가 모두 베를린-바그다드 노선 부근에 있었습니다. 독일이 자체 기술과 자본으로 페르시아만까지 이어지는 철길을 뚫어서 풍부한 에너지 자원을 확보하면 해상로 장악과 금융 장악과 전략자원 장악으로 세계를 지배해온 영국의 패권 체제에 구멍이 뚫립니다.

독일은 영국의 식민지를 가로챌 생각은 없었습니다. 독일은 영국

---

10   이하 독일의 중근동 진출 가능성에 대한 영국의 우려와 독일 고립화 노력은 William Engdahl, 『전쟁의 세기 A Century of War』, 1992, 3장과 4장에 토대를 두고 있다.

4. 성공한 독일 산업금융을 실패한 영국 금융신업이 막아낸 1차대전

베를린-바그다드 철도 노선

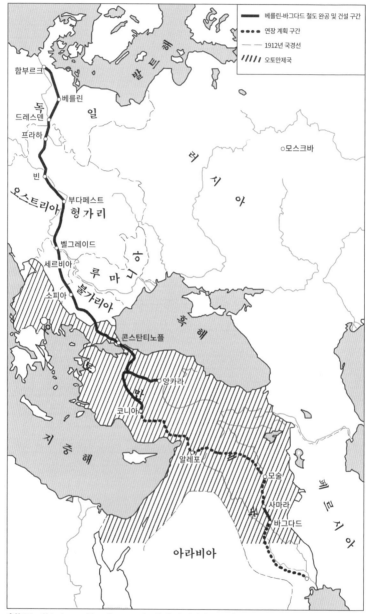

출처: https://churlsgonewild.wordpress.com/tag/berlin-baghdad-railway/

과 정면 충돌을 피했습니다. 전쟁을 벌이면 독일은 얻을 것보다 잃을 것이 더 많았죠. 애써 쌓아올린 산업과 힘들여 개척한 시장이 하루 아침에 물거품이 되니까요. 독일은 철도 공사에 영국을 끌어들이려고까지 했습니다. 워낙 대공사라서 자금 부담도 컸지만 쿠웨이트까지 이어지는 마지막 구간 2500킬로미터 공사 자금을 분담하자고 영국에 제안했습니다. 하지만 영국은 차일피일 시간을 끌었고 1901년에는 쿠웨이트를 보호령으로 삼는다고 전격 선언했습니다. 당시 쿠웨이트는 터키 땅이었지만 쇠락한 제국 터키는 아무 대응을 못 했습니다. 결국 1914년 8월 1차대전이 터질 때까지 바그다드 노선은 완공되지 못했습니다.

영국의 이간질에 넘어가지 않으려 애썼던 러시아

전통적으로 영국의 대유럽 외교 중심 원칙은 세력균형 유지였습니다. 유럽이 하나로 통합되지 않도록 갈등을 유발하는 것이었습니다. 영국이 아직 유럽에서 패권을 확립하지 못했던 18세기 초 방대한 해외 식민지를 가진 유럽의 두 강국 스페인과 프랑스가 복잡한 혈연 관계를 통해 하나의 통치자 아래 거대한 제국으로 통합될 가능성이 커지자 영국은 네덜란드, 오스트리아와 손잡고 스페인왕위계승전쟁을 벌여 결국 스페인과 프랑스가 통합되는 길을 끊어놓는 데 성공했습니다. 스페인은 유럽 영토의 상당 부분을 잃었고 그 뒤로 내리막길을 걸었습니다. 19세기 초에는 프랑스가 1789년 혁명을 거친 뒤 전 유럽을 상대로 벌인 전쟁에서 승승장구하자 영국은 다시 거의 모든 유럽 국가를 규합하여 결국 프랑스를 무너뜨렸습니다. 프랑스는 유럽과 전 세계에서 영국과 자웅을 겨루던 강국이었지만 그 뒤로는 대외 정책에서 영국의 눈치를 보는 처지가 됐습니다.

19세기 중반 영국이 가장 신경 쓴 나라는 유라시아 대륙을 아우르던 방대한 제국 러시아였습니다. 영국은 프랑스, 터키를 앞세워 러시아를 상대로 1853년부터 1856년까지 크리미아전쟁을 벌였고 그 뒤에도 러시아와 터키 사이에 벌어진 전쟁에서 줄곧 터키를 밀었지만 러시아를 제압하진 못했습니다. 러시아는 농업국이었지만 빠르게 공업국으로 변신하고 있었습니다. 러시아는 1892년 시베리아 횡단철도 착공에 들어갔습니다. 허허벌판이나 다름없었던 중앙아시아와 원동 지역을 철도로 이어서 자원을 개발하고 중국, 나아가서는 조선, 일본까지 러시아 수출 시장을 확대한다는 구상이었습니다. 제조업 후발주자 러시아는 독일, 미국, 프랑스 제품과 유럽 시장에서 경쟁하기 어렵다는 현실적 판단도 작용했습니다. 1892년 재무장관에 임명되자마자 이런 원대한 꿈을 실천에 옮긴 세르게이 비테는 오래전에 타계한 독일 국민경제학자 프리드리히 리스트의 열성적 지지자였고 리스트의 주저 『국민정치경제체제』를 러시아어로 번역한 사람이었습니다. 국민경제체제야말로 러시아의 해법이라고 역설한 사람이었습니다.[11]

---

11 William Jones, 「러시아 세르게이 비테의 유산을 되살리라 Revive the Legacy of

국가부도경제학

20세기 초 시베리아횡단철도

중국 경유 노선
모스크바 경유 남부 지선
아무르 노선
우수리 노선

상페테르부르크
모스크바
볼로그다
뱟카
페름
사마라
예카테린부르크
튜멘
옴스크
첼랴빈스크
노보시비르스크
이르쿠츠크
크라스노야르스크
치타
이르쿠츠크
러 시 아
카바로브스크
하얼빈 블라디보스토크
일본
몽골
한국
중국
중국
이란
아프가니스탄

출처: https://www.us-passport-service-guide.com/trans-siberian-railroad.html

리스트처럼 비테도 영국을 경계했습니다. 비테는 영국의 이간질에 넘어가지 말고 러시아, 독일, 프랑스가 대륙에서 우호적 관계를 유지해야 한다고 믿었습니다. 1894~5년 일본이 청일전쟁에서 이긴 뒤 중국과 조약을 맺고 요동반도를 차지하자 비테는 독일, 프랑스를 설득하여 3국간섭으로 요동반도를 중국에게 되돌려줬습니다. 비테는 시베리아횡단철도가 완공되어 경제적 역할을 제대로 하려면 중국이 온전한 주권국으로 남아 있는 것이 중요하다고 생각했습니다.

Russia's Sergei Witte」, *Executive Intelligence Review*, 33권 2호, 2006년 1월 13일. https://larouchepub.com/eiw/public/2006/eirv33n02-20060113/eirv33n02-20060113_037-revive_the_legacy_of_russias_ser.pdf

그래서 시베리아횡단철도의 마지막 구간에서도 중국 영토인 만주를 횡단하는 별도의 직선 구간을 제안하여 중국 정부의 적극적 협조를 얻어냈고 1901년 종착역 블라디보스토크까지 철길을 뚫었습니다. 철도는 러시아 산업화의 원동력이 됐습니다. 철도는 철강, 건설, 석탄 산업을 자극했고 수많은 기술자를 양성했습니다. 1900년이면 러시아 철도 산업은 40만 명의 인력을 고용하기에 이르렀습니다. 철도 산업에서 벌어들이는 돈은 러시아 재정에도 큰 도움이 됐습니다.

하지만 비테는 러시아 안팎에 적이 많았습니다. 러시아 군부는 허약해진 중국의 영토를 이 참에 차지해야 한다고 주장하면서 비테의 평화공존론을 못마땅하게 여겼습니다. 대부분이 대지주였던 러시아 귀족도 보호주의로 외국 공산품에 높은 관세를 물리는 비테의 공업 중시 전략이 불만이었습니다. 특히 영국에게 비테는 몹시 껄끄러운 존재였습니다. 영국은 해상 무역을 통해 세계를 지배해온 나라인데 철도가 곳곳으로 뚫리면 유럽과 아시아가 육로로 연결되어 영국의 해상 패권은 무용지물이 될 위험성이 있었습니다. 젊은 황제 니콜라이 2세는 중요한 결정을 할 때는 늘 비테의 말을 들으라던 선왕 알렉산드르 3세의 당부를 잊고 안팎의 모함에 솔깃하여 1902년 비테를 재무장관에서 해임하고 한직으로 내몰았습니다.

비테가 권력의 중심에서 물러난 뒤 러시아는 큰 그림을 볼 줄 모르고 당장의 이익을 위해 대결주의를 추구하는 호전파에게 지배당했습니다. 대륙에서 충돌이 일어나는 것은 영국이 바라던 바였습니다. 비테가 있을 때만 해도 러시아는 철도망 연결을 통한 유라시아 공존 공영론으로 일본 내의 강경파를 누를 수 있었지만 비테가 사라진 뒤 러시아는 영토 야욕을 놓고 일본과 대립했습니다. '화려한 고립'을 표방하면서 공식적으로는 어느 나라와도 동맹을 맺지 않고 중재자 노릇을 하는 척하면서 이익을 챙겨온 영국은 러시아 견제를 위해 1902년 일본을 영일동맹으로 끌어들였습니다. 일본은 영국의 전폭적 지원 아래 1904~5년 러일전쟁을 벌여 이겼습니다. 전쟁에 진 뒤 러시아 외교는 자신감과 자주성을 상실하고 영국과의 우호를 중시하는 친영파에게 지배됐습니다. 그리고 영국의 제안에 따라 러시아는 1907년 영러동맹을 맺었습니다.

독일의 불길한 고립

영국은 1904년에는 프랑스와도 동맹을 맺었습니다. 프랑스는 1870년 전쟁에서 패한 뒤 독일에 대한 적개심에 불탔지만 1894년 외무장관에 오른 가브리엘 아노토의 생각은 달랐습니다. 아노토는 프랑스가 독일과 소모적 대립을 일삼다가 결국 영국만 이익을 챙기는 경우를 너무 많이 보았기에 독일과의 우호 관계 증진을 도모했습니다. 아노토는 러시아와도 잘 지내려고 했습니다. 러시아의 시베리아 횡단철도 사업도 아노토는 프랑스 차관 지원을 통해 적극 도왔습니다. 아노토는 프랑스의 아프리카 식민지도 철도망 건설을 통해 산업화한다는 야심찬 계획까지 세우고 있었습니다. 아노토의 아프리카 산업화 구상은 식민지에서 못 하나 만들지 못하게 하고 식민지를 영국의 자원 조달지와 공산품 수출 시장으로만 묶어두려는 영국의 전략과 상충됐습니다. 하지만 1894년 드레퓌스 사건이 터지면서 아노토의 대독 화해 노선과 식민지 산업화 전략은 좌초하고 말았습니다.

드레퓌스 사건은 1870년 프랑스가 독일에게 패하면서 독일 땅이 된 알사스 출신의 유대인 알프레드 드레퓌스 대위가 돈을 받고 프랑스 군대 기밀 정보를 독일에 넘겨준 혐의로 5년 옥살이를 하고 우여곡절 끝에 무죄로 풀려난 사건입니다. 이 사건은 프랑스의 반유대주의를 드러낸 수치스러운 사건으로만 주류 역사에서 기록하고 있죠. 하지만 그때의 프랑스 사회를 돌아보면 드레퓌스 사건이 어떤 결과를 가져왔는지 다른 각도에서도 이해할 수 있습니다. 당시 유대인이 지배하던 프랑스 주류 금융 집단에 맞서 프랑스 보수 진영의 이익을 대변하겠다며 가톨릭 신자들의 돈을 끌어모아 은행을 만든 은행가가 있었습니다. 이 사람은 실은 로스차일드 같은 유대인 은행가 밑에서 오래 일했습니다. 이 사람이 만든 위니온제네랄은행이 경영 부실로 파산하고 말죠. 그래서 보수 진영의 경제력을 약화시키려는 의도된 경영 부실이 아니었나 하는 의심을 샀습니다. 게다가 프랑스의 수많은 소액 투자자들이 파나마운하 건설 사업을 벌이는 기업에 투자했다가 공사비가 눈덩이처럼 불어나 공사에 차질이 빚어지고 결국 회사가 미국에 헐값에 팔리면서 투자자들은 엄청나게 손해를 봅니다. 그리고 회사가 거액의 자금을 빼돌려 정치권에 뇌물로 주었다는 사실이 밝혀집니다.

이런 일련의 사건 등으로 프랑스 금융을 장악한 유대인에 대한 반감이 프랑스 국민 사이에서 끓어올랐는데 이때 억울하게 옥살이를 한 유대인 장교 드레퓌스 사건이 부각되면서 유대인 은행가에 대한 불만은 잠재워졌습니다.[12] 드레퓌스 사건 이후 프랑스에서 유대인 은행가에 대한 정당한 비판은 예외 없이 반유대주의로 낙인찍혔습니다. 하지만 드레퓌스 사건은 극렬한 반독 감정에도 불을 붙였습니다. 결국 아노토의 대독 화해 노선은 좌초하고 1898년 이후 프랑스에서는 반독 친영 정권이 들어섰습니다.[13] 그리고 프랑스는 1904년 영국과 군사동맹을 맺었습니다. 영국의 분열통치 전략에 속지 않았던 러시아의 비테, 프랑스의 아노토가 물러나면서 러시아, 프랑스, 독일의 공조는 무너지고 영국을 위협하는 산업 금융 강국으로 떠오른 독일은 고립되고 말았습니다. 그것은 화려한 고립이 아니라 '불길한 고립'이었습니다.

프로이센의 비스마르크 총리는 1870년 프랑스와의 전쟁에서 이긴 뒤 독일 통일을 달성하고 독일 제국을 강국으로 키웠습니다. 비스마르크는 적이 많았습니다. 하지만 놀라운 추진력으로 프로이센의 국력을 키웠습니다. 왕과 국민 여론에 맞서면서까지 덴마크와의 전쟁(1864), 오스트리아와의 전쟁(1866)을 잇따라 승리로 이끌면서 프로이센을 독일 민족의 중심 국가로 키웠습니다. 비스마르크의 자신감 배후에는 유럽 금융의 지배자 로스차일드 밑에서 일하던 게르존 블로이히뢰더라는 은행가의 뒷받침이 있었습니다.[14] 프로이센

---

12   Josh G, 「나는 고발한다…! 2부 드레퓌스 사건 재판 J'accuse…! Part Deux The Dreyfus Affair on Trial」, 2018. http://mileswmathis.com/dreyfus.pdf
13   William Engdahl, 『전쟁의 세기』, p. 31.
14   비스마르크와 로스차일드의 관계는 НиколайСтарииков(니콜라이 스타리코프), 『지정학 геоцолитика』, 5장 「로스차일드는 어떻게 대독일을 만들었나」를 토대로 삼았다. http://lit.md/files/nstarikov/geopolitika_kak_eto_delaetsya.pdf

의회가 비스마르크의 전쟁자금을 승인하지 않을 때도 비스마르크는 블로이히뢰더를 통해 전비를 조달할 수 있었습니다. 로스차일드는 왜 비스마르크를 밀었을까요. 비스마르크는 젊은 시절 영국을 동경했습니다. 한때 영국 식민지 군대에 들어갈 생각까지 했었습니다. 비스마르크는 독일인으로서는 드물게 러시아어도 능숙하게 구사했습니다. 1862년 프로이센 총리로 임명되기 4년 동안 러시아 대사를 지냈습니다. 1850년대 이후 러시아는 유럽 대륙에서 영국의 가장 큰 경쟁자로 떠오른 시점이었는데요. 돈으로 영국을 지배하는 데 성공했고 러시아까지도 돈으로 정복하려는 야심을 품고 있었던 로스차일드에게 영국에 우호적이고 러시아 사정을 잘 아는 독일 정치인은 이용 가치가 높았습니다.

하지만 비스마르크는 영국이 왜 자기를 돕는지를 잘 아는 정치인이었습니다. 영국이 노리는 것은 독일을 키워서 영국 대신 러시아에 맞서게 하는 것임을 비스마르크는 간파했습니다. 그래서 영국의 뜻을 노골적으로는 거스르지 않되 러시아하고도 척지지 않으려고 애썼습니다. 비스마르크가 후배 정치인들에게 입버릇처럼 했던 말이 러시아와는 절대로 싸우지 말라는 것이었습니다. 독일이 러시아와 싸우면 누가 제일 좋아할지를 비스마르크는 잘 알았습니다. 영국은 독일을 키워서 러시아에 맞붙이려고 비스마르크를 키웠지만 비스마르크는 영국의 의도를 간파하고 영국의 도움으로 독일을 통일한 뒤로는 영국이 파놓은 전쟁 덫에 말려들지 않았습니다. 하지만 1890년 비스마르크가 새 독일 황제 빌헬름 2세와의 알력으로 정치 일선에서 물러난 뒤 독일 정부는 친영파에게 장악당했습니다. 비스마르크가 총리로 있었을 때만 해도 안정적이었던 독일과 러시아의 관계도 삐꺽거리기 시작했습니다.

1890년 이전까지 독일과 러시아는 군사 밀약을 맺어놓고 있었습니다. 그때까지 독일과 오스트리아는 가까운 사이였고 러시아와 프랑스도 가까운 사이였습니다. 독일과 러시아의 군사 밀약 내용은 독일이 러시아의 우방인 프랑스를 공격한다거나 러시아가 독일의 우방인 오스트리아를 공격하지 않는 이상 독일과 러시아는 상대국이 타국과 충돌할 때 중립을 지킨다는 것이었습니다. 그런데 비스마르크가 정계를 떠난 직후 이 조약이 연장되지 않자 러시아는 독일을 불신하게 됐고 프랑스의 우방 영국에 가까워지게 됐습니다. 영국의 의도를 꿰뚫어봤던 독일의 비스마르크, 러시아의 비테, 프랑스의 아노토가 없어진 뒤 독일은 영국을 중심으로 결집한 영국, 러시아, 프랑스의 포위망에 갇혔습니다. 독일은 영국 금융세력의 재정 지원에 힘입어 공업 강국이 됐지만 공업 강국 독일이 금융 강국 영국을 위협하는 순간 독일이 전쟁에 휘말리는 것은 시간 문제였습니다.

영국이 전쟁에서 지지 않은 이유

영국은 보호주의로 공업을 키워 강대국이 됐지만 공업력 못지 않게 중요한 것은 근대 이후 대부분의 전쟁에서 이겼다는 것입니다. 영국이 1337년부터 1453년까지 프랑스와 벌인 백년전쟁은 결국 프랑스의 승리로 끝났습니다. 영국은 프랑스에 있던 땅을 거의 잃었습니다. 1584년부터 1604년까지 영국이 스페인과 벌인 싸움도 스페인 무적함대가 한때 패한 전투가 있었지만 결과는 무승부로 끝났습니다. 하지만 1700년 이후 영국은 굵직굵직한 전쟁에서 좀처럼 지지 않았습니다. 거의 유일한 예외라면 식민지 아메리카의 독립을 막는 데 실패한 미국 독립전쟁이었습니다. 미국이 독립전쟁에서 이기는 데는 돈을 빌려준 영국 금융세력의 도움도 컸습니다. 영국 국왕은 식민지의 독립전쟁에 자금을 빌려주는 자국의 금융세력을 속수무책으로 바라봐야 할 만큼 힘을 잃었습니다. 아메리카 식민지의 독립전쟁은 국민을 죽음으로 몰아가고 나라를 빚더미에 앉히는 전쟁 놀음을 거부하는 조지 3세에게 망신을 주려고 영국의 금융세력이 부추긴 측면이 강합니다.[15]

영국이 1700년 이후 수많은 전쟁에서 계속 지지 않을 수 있었던 것은 전비를 안정적으로 조달할 수 있어서였습니다. 전비 조달을 도운 것은 1694년에 설립된 잉글랜드은행이었습니다. 네덜란드 출신이지만 1688년 이른바 명예혁명으로 영국 왕위에 오른 윌리엄 3세는 당시 유럽에서 자신의 모국 네덜란드가 프랑스와 벌이던 싸움에서 네덜란드를 돕고 싶었지만 영국 의회는 냉담한 반응을 보였습니다. 그때 스코틀랜드 출신의 사업가 윌리엄 페터슨이 솔깃한 제안을 했습니다. 잉글랜드은행 설립 허가를 내주면 투자자들로부터 120만

---

15 McNair Wilson, 『왕권이냐 금권이냐 Monarchy or Money Power』, 1933, p. 21, http://archive.org

파운드의 자금을 조성해서 왕에게 빌려주겠다는 것이었습니다. 이자는 연리 8%, 수수료는 연간 4천 파운드라는 조건이었습니다. 그런데 120만 파운드를 전액 현금으로 지급하지 않고 72만 파운드만 현금, 나머지 48만 파운드는 잉글랜드은행이 새로 찍는 지폐로 제공한다는 조건도 달았습니다. 이 말은 영국 화폐를 민간 투자자들이 세운 민간은행에서 찍는다는 뜻이었습니다. 다급했던 왕은 깊이 헤아려보지도 않고 조건을 받아들였습니다.

왕이 잉글랜드은행으로부터 "꾼" 지폐를 시장에 유통시키자 잉글랜드은행권은 저절로 권위를 갖게 됐습니다. 잉글랜드은행권을 정부가 납세 용도로도 받아들이자 지폐는 더욱 힘을 얻었습니다. 윌리엄 3세가 현명한 왕이었다면 민간인들이 세운 은행이 "허공에서" 찍은 지폐를 빌리지 않고 직접 중앙은행을 세워 국가 지폐를 발행해야 마땅했습니다. 영리를 추구하는 민간은행으로부터 영국 정부가 100만 파운드를 빌리면 해마다 8만 파운드의 이자를 꼬박꼬박 물어야 하고 그 부담은 결국 국민의 증세 부담으로 돌아옵니다. 하지만 나라의 이름으로 100만 파운드를 찍으면 이자를 안 내도 되고 국민에게서 그만큼의 세금을 안 걷어도 된다는 간단한 이치를 윌리엄 3세는 몰랐습니다. 돈의 권위는 금과 은이라는 희귀 금속의 가치에서 나오는 것이 아니라 한 국가 안에서 국가 주권자로부터 돈으로서의 법적 지위를 인정받은 "법화"의 자격에서 생긴다는 사실을 윌리엄 3세는 몰랐습니다. 물론 지금 사람들도 모르고 있죠. 국가는 무책임하므로 정부로부터 독립된 중앙은행이 화폐 공급 책임을 맡아야 한다는 그릇된 신화에 세뇌됐으니까요.

일찍이 고대인은 금과 은 같은 희귀 금속을 화폐로 삼는 것의 위험성을 알고 있었습니다.[16] 금은이 돈으로 쓰이게 된 것은 변질이 안 되고 정확한 분할이 가능해서 거래하는 물품의 가치를 정교하게 담아낼 수 있다는 장점이 있어서였지만 무엇보다도 중요한 것은 신전의 역할이었습니다. 금은은 원래 화려한 장식용으로 신자들이 신전에 바친 공물이었습니다. 신전의 입장에서는 가축이나 곡물은 시간이 흐르면 변질되는데 금은은 변하지 않는다는 장점이 있었습니다. 그래서 처음에는 가축이나 곡물로 받던 세금을 금은으로 요구하기 시작했습니다. 그런데 가축이나 곡물은 증식이 가능한 유기체고 금은은 증식이 불가능한 무기체라는 차이가 있습니다. 수메르어로 이자는 '마사'였는데 여기에는 송아지라는 뜻도 있었습니다. 이집트어로 이자에는 출산이라는 뜻이 있었습니다. 이자는 자연 증식이 가능한 유기체로만 받아야 한다는 고대인의 인식을 이자라는 말의 어원에서 알 수 있습니다. 그리스 철학자 아리스토텔레스는 이자가 높고 낮고를 떠나서 금은이라는 무기체를 이자로 받아내려는 요구의 야만성을 개탄했습니다.

봄에 병아리 한 마리를 빌려서 그 병아리가 커서 이듬해에 다시 병아리를 열 마리 낳으면 이자까지 쳐서 두 마리를 갚는다 해도 여덟 마리가 남습니다. 가을에 밀 한 자루를 빌려서 파종하고 밀 열 자루를 수확해서 이자까지 쳐서 밀 두 자루를 갚아도 밀 여덟 자루가

---

16   이하 스파르타와 로마의 철화와 동화에 대한 내용은 Stephen Zarlenga, 『기억을 상실당한 돈』 2장 「금화보다 나은 로마의 구리 법화」를 토대로 삼았다.

남습니다. 그런데 금은은 내 손으로 키워서 만들어낼 수 있는 것이 아닙니다. 은화 두 개를 신전에서 빌려서 병아리 한 마리와 밀 한 자루를 이듬해 병아리 열 마리와 밀 열 자루로 불리는 데 성공했지만 생산 과잉으로 병아리 값과 밀 값이 폭락하면 신전에 이자는커녕 은화 한 개도 제대로 갚지 못하게 됩니다. 그럼 살고 있는 집이나 땅을 처분해서 환전한 뒤 신전에 갚아야 합니다. 신전이 악의를 품었을 경우 금은의 공급량을 조절해서 얼마든지 농민의 재산을 차지할 수 있습니다. 메소포타미아라든가 이집트 같은 외국의 신전들이 많이 가진 금은을 화폐로 쓸 때 바로 그런 위험성이 있었습니다.

기원전 8세기 스파르타의 리쿠르구스 왕은 외국을 두루 다니면서 지혜로운 통화정책을 익혔습니다. 당시만 해도 은화나 금화가 화폐로 통용됐는데 그는 일부러 스파르타의 돈을 쇠가 뜨거울 때 식초를 부어 잘 부서지고 아무 실용적 가치가 없는 길죽한 원반 모양의 철화로 정했습니다. 덕분에 스파르타는 3세기 반 가까이 번영을 구가했습니다. 그런데 스파르타가 강성해지면서 정복 전쟁에 나서서 점령지에서 막대한 금은을 확보하면서 기원전 415년 철화는 스파르타에서 법화의 지위를 잃었습니다. 해외에서 철화로는 군수 물자를 조달하기 어려웠다는 현실적 고려도 있었겠죠. 그리고 통화주권을 상실한 스파르타의 국력은 내리막길을 걸었습니다.

로마도 스파르타의 번영 이유를 알아차리고 금은이 풍부했음에도 처음부터 구리를 화폐로 삼았습니다. 스파르타, 로마 모두 처음에는 지혜로운 화폐 정책으로 다량의 금은을 보유한 국내외 금벌의 속박에서 벗어났기에 번영을 누릴 수 있었습니다. 하지만 해외 정복

4. 성공한 독일 산업금융을 실패한 영국 금융산업이 막아낸 1차대전

전쟁과 함께 전쟁 물자 구입을 위해 또는 적국 수중에 대량 들어간 자국 동화의 사용 가치를 차단하기 위해 기존의 화폐 유통을 금지시키고 은화와 금화를 자국 경제 안으로 받아들이면서 몰락의 길을 걸었다는 공통점이 있습니다. 당장은 전쟁에 이겨서 좋았겠지만 길게는 망국의 시작이었습니다. 로마 공화정은 지중해 경제패권을 놓고 카르타고와 싸워서 이겼지만 결국 금은화를 도입하는 바람에 국내외 **금벌**에게 속박당하고 말았습니다.

전쟁은 군수 물자 조달과 전비 융자 과정에서 금벌에게 엄청난 돈벌이 기회를 줍니다. 전쟁으로 돈을 버는 데 맛을 들인 로마 금벌은 다시 마케도니아와 전쟁을 벌였습니다. 기원전 200년에 시작된 마케도니아와의 전쟁은 기원전 168년까지 계속됐습니다. 로마의 농민과 병사는 도탄에 빠졌지만 전쟁의 혼란기에 로마의 금벌은 벌어들인 금은으로 사전을 제조한 뒤 액면가와 생산가의 차이에서 엄청난 차익을 챙기고 파산한 농민으로부터 땅을 헐값에 사들여 대농장을 조성했습니다. 가변적 화폐를 항구적 토지로 전환한 셈이었죠. 로마 번영의 구심점이었던 농민이 생활 기반을 잃으면서 로마의 국력은 쇠약해졌고 외적의 공격에 속수무책으로 당하던 로마의 농민은 나라를 등지고 살 길을 찾아 외국으로 떠났습니다. 로마의 농업은 자영농 중심 체제에서 대농장 노예 노동 체제로 바뀌었습니다.

기원전 133년 티베리우스 그라쿠스는 금벌에게 무법 점유당한

금벌　영어 oligarch에 해당하는 조어. 돈으로 공동체를 지배하려는 소수 금권세력을 뜻한다.

공유지를 개방하고 땅 없는 농민에게 배분하는 농지개혁법을 만들었지만 그 해 암살당했고 동생 가이우스 그라쿠스도 기원전 121년 암살당하고 말았습니다. 그리스 로마는 개인보다 공동체를 상위 가치에 두고 공동체에 헌신하는 공화 정신에 기초를 두고 있었지만 금벌이 득세하면서 차츰 내세를 지향하는 개인주의가 팽배했습니다. 실용적 가치가 낮은 철화나 동화를 법화로 썼을 때는 통화주권을 지키면서 공동체가 번영을 누릴 수 있었지만 금이나 은 같은 희귀 금속을 화폐로 썼을 때는 통화주권을 지키기 어려워지면서 공동체 정신도 급격히 무너져내렸습니다.

돈의 가치를 지켜낸 왕

실용적 가치가 거의 없는 물건을 돈으로 쓰는 지혜는 고대 스파르타와 로마에서만 있었던 게 아니라 중세 영국 왕에게도 있었습니다. 1095년부터 시작된 십자군전쟁으로 유럽 전역에서 금은이 부족해졌습니다. 전쟁 물자를 현지에서 조달하려면 현지에서 돈으로 받아주는 귀금속이 필요했으니까요. 영국도 예외는 아니었지만 12세기 초부터 해결책을 찾았습니다. 그 무렵부터 영국에서는 지급된 액수를 눈금으로 깎아 새긴 부절목(tally stick)이라는 나무가지를 돈처럼 썼습니다.[17] 정부는 군인에게 주는 월급, 농부에게 사들이는 식량 대금, 사업자에게 주는 공사비를 부절로 지급했습니다. 나무가지에 가

부절목   (cc)Winchester City Council Museums

령 100파운드에 해당하는 금액을 일정한 규칙에 따라 새긴 뒤 반으로 살라서 한쪽은 정부가 갖고 한쪽은 물자나 용역을 제공한 당사자가 가졌습니다. 정부가 가진 반쪽은 몸짝(stock)이라고 불렀고 사업자가 가진 반쪽은 꼬리짝(tail)이라고 불렀습니다.

그런데 이런 나무가지가 어떻게 화폐로 쓰일 수 있었을까요? 부절목으로 세금을 낼 수 있었던 덕분에 가능했습니다. 화폐란 게 별게 아닙니다. 위조가 어렵다는 전제 아래 정부가 납세용으로 받아주기만 하면 나무가지가 되었건 소가죽이 되었건 쇠조각이 되었건 화폐가 됩니다. 『빚그물』의 저자 엘런 브라운은 아리스토텔레스의 입을 빌려 돈은 자연에 기대어 존재하는 것이 아니라 법에 기대어 존재한다고 말합니다.[18] 부절목은 위조가 불가능했습니다. 민간에서 유통되던 꼬리짝이 세금으로 납부되면 정부는 보관 중이던 몸짝과

17 부절 관련 내용은 Ellen Brown, 『빚그물 Web of Debt』(2007) 5장에 토대를 두고 있다. http://library.uniteddiversity.coop/Money_and_Economics/Web_of_Debt-The_Shocking_Truth_about_our_Money_System.pdf. 한국어판 『달러』(2009), 이재황 역(이른아침)
18 Ellen Brown, 『빚그물』, p. 60.

들어맞는지를 확인했습니다. 그리고 짝이 없는 부절을 납부한 사업자는 위조범으로 간주해 참수형에 처했습니다.

잉글랜드은행이 생긴 17세기 말이면 영국에서는 모두 1400만 파운드 규모의 부절이 발행된 것으로 추정됩니다. 그 무렵까지 영국에서 주조되어 유통되던 은화는 50만 파운드를 넘지 않았습니다. 윌리엄 3세가 잉글랜드은행 설립 허가를 내주고 꾼 돈이 120만 파운드였습니다. 부절의 유통량이 엄청난 규모였음을 알 수 있습니다. 국왕의 신용을 바탕으로 발행되던 부절은 영국에서 500년 이상 명실상부한 법화로 통용됐습니다.

왕이 마음대로 돈을 찍어냈으니 물가가 폭등하지 않았을까요? 그렇지 않았습니다. 1200년부터 150년 동안 영국 물가는 아주 안정세를 보였습니다. 1350년을 전후해서 유럽 전역에 흑사병이 돌아 생산량이 격감하면서 물가가 20%쯤 오르긴 했습니다. 그렇게 오른 물가가 1400년까지 그대로 갔습니다. 그런데 그 뒤 잠깐 오르는가 싶었던 물가는 다시 내려가서 1500년이면 품목에 따라서는 흑사병이 돌기 이전 수준까지 내려갔습니다. 300년 가까이 물가가 초안정세를 보였습니다.[19] 옛날 사람들에게 가장 중요한 것은 식량 가격이었습니다. 1278년 10월 밀, 보리, 귀리 같은 곡식 한 섬 여섯 말[20]의 평균 가격은 2.333실링이었습니다. 실링은 옛날 영국에서 쓰던 화폐

---

19 Christopher Hollis, 『두 나라 Two Nations』, 1937, 1장.
20 기준 단위는 옛날 영국에서 곡식의 부피를 헤아릴 때 쓰던 쿼터(quarter)였는데 1쿼터는 약 291리터에 해당하고 한국에서 옛날에 쓰던 부피 단위 섬은 1섬이 180리터였으므로 291리터는 약 1.6섬 곧 한 섬 여섯 말과 비슷하다. http://www.iisg.nl/hpw/poynder-england.php

단위로 1파운드가 20실링이었습니다. 따라서 파운드로 나타내면 0.117파운드였습니다. 그런데 약 200년 뒤인 1489년 8월의 가격은 2.361실링이었습니다. 0.118파운드였습니다. 211년 동안 밀 가격이 1.2%밖에 안 올랐습니다. 뒤집어 말하면 파운드라는 영국 왕이 마음대로 찍어낼 수 있었던 돈이 최소 200년에서 최대 300년 동안 가치를 그대로 유지했다는 뜻입니다. 영국 왕은 최소 200년 동안 파운드의 가치를 98.8% 지켰습니다.

표 3. 밀, 보리, 귀리 등의 곡식 여섯 말의 평균 가격

지역	시기	9월	10월	11월	12월	1월	2월	3월	4월	5월	6월	7월	8월
메리보르	1278–1279		2.333			2.000			2.333			4.000	
캔터베리	1488–1489	2.667											2.361

출처: International Institute of Social History. Wheat, barley and oats prices in various towns(1270~1620).
http://www.iisg.nl/hpw/poynder-england.php

물가는 왜 항상 올라야 하나

지금은 1년에 물가가 1.2% 올랐다고 하면 중앙은행이 물가 관리를 잘 했다고 언론에서 칭찬받습니다. 그런데 1년도 아니고 10년도 아니고 200년 동안 물가가 겨우 1.2% 올랐습니다. 어떻게 이런 일이 있을 수 있었을까요? 부절은 생산된 물자와 제공된 서비스의 대가로 국가가 발행했으므로 거품이 안 낀 돈이라서 그럴 수 있었습니다. 나라가 은행이나 사채업자에게서 돈을 빌리기보다 필요한 돈을 찍어서 썼기 때문에 가능했습니다. 지금은 나라든 개인 사업자든 누군가에게서 돈을 빌리면 이자를 내야 합니다. 그리고 증세를 통해서든 가격 인상을 통해서든 그 이자 비용을 반영해야 합니다. 자연히 물가는 오를 수밖에 없습니다. 중세 영국에서는 고리대금업이 발을 붙이지 못했습니다. 돈은 생산, 유통, 분배를 돕는 수단이지 주인공이 아니라는 토마스 아퀴나스의 철학을 교회와 국왕은 충실히 따르려고 했습니다. 토마스 아퀴나스에게 재산은 사회의 복리를 끌어올리려고 존재했지만 애덤 스미스에게 사회는 재산소유자의 권리를 지켜주려 존재했습니다.[21]

왕이 필요에 따라 부절을 발행하던 중세 영국에서는 나라빚이 없으니 세금을 거의 안 거뒀고 국민은 흉년이 들거나 전염병이 돌 때 말고는 쪼들리지 않고 살았습니다. 중세에는 부활절, 성탄절처럼 긴 휴가 말고도 성자를 기리는 축일과 제전이 수시로 있었습니다. 노동자는 평균 겨우 14주만 일했고 160일에서 180일의 휴일을 누렸습니다.[22]

그런데 왕이 돈을 찍지 않고 나라에서 독립된 중앙은행 잉글랜드은행이 똑같은 200년이라는 기간 동안 돈을 찍었을 때 파운드는 얼마나 제 가치를 지킬 수 있었을까요? 잉글랜드은행의 역대 통화 가치 환산 장치[23]로 계산하면 1818년의 1파운드는 2018년의 파운드 가치로 84.15파운드였습니다.

---

21 Christopher Hollis, 『두 나라』, p. 87.
22 Stephen Mitford Goodson, 『중앙은행사 A History of Central Banking』, 2014, p. 26.
23 https://www.bankofengland.co.uk/monetary-policy/inflation/inflation-calculator

다시 말하면 2018년의 1파운드는 1818년의 파운드 가치로 1.18%밖에 안 된다는 소리입니다. 반올림을 해줘도 1.2%에 불과합니다. 간단히 말해서 지난 200년 동안 파운드는 98.8%의 가치를 잃었다는 소리입니다. 중세의 왕은 돈의 가치를 99% 가까이 지켰고 현대의 중앙은행은 돈의 가치를 99% 가까이 잃었습니다. 누가 더 책임 있는 통화 관리자였을까요?

안정됐던 영국 물가가 오르기 시작한 것은 헨리 8세가 죽은 뒤 겨우 9살에 왕위에 오른 에드워드 6세의 섭정을 맡았던 귀족 서머싯 공작이 돈을 마구 찍으면서였습니다. 서머싯은 은화에서 은의 함량을 줄이는 방법으로 100만 파운드를 더 찍었습니다. 돈을 더 찍기 전인 1541년의 물가를 100으로 잡으면 서머싯 공작이 섭정을 맡고 있던 1551년에는 202.3으로 급등했습니다. 권력을 누리는 동안 한탕을 노리고 서머싯이 치부한 것이죠. 엘리자베스 1세가 즉위한 1558년에 200선이었던 물가는 여왕이 타계한 1603년에는 275로 급등했습니다. 왕실 수입은 뻔한데 물가가 오르니 왕실 재산을 처분해야 했습니다. 왕실 재산은 귀족들이 헐값에 사들였습니다. 왕실 재산을 처분하니 수입이 더 줄어들어 왕은 점점 가난해졌고 귀족들이 포진한 의회는 재산을 불리면서 점점 강해졌습니다. 귀족들은 물가가 올라도 아랑곳하지 않았습니다. 로마 귀족들이 그랬던 것처럼 토지, 저택을 사들여 화폐라는 가변적 자산을 항구적 자산으로 바꿨으니까요.

원래 영국 국왕은 국민에게 세금을 걷어서 국정을 수행한 것이 아니라 왕실 재산에서 들어오는 수익으로 나라 살림을 꾸려나갔습니

What would goods and services costing

£1 in 1818 ▼ cost in 2018 ▼ ?

show amount

£84.15

잉글랜드은행의 역대 통화 가치 환산 장치로 계산한 1818년과 2018년의 파운드 가치

다. 왕실 재산이 귀족들에게 헐값에 대거 넘어가는 바람에 크게 줄어들었는데도 엘리자베스 1세 말년의 왕실 수입은 30만 파운드였고 세금 수입은 8만 파운드였습니다. 귀족을 비롯해서 국민이 내는 세금은 외국과 전쟁이 벌어졌을 때 모금하는 단발성 세금이었습니다. 그런데 대항해시대가 열리면서 대외 경쟁 체제가 격화되어 무기 현대화와 원양항로 개척사업 등 국가 지출 항목은 늘어나는데 왕실 재정은 갈수록 열악해지자 왕권은 귀족들이 장악한 의회에 점점 끌려다녔습니다. 귀족들은 왕에게 전쟁을 요구해놓고선 막상 전쟁이 벌어지면 왕이 관례적으로 누려온 관세 수입까지 박탈하고 자금 지원을 거부하면서 왕에게 패전을 안겨서 망신을 줬습니다. 1649년 단두대에서 죽은 찰스 1세는 그렇게 왕실 재정이 바닥난 상황에서 재정 안정 회복을 위해 고군분투하다가 비명에 갔습니다.[24]

잉글랜드은행 설립 허가를 내준 윌리엄 3세는 왜 부절을 찍어서 자금난을 해결하지 않았을까요? 윌리엄 3세도 부절을 찍었습니다. 하지만 부절은 국내에서만 통용되는 돈입니다. 해외 군사 원정을 하려면 해외에서 통용되는 돈도 있어야 합니다. 외국에서 전쟁을 벌이려고 하는 한 외국에서 받아주는 금은을 빌릴 수밖에 없었습니다. 스파르타, 로마의 통화주권이 침략 전쟁으로 허물어진 것과 비슷합니다. 전쟁의 빈도와 규모가 커질수록 국제 통화가 중요해지고 국내 통화는 뒷전으로 밀립니다.

부절은 잉글랜드은행의 공격도 받았습니다. 잉글랜드은행은 자신이 발행한 지폐로 부절을 높은 할인율로 사들여서 부절의 인기를 떨어뜨렸습니다. 할인율이 가령 7%면 정부로부터 받은 액면가 1000파운드의 부절을 은행에 가져가서 금으로 바꿔달라고 요청하면 금을 930파운드만 받는다는 뜻이니 부절을 받은 사람은 70파운드를 손해봅니다. 반면 지폐 1000파운드를 잉글랜드은행에 가져가면 은행은 1000파운드에 해당하는 금을 칼같이 바꿔줬습니다. 자연히 부절의 신용도는 추락하고 은행권의 신용도는 상승했습니다. 그래도 불안했는지 잉글랜드은행은 영국 의회를 앞세워 1834년 부절을 모조리 불살라 없앴습니다. 짧게는 500년에서 길게는 700년 동

---

24 Hilaire Belloc, 『찰스 1세 Charles Ⅰ』(1933)는 영국 국민의 이익을 지키려다가 영국 금벌을 대변하는 영국 의회에게 참수당한 비운의 주인공으로 찰스 1세를 그린다. 벨록에 따르면 국왕은 자기 이름을 걸고 정치를 하지만 의회는 익명성 뒤에 숨어 돈으로 의원들을 매수하는 금벌을 섬긴다. 영국 국민을 탄압한 것은 왕이 아니라 귀족이었다. 지금도 현실은 크게 다르지 않다. 서머싯 공작이 무책임한 통화 남발로 왕실 재정을 곤경에 빠뜨린 뒤 왕실 재산을 헐값에 사들인 것처럼 영국 의회는 무책임한 투기를 남발한 은행을 국민 세금으로 살리고 은행을 살리는 바람에 늘어난 국가 부채를 이유로 긴축을 관철해서 가난한 서민을 노숙자로 몰아간다.

안 영국 국왕의 권위 아래 발행되어 국민을 고리대금의 멍에에서 해방시켜준 법화 부절의 기억은 그렇게 깡그리 지워졌습니다.

전쟁으로 돈을 버는 잉글랜드은행

1694년 120만 파운드였던 영국의 나라빚은 1700년에는 1200만 파운드로 불과 6년 만에 10배로 불었습니다. 나폴레옹전쟁이 끝난 1815년 나라빚은 5억 파운드를 넘어섰습니다. 영국 정부는 은행에 진 빚을 갚느라 세금을 대폭 올렸습니다. 영국 정부가 프랑스혁명 이후 프랑스와 전쟁을 벌이면서 잉글랜드은행에서 엄청난 돈을 빌렸으므로 전쟁 이후에는 물가가 많이 올랐습니다. 전쟁 중이었던 1797년 영국은 금본위제 유예를 선언했습니다. 전쟁이 끝날 때까지 파운드를 금으로 바꿔주지 않겠다는 뜻이었죠. 그런데 전쟁이 끝나고 나서는 파운드의 건강성을 되찾으려면 전쟁 전의 구매력으로 돌아가야 한다며 전쟁 전 가치에 맞춰서 파운드를 금으로 바꿔주는 체제로 복귀했습니다. 그럼 어떤 일이 벌어질까요. 파운드가 귀해집니다. 파운드 가치가 올라갑니다. 파운드 가치가 오르면 채권자는 좋습니다. 가령 전쟁 중 영국 정부로부터 1만 파운드짜리 채권을 산 투자자가 있다고 칩시다. 전쟁이 한창 진행 중일 때는 영국이 이길지 프랑스가 이길지 아무도 모릅니다. 그래서 액면가 1만 파운드인 채권도 나중에는 5천 파운드 이하로 거래될 수 있습니다. 그런데 이렇

표 4. 영국 국가 부채(단위: 백만 파운드)

전시	전비	누적 국가 부채
1688~1697	32.6백만	14.5
1702~1713	50.7	21.5
1739~1748	43.7	29.2
1756~1763	82.6	59.6
1776~1785	97.6	117.3
1793~1815	831.5	504.9

출처: Stephen Zarlenga, 『기억을 상실당한 돈』, p. 290.

게 투자자가 절반 가격에 사들인 채권을 정부가 전쟁 중 통화 남발로 파운드 가치가 절반으로 떨어졌는데도 전쟁 전의 파운드 가치로 지급해주겠다고 하면 이 투자자의 채권은 5천 파운드에서 2만 파운드로 구매력이 4배로 치솟습니다. 전쟁 중 정부 채권을 사들인 사람은 떼돈을 벌게 됩니다.

하지만 생산자 특히 농민은 죽어납니다. 전쟁 전 10파운드를 빌렸다고 하면 전쟁 뒤에는 정부가 파운드 가치를 2배로 끌어올리는 바람에 20파운드를 갚아야 하니까요. 전쟁 전에는 밀 100자루를 생산하면 이것을 팔아서 10파운드를 갚을 수 있었는데 전쟁 이후에는 밀 100자루를 생산해도 5파운드밖에 수입이 없으니 하루 아침에 100자루를 더 생산하지 못하는 한 결국 땅을 팔아서 빚을 마저 갚아야 합니다. 그렇게 땅을 잃은 영국 농민이 부지기수였습니다. 전쟁이라도 나야지 안 그러면 다 죽게 생겼다며 원인을 엉뚱한 데에서 찾는 농촌 여론마저 생겼습니다.[25] 전쟁 중에는 물가는 올랐을지 모르지만 적어도 생산자에게는 돈 구하기가 하늘의 별 따기는 아니었으니까요. 전쟁의 여파로 번번이 궁지에 몰리는 생산자가 다시 전쟁을 바라는 어이없는 일이 벌어집니다.

영국의 식민지 아일랜드 농민은 더 비참했습니다. 1845년부터 1849년까지 이어진 아일랜드 기근으로 아일랜드 전체 인구 900만 명 중 100여만 명이 죽고 다시 100만 명이 미국 등으로 이민을 갔습니다. 기근이 든 첫해인 1845년에도 밀, 보리, 귀리는 모든 아일랜드인을 4년 이상 배불리 먹일 수 있을 만큼 생산됐습니다. 그런데 이 식량의 대부분을 부재지주들에게 소작료로 바쳐야 했습니다. 지주들은 전쟁빚을 갚기 위한 정부의 증세로 소작료를 대폭 올렸습니다. 자기 땅을 갖고 있던 자영농도 식량을 구하느라 헐값에 땅을 팔아치워야 했습니다. 은행들은 아일랜드 기근에서도 돈을 벌었습니다.

예전에도 민간인 사채업자는 왕에게 돈을 빌려줬습니다. 그런데 왕이 죽으면 별도의 계약서를 써두지 않은 한 그것으로 끝이었습니다. 빚은 국민에게 떠넘겨지지 않았습니다. 잉글랜드은행이 생기기 전까지 영국 왕은 개인적으로 빚이 있었을지 몰라도 영국이라는 나라는 빚이 없었습니다. 잉글랜드은행이 생기면서 나라빚이 세금과 연동돼서 왕이 죽더라도 국민은 대를 이어 빚을 갚게 됐습니다. 야만적 파괴를 위해 벌인 전쟁으로 나라빚이 눈덩이처럼 불어난 나라에서 태어난 가난한 젊은이는 아무리 창조적 생산을 위한 현장에서

---

25 영국의 농부이자 언론인인 윌리엄 코빗(William Cobbett)은 『농촌 주유 Rural Rides』 (1830)에서 전쟁 이후 황폐화된 영국 농촌 현실을 파헤쳤다.

일하고 싶어도 그런 기회를 얻기 어려웠습니다. 그런데 독일에서는 그런 기회가 급격히 늘어나고 있었습니다. 금융이 산업을 죽이지 않고 산업을 섬기는 체제라서 그랬습니다. 1차대전은 파괴적 금융이 경제의 주인공 노릇을 하면서 산업을 짓누르는 영국의 금융산업이 생산적 금융이 산업을 떠받치는 조역에 머물렀던 독일의 산업금융을 묵과할 수 없어 벌어진 전쟁이었습니다.

패권을 위협하는 나라는
반드시 전쟁으로 주저앉힌다

1870년에 벌어진 프랑스프로이센전쟁도 프랑스의 산업화 정책이 영국을 불안하게 만드는 바람에 일어났을 가능성이 다분합니다. 전쟁이 터지기 1년 전 프랑스는 지중해와 인도양을 잇는 수에즈운하를 10년에 걸친 공사 끝에 완공했습니다. 영국은 수에즈운하 건설을 극력 반대했었습니다. 무장 베두인족을 동원해서 공사를 방해하기도 했습니다. 예전보다 국력이 쇠약해졌다고는 하지만 프랑스는 여전히 영국 다음 가는 해양 대국이었습니다. 마침 비슷한 시기 미국에서는 북미 대륙을 횡단하는 철도가 완공됐습니다. 30년 뒤인 1889년에 시작된 독일의 베를린-바그다드 철도 건설 사업에서 영국이 위협을 느끼는 것처럼 북미와 유럽의 물자가 아시아의 물자의 교역 속도를 크게 단축시키는 수에즈운하는 영국의 해상 패권을 위협했습니다.

영국이 러시아 견제를 위해 벌인 크리미아전쟁(1853~1856) 때 직접적 이해 관계가 크게 걸리지 않았음에도 영국 편에서 싸웠으니 프랑스는 영국의 맹방이라고 해도 과언이 아닌 나라였습니다. 프랑스의 나폴레옹 3세는 친영파였습니다. 나폴레옹의 조카로 해외로 떠돌다가 신변의 위협을 느낄 때마다 영국으로 피신했던 사람이었습니다. 영국이 프랑스 권좌에 친영파를 앉히기 위한 장기적 포석의 하나로 키운 인물이었습니다. 그래도 나폴레옹 3세는 국민에게 칭송을 받고 싶었고 그러자면 프랑스의 경제를 발전시켜야 했습니다. 하지만 영국은 영국의 기득권을 위협하는 타국의 경제발전을 용인할 수 없었겠죠. 프로이센은 프로이센대로 통일 독일의 위업을 달성하려면 독일 민족의 구심점이 될 만한 업적이 필요했습니다. 영국

수에즈운하 관련 노선

출처: http://www.dijkversterkingbas.nl/suez-canal-world-map/

4. 성공한 독일 산업금융을 실패한 영국 금융산업이 막아낸 1차대전

과 프로이센은 그렇게 이해 관계가 맞아떨어졌습니다. 프로이센은 영국의 기대에 부응해서 프랑스에게 본때를 보였습니다. 수에즈운하는 이집트와 프랑스가 각각 44%와 56%의 지분을 갖고 있었는데 1873년에 일어난 세계 금융위기의 여파로 이집트는 자신의 지분을 고스란히 영국에 넘깁니다. 영국은 1882년 지역 혼란을 이유로 군사력을 투입해 수에즈운하를 점령하지만 프랑스는 감히 대응하지 못 합니다. 그 뒤 이집트는 공식적으로는 터키의 영토였음에도 비공식적으로는 영국의 준식민지가 됩니다. 영국의 용인 아래 프랑스를 격파해 통일 독일로 거듭났고 산업 강국으로 일어서 영국의 금융 강국 지위를 위협하게 된 독일, 이제 영국이 키워준 그 독일이 영국에게 전쟁을 당할 차례가 왔습니다. 영국이 키워준 프랑스의 나폴레옹 3세가 영국이 키워준 프로이센에게 전쟁을 당한 것처럼 말이죠.

영국, 러시아, 프랑스에 포위당한 상태에서 독일이 고립무원에서 벗어나는 길은 오스트리아, 터키와의 관계 강화였습니다. 1914년 1차 대전이 벌어지기 2년 전 발칸반도에서는 발칸전쟁이 일어났습니다. 발칸전쟁은 세르비아, 불가리아, 루마니아 등 발칸 지역 국가들이 터키를 상대로 전쟁을 벌여 터키가 유럽에 갖고 있던 땅을 얻은 전쟁이었습니다. 그런데 발칸 국가들이 전쟁을 벌인 배후에는 범슬라브주의의 맏형으로 여겨지던 러시아가 있었고 발칸 국가들에게 전쟁자금을 빌려준 프랑스가 있었고 무엇보다도 전쟁이 터키의 우방 독일, 오스트리아까지 개입하는 대전으로 확대되더라도 확실히 밀어줄 테니 걱정 말라고 전쟁을 부추긴 영국이 있었습니다. 발칸전쟁이 국지전으로 머문 것은 독일이 영국이 던진 미끼를 물지 않아서였습니다. 독일은 전쟁을 원하지 않았습니다. 잃을 것이 워낙 많았거든요. 간접적 방식이 안 먹혀들자 영국은 오스트리아 황태자를 세르비아 민족주의 세력을 이용해 직접 죽이는 방식으로 전략을 수정했고 결국 오스트리아에 엮인 독일을 1차대전으로 끌어들이는 데 성공했습니다.[26]

영국 패권 위협하던 두 제국이 공멸한 이유

19세기 중반 이후 영국의 패권을 위협했던 러시아제국과 독일제국은 1차대전으로 공멸했습니다. 러시아와 독일의 중요한 패인 중하나는 적전분열이었습니다. 러시아에서는 전쟁이 한창 벌어지던상황에서 1917년 2월에 혁명이 일어나 온건 좌파 멘셰비키 정권이들어서면서 황제가 퇴진했고 같은 해 10월에는 다시 급진 좌파 볼셰비키 정권이 혁명으로 멘셰비키 정권을 무너뜨리고 권력을 잡았습니다. 러시아 황제는 왜 1917년 2월혁명으로 물러났을까요? 1916년 후반이면 전쟁으로 인한 인적 물적 피해가 너무 컸습니다. 특히그 해 6월부터 3개월 동안 우크라이나에서 벌어진 러시아 총공세에서만 독일군은 60만 명, 러시아군은 100만 명이 죽었습니다. 재정도

---

26 1차대전이 일어난 구체적 배경은 이희재,『번역전쟁』(2017) 중「음모론」, Gerry Docherty & Jim Macgregor,『가려진 역사: 1차대전의 숨은 기원 Hidden History: The Secret Origins of the First World War』(2013)을 참조하기 바란다.

파탄 상태였습니다. 러시아는 영국이 미국에 진 빚보다 더 많은 빚을 전쟁 탓에 영국에 지게 됐습니다. 영국이야 자신의 제국을 지키려고 전쟁을 한다지만 러시아는 전쟁으로 구체적으로 얻는 이익이 없다는 불만이 러시아에서 점점 퍼졌습니다. 황제도 소득 없는 전쟁에 차츰 지쳐갔습니다. 1914년 이전까지 150년 동안 러시아와 독일은 한 번도 싸운 적이 없었습니다. 18세기 중반 7년전쟁에서 러시아는 프로이센과 싸웠지만 프로이센이 러시아의 우방인 오스트리아와 전쟁을 했기 때문에 오스트리아를 도왔을 뿐 독일 민족 전체를 적대시한 것이 아니었습니다. 독일은 러일전쟁에서도 러시아를 지지했었습니다. 러시아군에는 독일계 장군도 많았습니다. 러시아와 독일이 얼마나 우호적이었는지는 러시아 황제의 배우자 중 독일계가 압도적으로 많았다는 데에서도 알 수 있습니다. 당시 황제 니콜라이 2세의 배우자도 독일인이었습니다.

결국 황제는 1917년 1월 초 주러시아 영국 대사를 접견하는 자리에서 독일과 평화회담에 나설 뜻을 비쳤습니다. 하지만 러시아가 중간에 전쟁 대열에서 이탈하는 것을 영국은 묵과할 수 없었습니다. 러시아의 부유한 은행가, 자유 자본가, 보수 정치인, 불만 귀족 집단은 영국이 언제든지 황제 타도에 활용할 수 있도록 키워놓은 자산이었습니다. 다음달부터 러시아 수도에서 대규모 파업이 일어났습니다. 물자난과 생활고로 악화된 여론은 러시아의 모든 문제를 황제로 몰아간 정치 집단에게 휘둘렸고 결국 황제 니콜라이 2세는 퇴진했습니다. 영국을 추종하는 반황제파는 황비가 독일인이라서 평화협정으로 러시아를 독일에 팔아넘기려 한다는 소문을 오래전부터 퍼뜨려 황제와 국민을 이간질했습니다. 러시아 황제가 물러났다는 소식을 듣고 로이드 조지 당시 영국 총리는 영국의 전쟁 목표 중 하나가 달성됐다며 환호했습니다. 우드로 윌슨 미국 대통령도 의회 연설에서 러시아에서 마침내 전제정이 무너졌다는 것은 놀랍고 흡족한 사건이라고 말했습니다.[27] 새로 들어선 멘셰비키 정부는 영국의 뜻에 부응하여 대독 전쟁을 속행했고 4월에는 미국이 참전했습니다.

급진 좌파까지 이용한 영미 금벌 세력

멘셰비키 정부는 왜 무너졌을까요? 러시아의 급진 좌파 볼셰비키를 독일과 영미가 모두 미는 바람에 무너졌습니다. 전쟁을 이어가려는 멘셰비키보다 전쟁을 멈추려는 볼셰비키가 독일에게 이용 가치가 더 컸던 것은 당연했습니다. 독일은 멘셰비키 정부가 포용 차원에서 모든 정치범의 귀국을 허용하자 스위스 취리히에 있던 레닌에게 기차편을 제공해서 레닌의 4월 러시아 귀국을 도왔습니다. 미국 금벌도 러시아 급진 좌파를 도왔습니다. 1949년 2월 3일자《더뉴욕저널어메리칸》신문은 러시아에서 볼셰비즘이 최종 승리할 때까지

---

27 Guido Preparate, 『히틀러 불러내기: 영국과 미국은 어떻게 제3제국을 만들었나 Conjuring Hitler: How Britain and America Made the Third Reich』, 2005, p. 28. https://athens. indymedia.org/media/old/guido_preparata_-_conjuring_hitler._how_britain_and_america_made_the_third_reich.pdf

뉴욕 은행가 제이콥 시프가 2천만 달러를 쏟아부었다고 손자 존 시프의 입을 빌려 보도했습니다. 제이콥 시프는 로스차일드 밑에서 큰 뉴욕의 거물 은행가였습니다. 제이콥 시프의 혁명 자금은 미국에서 3년째 망명 중이던 트로츠키를 통해서도 전달됐습니다.[28] 트로츠키는 거액의 군자금을 들고 5월 러시아로 돌아왔습니다. 황제 퇴진 후 러시아는 독일에게 줄곧 밀렸지만 6월 총공세에 나서서 전세를 뒤집기 시작했습니다. 하지만 볼셰비키가 러시아군에 침투하여 사병들로 하여금 지휘관의 전투 명령에 따르지 않도록 만들었고 결국 자중지란으로 러시아는 참패했습니다. 볼셰비키는 자국 군대의 등에 칼을 꽂은 매국노로 러시아 국민에게 성토당했고 다수 볼셰비키 지휘부가 투옥됐습니다. 그런데 8월에 러시아 군부를 중심으로 우익 군사 정변이 발생했고 수세에 몰린 멘셰비키 정부는 조직력과 전투력을 갖춘 볼셰비키의 도움을 얻으려고 볼셰비키 지도부를 석방했습니다. 막강한 자금력으로 무장한 볼셰비키는 자금이 없어 무기도 물자도 빈약했던 우익 반군을 제압했고 여세를 몰아 10월혁명으로

---

28 Ron Unz, 「아메리칸 프라우다: 볼셰비키혁명과 그 여파 American Pravda: The Bolshevik Revolution and Its Aftermath」, *The Unz Review*, 2018년 7월 23일. http://www.unz.com/runz/american-pravda-the-bolshevik-revolution-and-its-aftermath/

론 언즈에 따르면 2천만 달러는 지금 돈으로 20억 달러에 이르는 거액이다. 제이콥 시프는 1905년에 벌어진 러일전쟁 때도 일본의 전쟁자금을 지원했을 뿐 아니라 러시아 후방에서 일어난 혁명자금도 지원했다. 그래서 언즈는 2천만 달러 안에는 러일전쟁 당시의 러시아 와해 공작금도 포함됐을 것으로 추정한다. 언즈는 유럽사에 관심이 많아서 젊은 시절 러시아혁명에 관한 전문서를 최소 100권은 읽었다고 한다. 그런데 볼셰비키혁명에 자금을 댄 제이콥 시프라는 이름은 한 번도 접한 적이 없었다. 그래서 누군가가 그런 사건을 언급했을 때 은행가가 혁명가를 도왔다니 음모론이 갈 때까지 갔구나 하는 생각이 대뜸 들었다고 한다. 하지만 그 뒤 조사해 보니 1920년대와 30년대의 주류 언론에서는 그런 사실을 다루었고 미국 정부 내부 보고 자료에도 나왔음을 알고 나서는 결코 부정할 수 없는 사실로 받아들이게 됐다고 고백한다.

정권을 잡았습니다.

레닌은 혁명 정부를 수립하자마자 휴전을 선언하고 혼란 수습을 위한 시간 벌기에 들어갔습니다. 하지만 독일이 군사적 압박을 가하자 결국 이듬해 3월 독일과의 평화협정에 서명했습니다. 러시아는 패전국이었으므로 핀란드, 조지아, 우크라이나의 독립을 인정하고 발트3국의 통제권도 독일에게 내줬습니다. 러시아는 인구의 3분의 1인 5천만 명을 잃었고 260만 제곱킬로미터의 영토도 상실했습니다. 독일은 동부 전선에서 러시아를 제압한 뒤 서부 전선에서도 1918년 6월까지 우위를 보였습니다. 하지만 그 뒤로 미국의 증원군이 속속 투입되던 상황에서 물자난을 극복하지 못 하고 결국 11월에 휴전을 요청했습니다. 독일의 물자난은 이미 1917년 하반기부터 후방에서 이루어진 급진 좌파의 반전운동과 파업, 생산 방해 활동으로 더욱 악화됐습니다.[29] 휴전을 하면 풀릴 것으로 기대했던 경제봉쇄가 계속되자 독일은 결국 턱없이 불리한 베르사유조약에 서명했고 그 결과 7만 제곱킬미터의 영토를 폴란드, 체코에 잃었고 덩달아 650만 명의 독일인 인구도 잃었습니다. 아프리카 등지에 있던 260만 제곱킬로미터의 식민지도 잃었습니다. 영국은 전쟁 목표를 달성했습니다.

---

29 독일 급진 세력의 후방 교란 활동은 Léon Degrelle, 『히틀러: 베르사유에서 태어나다』, 49장에 자세히 나온다.

4. 성공한 독일 산업금융을 실패한 영국 금융산업이 막아낸 1차대전

"공산 러시아는 제정 러시아보다
위협적이지 않다"

자본주의의 상징인 영국과 미국의 은행가가 자본주의 타도를 부르짖는 공산주의자를 지원한다는 것은 오늘의 상식으로는 납득이 안 갑니다. 그런데 공산주의는 1차대전 이후에 비로소 현실화한 제도임을 감안해야 합니다. 공산주의는 전쟁 전까지는 급진 혁명주의자들의 머리 속에서만 존재하던 체제입니다. 영국과 미국, 특히 당시 패권국이었던 영국에게는 러시아제국과 독일제국이 훨씬 큰 위협으로 다가왔습니다. 로이드 조지 영국 총리는 1918년 12월 내각회의에서 공산 러시아는 제정 러시아보다 결코 위협이 되지 않는다고 말했습니다.[30]

1917년 10월혁명이 일어난 뒤 바로 조직된 반볼셰비키 백군은 1919년 6월이면 적군을 압박하면서 승기를 잡았습니다. 동쪽 시베리아 쪽에서는 콜차크 장군이 모스크바 쪽으로 서진했고 남쪽 흑해 쪽에서는 데니킨 장군이 모스크바 쪽으로 북진했고 북쪽에서는 유데니치 장군이 적군을 압박하고 있었습니다. 연합국의 지원이 조금만 있었어도 백군은 손쉽게 적군을 제압할 수 있는 상황이었습니다.

하지만 당시까지도 연합국은 백군 지도부의 러시아 대표성을 인정하지 않았습니다. 그 해 1월 베르사유 회담장에도 적군과 백군을

---

30 Richard Pipes, 『러시아 혁명 약사 A Concise History of the Russian Revolution』, 1995, p. 250. https://archive.org/details/concisehistoryof00pipe/page/250

144
국가부도경제학

똑같이 불러서 엄연히 연합국의 일원이었던 러시아의 주권자 러시아 황제를 지지하던 백군 지도부를 격분시켰습니다. 1차대전이 끝나면서 독립한 핀란드는 백군 편에서 싸우겠다는 뜻을 밝혔지만 연합국의 제지를 받았습니다. 1차대전이 끝난 뒤 영국은 프랑스와 함께 러시아 흑해 연안의 세바스토폴에 군대를 보냈습니다. 제정 러시아 회복을 위해 붉은군대 적군과 싸우는 백군을 돕는다는 명분이었습니다. 그런데 1919년 4월 영불 연합군은 갑자기 철수 선언을 합니다. 강력한 적군에 맞서기에는 당장은 역부족이라는 이유에서였습니다. 하지만 당시 적군은 3천 명의 오합지졸이었습니다. 당시 흑해 일대에는 제정 러시아의 무기고가 많이 남아 있었습니다. 백군이 몇 년은 쓰고도 남을 양의 무기가 보관되어 있었습니다. 영불 연합군은 철수하면서 무기고를 대대적으로 폭파했을 뿐 아니라 러시아 백군 소유의 선박까지도 나포했습니다. 러시아의 무력 자산이 적군에게 넘어가는 것을 막는다는 명분이었지만 백군이 승기를 잡으려고 할 때마다 영불 연합군의 이런 행보는 반복됐습니다. 영불 연합군이 흑해에 간 것은 백군을 돕기 위해서가 아니라 백군의 무력 자산을 파괴하기 위해서라고밖에 달리 해석할 길이 없었습니다.[31]

---

31 니콜라이 스타리코프, 『지정학』, pp. 90~91. 스타리코프의 『지정학』 3장은 영불 연합군의 백군 지원을 빙자한 적군 지원 내막을 자세히 소개한다.

4. 성공한 독일 산업금융을 실패한 영국 금융산업이 막아낸 1차대전

영국이 적군을
지원한 이유

영국은 왜 백군의 승리를 바라지 않았을까요? 백군이 적군을 격파하고 제정 러시아를 되살릴 경우 볼셰비키가 독일에게 항복하면서 독립한 발트 3국 같은 전략 요충지가 다시 러시아 제국으로 귀속될 가능성이 높았습니다. 발트 3국은 해양 패권국 영국이 대륙 패권국 러시아를 공략할 수 있는 중요한 교두보였습니다. 영국의 대외 정책 수립에 영향이 컸던 지리학자 햄포드 매킨더는 1904년에 한 〈역사의 지리적 중추〉라는 강연에서 시베리아횡단철도 개통으로 대륙 물류 기동성을 확보한 러시아가 해양 강국으로 급성장한 독일과 손잡고 명실상부한 세계 패권을 차지할 가능성을 경고하면서 영국, 캐나다, 호주, 미국, 일본 같은 해양국들이 대륙 변방에 교두보를 마련하는 것의 중요성을 역설했습니다. 조선도 그 교두보의 하나로 거론됐습니다.[32]

2차 영일동맹조약(1905) 3조: "조선에 걸린 일본의 정치적 군사적

---

[32] Halford Mackinder, 『역사의 지리적 중추 The geological pivot of history』, *The Geographical Journal*, 통권 23권 4호, 1904년 4월, p. 436. https://www.iwp.edu/wp-content/uploads/2019/05/20131016_MackinderTheGeographicalJournal.pdf 1905년 7월 29일 미국과 일본이 필리핀 지배권과 조선 지배권을 상호 인정한 가쓰라-태프트 밀약이 있고 나서 다음 달인 8월 12일 영국도 일본과 2차 영일동맹조약을 맺고 일본의 조선 지배권을 공식 인정해주는 대신 인도에서 분쟁이 발생했을 때 일본의 군사 지원을 약속받았다. 가쓰라-태프트 밀약은 정식 조약이 아니었지만 영일동맹조약은 정식 조약이었다. 당시 세계 패권국은 미국이 아니라 영국이었다. 인도는 조선과 함께 해양세력의 중요한 대륙 진출 교두보 중 하나였다. 일본이 조선을 삼키는 데 가장 큰 바람막이가 돼준 나라는 미국이 아니라 영국이었다.

```
ARTICLE III.

    Japan possessing paramount political, military and
economical interests in Corea, Great Britain recognizes
the right of Japan to take such measures of guidance,
control and protection in Corea as she may deem proper
and necessary to safe-guard and advance those interests,
provided always that such measures are not contrary to
the principle of equal opportunities for the commerce
and industry of all nations.
```

출처: www.theodorerooseveltcenter.org

경제적 이익은 막대하며 영국은 통상과 산업의 기회를 만국에 동등하게 제공한다는 원칙에 어긋나지 않는 한 일본이 그런 이익을 보장하고 발전시키는 데 필요하다고 여기는 지도 감독 보호 조치를 조선에서 취할 권리를 인정한다."

발트 3국은 1904년만 하더라도 핀란드와 함께 러시아 땅이었습니다. 1차대전으로 독립하게 된 발트 3국이 당시 러시아 제국의 수도였던 페트로그라드(지금의 상트페테르부르크)의 지척에 있었음을 감안하면 발트 3국은 핀란드와 함께 당연히 영국의 대륙 공략을 위한 핵심적 교두보였습니다. 레닌은 안보 위협을 느끼고 1918년 수도를 페트로그라드에서 모스크바로 옮겼습니다.

러시아 내전에서 영국은 백군의 간절한 지원 요청을 묵살하면서도 정작 백군의 후방에서는 자원이 풍부했던 코카서스산맥 일대의 조지아, 아제르바이잔처럼 1차대전이 끝난 뒤 러시아로부터 독립 선언을 한 소국들과 석유 개발권 계약을 맺고 이런 나라들이 백군의 승리를 바라지 않도록 만들었습니다. 백군은 적군과 싸우기도 벅찬데 과거 러시아의 지배를 받았다가 독립한 나라들이 등 뒤에서 칼을 찌를까봐 불안에 떨어야 했습니다.[33]

레닌은 제정 러시아가 진 모든 외채의 상환을 거부했지만 백군 지도부는 전액 상환을 약속했는데도 연합국은 백군의 승리를 바라지 않았습니다. 이것은 경제논리만으로는 설명이 안 됩니다. 비록 경제적으로는 손해를 보더라도 제정 러시아보다는 공산 러시아에서 뭔가 확실하게 얻어낼 수 있는 게 있어야 합니다. 러시아혁명 지도부의 압도적 다수는 유대인이었습니다. 세계 금융자본가의 압도적 다수도 유대인이었습니다. 베르사유조약 협상 회담을 주도한 것도 각국 대표단의 핵심 실세로 포진한 유대인이었습니다. 실제로 공산 러시아는 유대인이 가장 안전하고 자유롭게 살 수 있는 나라가 됐습니다. 소련에서는 반유대적 발언은 중벌에 처해졌습니다.

연합국이 백군 승리를 안 바란 또 하나의 이유는 백군이 적군으로부터 탈환한 지역에서 유대인이 탄압을 받았기 때문이었습니다. 적군은 볼셰비키혁명에 협조하지 않는 사람을 적잖이 죽였고 그런 적군의 지도부에 유대인이 많다는 사실을 사람들은 잘 알았습니다. 그래서 백군이 진주한 다음에 보복이 이뤄졌습니다.[34]

생존 공간 확보가 유대인에게 돈보다 더 중요할 수 있다는 것은 1차대전 종결 이후 유대인의 팔레스타인 정착을 돕겠다는 영국 외

33 Guido Preparate, 『히틀러 불러내기』, p. 68.
34 Leon Degrelle, 『히틀러: 베르사유에서 태어나다』, p. 616.

무장관 밸포어의 선언이 미국인의 반전 의식을 크게 누그러뜨렸다는 데에서도 알 수 있습니다. 유대인의 영향력이 컸던 미국 주류 언론은 전쟁 초반 오히려 독일에 우호적이었습니다. 유대인의 지위는 독일에서 높았습니다. 재계, 언론계, 학계, 정계에 유대인이 많이 진출해 있었습니다. 미국의 유대인 재력가는 영국과 프랑스와 같은 편에서 싸우고 있던 제정 러시아에서 일어난 볼셰비키혁명을 음으로 양으로 지원했습니다. 유대인의 적은 유대인을 살기 어렵게 만들었던 제정 러시아였고 독일과 볼셰비키는 제정 러시아와 싸운다는 점에서 통했으니까요. 그런데 1917년 10월 23일에 일어난 볼셰비키혁명으로 제정 러시아가 무너졌으니 유대인에게 독일의 가치는 낮아졌습니다. 볼셰비키혁명이 일어나고 열흘도 채 안 지난 11월 2일에 나온 밸포어 외무장관의 유대인 생존 공간 마련 약속은 미국 유대인의 반전 여론을 완화시켰고 영국이 유대인 금융자본으로부터 전비를 조달하는 데 도움이 됐습니다.[35]

영국 패권의 잠재적 위협국은 모두 궤멸

영국의 금권세력은 전쟁 목표를 달성했습니다. 1차대전으로 유라시아 대륙에서 러시아제국, 독일제국, 오스트리아제국, 오토만제국

---

35 Leon Degrelle, 『히틀러: 베르사유에서 태어나다』, p. 318.

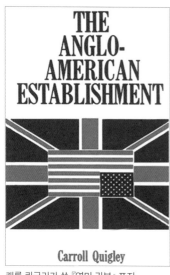
캐롤 퀴글리가 쓴 『영미 권부』표지

이라는 영국 해양 패권의 잠재적 위협국이 몽땅 사라졌습니다. 오토만 제국이 무너지고 팔레스타인을 영국이 감독하게 되어 밸포어 선언의 약속대로 유대국 건국도 눈앞의 현실로 다가왔습니다. 전쟁으로 나라빚은 눈덩이처럼 불어났지만 그야 대를 이어 국민이 갚아야 할 몫이었죠. 파운드의 가치를 전쟁 이전으로 되돌린다면서 1925년 영국이 금본위제로 복귀하면서 갑작스러운 통화량 감소로 인한 경기 악화로 다수 영국인이 고통을 겪었지만 영국 정부가 전쟁 중 발행한 채권의 가치가 하루 아침에 갑절로 뛰어 영국의 부호들은 떼돈을 벌었습니다. 세계 최대의 공업국이자 채권국으로 떠오른 미국이 영국의 지위를 위협했지만 영국을 움직이는 금융 실세에게 미국은 적국이 아니었습니다.

남아프리카에서 로스차일드의 자금으로 금광을 개발하여 재력을 일궜던 세실 로즈는 독일, 러시아 등 신흥 강대국으로부터 넓게는 앵글로색슨 패권, 좁게는 영국 제국의 패권을 유지하기 위해 1891년부터 영국 왕실, 언론계, 재계 핵심 인사를 중심으로 비선 실세 조직을 만들어 중요한 대외 정책에서는 영국과 미국이 공조하도록 조율했습니다. 1차대전에서 미국 국민의 압도적인 반전 여론과 독일계 이민자가 많아 독일에 우호적이었던 국민 여론에도 불구하고 미국이 개전 초부터 영국에게 군수 물자와 자금 지원을 아끼지 않은 것은 그런 비선 실세 조직의 영향력 덕분이었습니다. 영국과 미국을 움직인 비선 실세 엘리트의 실체는 캐롤 퀴글리라는 미국 역사가가 『영미 권부』에서 밝혔습니다. 이 비선 실세 조직은 1차대전 이후 영국의 왕립국제문제연구소(Royal Institute of International Affaires, 일명 채덤하우스)와 미국의 외교협회(Council on Foreign Relations)로 발전했습니다. 두 조직은 지금도 영국과 미국의 패권을 유지하는 쌍두마차입니다. 주력자와 조력자가 영국–미국에서 미국–영국에서 바뀌었을 뿐입니다.

5

실패한 뉴딜 경제가
성공한 나치 경제를
막아낸 2차대전

유럽으로 몰려오는
미국 달러

1차대전 이후 영국과 미국의 공조는 중앙은행 차원에서도 이뤄졌습니다.[1] 전쟁 이후 영국의 고민은 무역 적자로 금이 계속 해외로 흘러나간다는 사실이었습니다. 어서 금본위제로 복귀해서 지난날의 금융패권을 되찾으려면 영국으로 금이 흘러들어와야 했는데 말이죠. 미국은 사정이 달랐습니다. 수출 호조와 무역 흑자로 금이 계속 쌓였습니다. 미국 연준은 잉글랜드은행의 요청을 받아들여 미국 국내 시장에 돈을 많이 풀어서 달러 가치를 떨어뜨리고 기준 금리를 낮췄습니다. 그럼 미국인 투자자들은 금리 차익을 노리고 영국 자금 시장에 투자하게 됩니다. 미국인 투자자의 영국 시장 투자가 늘어난다는 것은 잉글랜드은행으로 들어오는 금이 늘어난다는 뜻입니다. 미국인이 영국에 투자하려면 달러를 미국 은행에 팔아서 금으로 바꾼 뒤 그 금을 영국으로 가져가서 영국 은행에 팔고 파운드로 바꿔야 하니까요.

---

1 1차대전 이후 영미 중앙은행의 공조는 G. Edward Griffin, 『지킬섬의 괴물 The Creature from Jekyll Island』, 20장 「런던 커넥션」을 토대로 삼았다. https://archive.org/details/CreatureFromJekyllIslandByG.EdwardGriffin/page/n2

잉글랜드은행의 몬태규 노먼 총재는 미국 연준의 실세인 뉴욕연준의 벤저민 스트롱 총재와 친분이 두터웠습니다. 스트롱은 JP모건 출신이었습니다. JP모건은 1차대전 당시 영국과 프랑스의 국채 발행을 주관할 만큼 미국에서 독보적 영향력을 가진 투자은행이었습니다. JP모건은 미국인이 세운 회사였지만 원래 런던 자금시장에서 미국 채권 판매와 무역 융자로 성장한 금융업체였습니다. 로스차일드 집안과도 일찍부터 깊은 인연을 맺었습니다. 로스차일드는 미국에서 금융위기가 반복되면서 미국 금융시장을 장악해가던 유대인에 대한 반감이 심해지던 상황에서, 유대인과는 거리가 멀어 보이는 토종 미국 회사 JP모건을 미국 금융시장의 대리인으로 삼았습니다. JP모건은 19세기 후반 미국에서 주기적으로 터진 금융위기에서 로스차일드의 자금 지원으로 살아남아 경쟁자들을 집어삼키며 급성장했습니다.

JP모건 출신의 벤저민 스트롱은 몬태규 노먼의 요청에 적극 부응하여 달러를 마구 풀고 금리도 낮추었습니다. 금리 차익을 노리고 미국 달러가 유럽으로 몰려오자 덩달아 금도 밀려왔습니다. 유럽으로 들어오는 금이 늘어나자 금본위제로 하나둘 복귀했습니다. 영국이 가장 먼저 1925년 금본위제로 복귀했고 프랑스가 1926년, 이탈리아가 1927년 금본위제로 복귀했습니다. 1928년이면 스페인을 빼고 대부분의 유럽 국가가 금본위제로 복귀했습니다. 하지만 미국에서 자금시장에 풀려난 돈은 주식 투기로 몰렸습니다. 주가의 10%만 선금으로 내고 잔금은 주식이 오른 다음에 갚는 투자방식도 허용됐습니다. 덕분에 가진 돈의 10배나 되는 주식에 투자할 수 있었습니다다. 사람들은 집을 담보로 잡히고 은행에서 빌린 돈으로 주식과 더 많은 집을 사들였습니다. 멀쩡한 농부까지도 농장을 담보로 투기판에 뛰어들었습니다. 심지어 자신이 가입한 생명보험까지 담보로 내놓고 융자를 얻어 주식에 투자했습니다.

거품이 터질 조짐은 1929년 초부터 보였습니다. 잉글랜드은행과 연준 고위 임원들은 주요 고객, 유력 사업가, 정치인, 외국 고관에게 자본시장에서 발을 빼라고 미리 귀띔했습니다. 연준은 경기를 진정시켜야 한다면서 갑자기 금리를 높여서 시중 자금을 경색시켰습니다. 은행들도 기존 대출을 회수하고 신규 대출을 꺼렸습니다. 주식가격이 계속 오르려면 주가의 지속적 상승 덕분에 은행에서 빌린 돈으로 주식을 사도 돈을 번다는 믿음이 지속돼야 하는데 은행에서 돈을 안 빌려주니 주가는 내리막길로 돌아섰습니다. 그해 10월 24일 주식시장 폭락과 함께 시작된 미국 대공황으로 수많은 미국 기업과 은행과 개인이 파산했습니다. 미국 은행들이 빌려준 돈을 회수하자 전 세계가 자금난에 봉착했고 역시 파산하는 은행, 기업, 개인이 속출했습니다.

가격보장제를 선택한
루스벨트 정부

대공황 하면 떠오르는 것이 루스벨트 대통령입니다. 루스벨트는 1929년 대공황이 터졌는데도 자유방임 노선에 따라 이렇다 할 대응책을 강구하지 않았던 허버트 후버 전임 대통령과는 달리 국가의 적극적인 재정 지출로 대공황을 정부의 적극적인 시장 개입을 중시한 뉴딜정책으로 극복한 지도자로 보통 사람들의 머리에 새겨져 있습니다. 그런데 루스벨트의 뉴딜은 후버의 정책을 그대로 계승 발전시킨 정책이 많았습니다. 후버 대통령은 미국의 호황이 절정으로 치달았던 1929년 초에 대통령으로 취임했지만 그 해 10월 주식 폭락과 함께 대공황이 시작되자 적극적으로 시장에 개입했습니다. 부채 상환에 어려움을 겪는 농가를 위해 농업보조금을 지급했고 노동자의 소비력을 늘리기 위해 재계에 임금 삭감 자제를 요구하고 정부 발주 공사의 임금을 시장 가격보다 높게 책정했고 관세와 소득세도 크게 올렸습니다. 후버 정부의 재정 지출은 집권 기간 동안 48%나 늘었습니다. 전임 정부가 책정한 1929년 예산은 31억 달러였지만 1930년은 33억 달러, 1931년은 36억 달러였고 1932년은 무려 11억 달러나 늘어난 47억 달러였습니다. 후버 정부가 다음 정부를 위해 편성한 1933년 예산은 46억 달러였습니다.

루스벨트는 후보자 시절 여당 후보였던 후버 대통령이 방만한 재정 지출로 큰 정부를 추구한다며 집권 정부를 몰아세웠지만 막상 대통령이 되고 난 다음에는 조지 워싱턴부터 허버트 후버까지 역대 31명의 대통령이 쓴 돈을 모두 합친 돈의 3배 이상을 썼습니다.[2] 후버는 간접적 방식으로 일자리를 늘리려고 했지만 루스벨트는 학교, 병

---

2 John T. Flynn, 『루스벨트 신화 The Roosevelt Myth』, 1948, pp. 30~31. https://mises.org/library/roosevelt-myth

미국 실업률 1930~1945

출처: Historical Statistics of the United States

원, 다리, 발전소 같은 공공시설을 건설해서 직접 일자리를 늘렸습니다. 대형 기념물을 만들고 벽화를 그리고 순회 공연단을 꾸리는데 많은 예술가를 고용했습니다. 심지어 고고학 발굴 사업까지도 지원하면서 학술 분야의 일자리도 크게 늘렸습니다. 일자리가 늘어나면서 실업률은 줄어들었습니다. 정부 지출 규모의 중요성은 1932년 후버 정부가 재정 지출을 크게 늘리면서 실업률 증가세가 급감했다는 데에서도 알 수 있습니다.

그런데 1937년부터 실업률은 다시 급등했습니다. 왜 그랬을까요? 근본 원인은 미국 제조업의 경쟁력이 떨어져서였습니다. 불황으로 물건이 안 팔리면서 물가가 내려가는 상황에서 소비력을 늘리기 위해 기업에게 임금 삭감 자제를 요구하려면 반대 급부가 있어야 했습니다. 루스벨트 정부는 자동차, 철강부터 의복에 이르기까지 다종다양한 업종에 걸쳐 산업협약체를 만들어서 자체 규약으로 생산량과 가격을 자율적으로 결정하도록 요구했습니다. 일종의 가격 담합이었죠.

루스벨트 정부에서 미국 경제는 산업 단위의 협약체로 재편됐습니다. 산업별 협약체는 생산, 가격, 품질, 유통을 일원화했습니다. 업종별로 700여 개의 규약이 채택됐습니다. 판매가가 보장되는 가격유지제를 대부분의 기업은 마다할 이유가 없었습니다. 거의 유일하게 반대한 기업인이 포드자동차를 세운 헨리 포드 정도였습니다. 포드는 가격유지제가 경쟁을 막아 경제의 비효율성을 높인다고 믿었습니다. 일례로 포드자동차는 뉴딜정책의 일환으로 공공사업을 주도하는 국가 기관에서 발주한 트럭 500대의 납품 단가를 2위 업체보다 16만 9천 달러나 낮게 써냈지만 산업협약체 동참 기업이 아니라는 이유로 탈락했습니다.[3] 한 재단사가 양복 한 벌 40센트의 규약 가격을 어기고 35센트에 팔았다는 이유로 벌금형을 선고받고 투옥당하는 일까지 생겼습니다.[4]

이상한 암시장이 생겨났습니다. 보통 암시장은 정부의 가격 억제를 피해 가격을 더 높이 받으려는 사람들이 찾는 곳인데 루스벨트 뉴딜 체제에서는 가격을 더 싸게 받고 팔려는 사람들이 암시장을 찾았습니다. 물가는 당연히 올랐고 국민의 불만은 커졌고 물건은 안 팔렸습니다. 중소기업은 가격을 낮춰서 대기업과 경쟁해야 했는데 가격유지제로 그 길이 막히는 바람에 파산하기도 했습니다. 괜찮은 직장에 다니는 사람은 봉급이 안 깎여서 견딜 만했겠지만 대다수 서

---

3 Burton W. Folsom, 「뉴딜을 거부한 미시건 Michigan Resists the New Deal」, 1998년 3월 2일, https://www.mackinac.org/V1998-07
4 John T. Flynn, 『루스벨트 신화』, pp. 44~45.

국가부도경제학

민에게 물가 상승은 큰 부담으로 다가왔습니다. 게다가 고관세로 외국 제품의 진입 장벽을 높이니 미국 제품의 해외 수출도 갈수록 어려워졌습니다. 가격보장제로 비싸진 가격에다가 외국의 보복 관세로 수입 가격이 높아지니 미국 제품의 해외 시장 점유율은 갈수록 떨어졌고 당연히 실업률도 올라갔습니다. 1937년부터 급증한 실업률은 그 논리적 귀결이었습니다.

루스벨트 정부는 왜 가격보장제를 선택했을까요? 대공황의 원인을 잘못 짚어서였습니다. 루스벨트 정부는 대공황이 과잉 생산과 과잉 경쟁에서 비롯됐다고 진단했습니다. 생산 기술이 발달해서 같은 값으로 물건을 더 많이 만들어낼 수 있게 되면서 가격 인하 경쟁이 벌어졌고 결국 이것이 제 살 깎아먹기로 이어져서 기업실적 저하와 주가 하락에 이은 대공황으로 이어졌다는 것이죠. 어디서 많이 들어본 소리가 아닌가요? 바로 마르크스의 관점과 일맥상통합니다. 마르크스는 자본주의는 필연적으로 멸망할 수밖에 없다고 주장했습니다. 적자생존의 구조에서 기업은 원가 인하 경쟁에 목을 맬 수밖에 없고 결국 노동자가 받는 임금은 내려가고 노동자는 곧 소비자이기에 소비자의 구매력 고갈로 기업 채산성이 악화되어 자본주의는 종말을 고한다는 예언이었죠. 실제로 루스벨트의 주변에는 좌파 경제학자들이 적지 않았습니다. 그들은 부침을 거듭하는 자본주의 경제와 눈부시게 발전하는 소련 경제에 주목했습니다. 그래서 자본주의 체제의 문제를 계획성과 공조의 부재에서 찾은 것이었죠. 산업별 규약체와 가격유지제라는 정책은 그런 문제 의식에서 나왔습니다.

대은행들이 연준을 만든
중요한 의도

하지만 대공황뿐 아니라 미국을 주기적으로 엄습한 경제위기의 본질은 과잉 경쟁이나 과잉 생산이 아니라 과잉 투기였습니다. 과잉 투기의 본산은 은행 투기였고 은행 투기를 방치한 것은 연준이었습니다. 아니 연준은 투기를 방치한 정도가 아니라 투기에 앞장섰습니다. 1913년 미국에서 세워진 연방준비제도 곧 연준은 이름만 보면 국가 기구처럼 보이고 또 실제로 미국에서 통화 공급과 금리 조절로 중앙은행 역할을 맡았고 지금도 맡고 있지만 실은 민간은행들이 지분을 가진 민간은행입니다. 미국 전화번호부에서 공공기관은 파란 종이 위에 적혀 있지만 연준은 민간 기업체의 전화번호가 적힌 하얀 종이 위에서만 볼 수 있습니다. 민간 운송업체인 페더럴익스프레스와 같은 지면에 전화번호가 나옵니다.

지금의 연준은 주주들에게 매년 6%의 배당금을 지급하고 나머지 수익금은 국고로 귀속시킵니다. 또 은행들에게만 돈을 빌려주지 일반 투자자에게 직접 돈을 빌려주진 않습니다. 하지만 1920년대에는 안 그랬습니다. 수익을 주주들이 독차지했고 주식중개인에게 직접 돈을 빌려줬습니다.[5] 연준은 19세기 후반 미국 경제를 주기적으로 강타한 금융위기의 재발을 막는다는 취지로 만들어졌지만 『지킬

---

5 Nathan Lewis, 「1920년대의 연준 2: 이자 The Federal Reserve in the 1920s 2: Interest Rates」, 2012년 11월 25일, *New World Economics*, https://www.youtube.com/watch?v=WVx.WPkMXOmw&t=1436s

섬의 괴물』을 쓴 에드워드 그리핀에 따르면 연준 설립을 주도했던 미국 동부의 대은행가들이 정말로 걱정했던 것은 자신들의 영향력이 점점 줄어드는 현실이었습니다.[6] 1910년 당시 미국 남부와 서부에서는 지역 은행들이 급증하고 있었습니다. 지역 은행은 불과 10년 전보다 2만 개로 갑절이나 늘었습니다. 지역 은행의 비중은 1896년 예금 총액의 54%에서 1913년 57%로 늘었습니다. 대은행의 입장에서 더욱 우려스러운 것은 은행에서 돈을 안 빌리고 이익금으로 재투자하는 기업이 늘어나는 현실이었습니다.

1900년부터 1910년까지 미국 기업의 성장 동력 중 70%는 은행이 아니라 자체 조달한 자본에서 나왔습니다. 정부도 금을 비축하면서도 빚을 꾸준히 줄여나갔습니다. 은행들은 기업과 정부의 은행 의존도가 낮아지는 것을 바라지 않습니다. 기업과 정부가 은행에 의존하도록 만들려면 아껴 쓰는 쪽보다 빌려 쓰는 쪽이 낫다는 생각을 갖도록 이자를 낮춰야 했습니다. 그래야 기업과 정부를 빚더미에 올려놓아서 휘어잡을 수가 있으니까요. 그런데 중앙은행이 없고 경쟁 은행이 많아서 이자가 시장 논리에 따라 결정되는 상황에서는 이자를 일률적으로 낮추기가 쉽지 않습니다. 대은행들이 연준을 만든 중요한 의도의 하나는 일사불란하게 돈을 펑펑 풀어서 기업과 정부를 다시 채무자로 만드는 것이었고 대공황은 그 논리적 귀결이었습니다.

---

6 G. Edward Griffin, 『지킬섬의 괴물』, pp. 12~13.

5. 실패한 뉴딜 경제가 성공한 나치 경제를 막아낸 2차대전

군수 산업에
거액을 쏟아붓다

　미국 실업률이 정부의 과감한 재정 지출로 내려가던 1937년부터 다시 올라갔다고 앞에서 말씀드렸습니다. 실업률이 다시 올라간 이유는 기업 경쟁력이 떨어져서였기도 했지만 가격 담합으로 물가가 오르는 바람에 소비자의 소비 여력이 줄어들어든 탓도 있었습니다. 그런데 소비자의 소비력이 줄어든 또 하나의 이유는 루스벨트 정부가 방대한 재정 지출을 뒷받침하느라 세금을 크게 올려서였습니다. 소득세와 법인세 같은 직접세의 최고세율도 물론 높였지만 유류세, 전기세 같은 간접세도 크게 올렸습니다. 루스벨트 정부에서 늘어난 세금은 직접세보다 간접세가 액수로 따졌을 때 더 많았습니다. 간접세는 소득과 무관하게 모두가 동일하게 부담하므로 간접세 증가는 저소득자에게 더 불리합니다. 고소득자는 세금을 낮춰준다고 해서 소비를 확 늘리지 않습니다. 어차피 필요한 지출은 다 하고 있었으니까요. 저축만 늘어나겠죠.

　저축이 늘어나는 것은 경기 회복에 오히려 악영향을 미칩니다. 고소득자는 감세로 수입이 늘었다고 해서 투자를 확 늘리지도 않습니다. 고소득자에 대한 감세가 투자와 경기 활성화로 이어질 수 있는 유일한 길은 저소득자의 소비력이 늘어났을 때뿐입니다. 그런데 고소득자에게 감세를 해주면 정부는 그만큼 다른 부문에서 지출을 줄여야 하니 저소득자의 소비력이 늘어날 수가 없겠죠. 반면 저소득자는 세금 부담이 줄어들면 소비를 바로 늘립니다. 워낙 아쉬운 게 많앉으니까요. 돈이 없어서 못 사던 것을 바로 사버리니까요. 저소득자의 소비 증가로 인한 수요 증대는 경기 회복으로 이어지고 경기 회복은 일자리를 늘립니다. 루스벨트 정부가 간접세를 크게 늘린 것은 결국 경기 회복에 악영향을 미쳤습니다.

루스벨트가 대통령에 취임하기 전이었던 1932년 1138만 5천 명이었던 미국 실업자는 1937년 6월이면 446만 4천 명까지 내려갔습니다. 하지만 그 뒤로 실업률이 급증해서 1937년 11월이면 700만 명으로 증가했습니다. 1938년 1월 내부 보고서에서는 실업자를 1천만 명으로 추정했고 조만간 1180만 명에 이를 것으로 점쳤습니다. 전임 정부의 최고 실업자 숫자를 웃돌았습니다.

실업률이 다시 오르면서 루스벨트의 입에서 전쟁을 암시하는 발언이 터져나오기 시작했습니다. 원래 미국에서는 유럽에서 1차대전 때처럼 다시 전쟁이 터져도 미국이 절대로 개입해서는 안 된다는 여론이 압도적으로 높았습니다. 루스벨트도 1936년 대통령 재선 유세 기간 동안 미국은 절대로 유럽 전쟁에 끼어들지 않겠노라는 공약으로 압승을 거뒀습니다. 여론의 반대에도 불구하고 1차대전에 미국이 참전한 원인이 영국에 빌려준 거액의 전쟁빚을 안전하게 돌려받으려는 은행들의 압력 때문이었음을 규명하려고 조사위원회를 만든 상원의원들에게 미국의 대외 전쟁 개입을 불허하는 '중립법'을 제안하여 1935년 말 통과시킨 주역도 루스벨트 대통령이었습니다. 1936년 이탈리아의 무솔리니가 에티오피아를 침공하자 루스벨트는 바로 중립법을 적용해서 불개입 원칙을 지켰습니다. 같은 해 스페인에서 내전이 터졌을 때는 내전 상황에도 적용되도록 중립법 개정을 의회에 신속히 요구했습니다. 그런데 미국이 다시 불황으로 확실히 접어든 1937년 7월 일본이 중국을 침공했을 때는 선전포고가 없었다는 궁색한 변명과 함께 일본과 중국에게 모두 무기를 팔았습니다.[7] 1937년 10월의 연설에서 루스벨트는 무법이라는 전염병이 세계에 퍼지고 있다면서 미국은 개입의 위험성을 최소화하는 조치를 취하겠지만 확신과 안보가 깨진 무질서한 세계에서 완벽한 보호는 있을 수 없다며 전쟁을 암시하는 듯한 충격적 발언을 이어갔습니다.[8]

적자 재정을 감수한 과감한 지출에도 실업률이 다시 급증해서 의기소침했던 루스벨트에게 다시 자신감을 불어넣어준 것은 하버드 대학의 앨빈 핸슨을 필두로 하는 일군의 소장 경제학자들이었습니다. 그들은 미국 경제 성장의 원동력은 이민자 유입으로 인한 인구 증가, 서부 개척, 신기술 혁명이었지만 이제는 이 세 가지가 모두 일단락되어 더이상의 성장 동력을 잃었고 민간 부문도 이를 잘 알기에 투자를 꺼리는 것이므로 이럴 때는 공공 부문이 더 적극적으로 투자 역할을 떠맡아야 한다고 강조했습니다. 그런데 미국 국내에서 이뤄지는 공공 시설 건설은 지방 정부에서 유지비 부담을 이유로 달가워하지 않는 분위기였습니다. 때마침 유럽과 아시아에서는 전운이 감돌고 있었습니다. 루스벨트가 착안한 것은 군수 산업이었습니다. 1938년부터 루스벨트 정부는 군수 산업에 거액을 쏟아부었고 실업률은 다시 내려갔습니다.

---

7 John T. Flynn, 『루스벨트 신화』, p. 172.
8 같은 책, p. 173.

독일의 실업률이
계속 줄어든 까닭

1939년 9월 1일 독일의 폴란드 침공과 함께 시작된 2차대전으로 유럽에서 군수 물자 수요가 급증하면서 미국 경제는 호황으로 접어들었습니다. 1941년 12월 7일 일본의 진주만 공격으로 시작된 태평양전쟁으로 전쟁에 직접 뛰어들면서 미국의 실업률은 더욱 하락했습니다. 미국을 대공황의 늪에서 구한 것은 뉴딜이 아니라 전쟁 준비였고 전쟁 수행이었습니다. 뉴딜이 한계에 봉착했을 때 나온 대대적 전쟁 산업 투자가 미국을, 뉴딜을, 루스벨트를 살렸습니다.

루스벨트는 1933년 3월 4일 미국 대통령으로 취임했지만 히틀러는 그보다 한 달여 앞선 1월 30일 독일 수상이 되었습니다. 독일 경제는 1920년대에 미국에서 투자되는 달러에 기대어 공장을 가동해서 상품을 수출하면서 전쟁빚을 갚아왔지만 1929년 미국발 대공황으로 자본이 독일 밖으로 이탈하자 직격탄을 맞았습니다. 히틀러가 수상에 취임했을 때 독일의 실업자 수는 600만 명이 넘었습니다.

그런데 히틀러 정부가 들어서면서 독일 실업자 수는 급감했습니다. 1933년 1월부터 1935년 7월까지 독일의 취업자는 1170만에서 1690만으로 증가했습니다. 안정된 생활급을 주는 500만 개의 일자리가 새로 만들어졌습니다. 나치 경제는 전쟁 준비를 위한 군수 산업 투자가 일으켰다고 주류 역사에서는 말하지만 그렇지 않습니다. 나치 독일은 집권 초반 폴란드가 독일 앞바다에서 무력 시위를 벌여도 아무 대응을 못할 만큼 군사력이 약했습니다. 그렇게 군사력이 형편없었는데도 1935년까지 독일의 국방비는 국내 총생산의 4% 수준이었습니다. 비슷한 시기 프랑스의 국방비는 8%, 소련은 9%였습니다. 히틀러는 집권하자마자 줄곧 다른 열강들에게 군비 축소를 요구했지만 그것이 묵살당하자 위협을 느끼고 뒤늦게 재무장에 나섰지만 독일이 재무장에 본격적으로 나서기 전 독일의 실업률은 이미 크게 줄어든 상태였습니다.

히틀러가 독일 실업률을 줄인 비결은 루스벨트가 미국 실업률을 줄인 비결과 비슷합니다. 투자를 민간 부문에게만 안 맡기고 국가가 적극적으로 주도했습니다. 그런데 미국에서는 나중에 실업률이 다시 급증했지만 독일에서는 그런 일이 안 벌어졌습니다. 실업률이 줄곧 내려갔습니다. 그 이유가 뭘까요? 국가가 재정을 조달하는 방법에서 차이가 있었습니다. 루스벨트는 세금을 올리고 국채를 찍어서 돈을 마련했습니다. 세금이 오르면 소비력이 그만큼 줄어듭니다. 소비력이 줄어들면 기업은 여유 자금이 있어도 위험 부담이 큰 생산 부문에 투자하기보다 안전한 국채를 사들여 이자 수입을 얻는 데 만족합니다. 민간 부문의 투자는 점점 줄어듭니다.

증세도 긴축도
피하는 방법

히틀러는 당장은 세금을 올리기 어려운 입장이었습니다. 대공황이 닥치기 전이었던 1928년만 해도 2%대의 지지를 얻었던 나치당이 1932년과 1933년 33%, 41%가 넘는 득표율로 정권을 잡게 된 것은 대공황으로 생겨난 수많은 실업자의 지지를 끌어모아서가 아니었습니다.[9] 대공황으로 직장을 잃은 실업자들은 나치당보다 공산당이나 사민당을 더 많이 찍었습니다. 선거에서 나치당을 찍은 사람들은 중하류층 이상의 유권자들이었습니다. 왜 그들이 나치당을 선택했을까요? 대공황 이후 증세와 긴축으로 경제위기를 타개하려고 한 독일 정부에 대한 반감이 심해서였습니다. 대공황이 닥치자 브뤼닝 정부는 보건복지 예산, 교육 예산, 주택 예산을 각각 14%, 33%, 38%나 깎았습니다. 1920년대 말까지도 계속 내려가던 사망률도 1932년에 다시 올라갔습니다. 사망률이 다시 올라갈 정도였으니 정부에 대한 불만이 얼마나 컸을지 짐작이 가겠죠.

증세와 긴축에 대한 유권자의 반감에 힘입어 집권한 정부인 만큼 히틀러는 당장은 증세도 긴축도 피해야 했습니다. 증세와 긴축을 피하는 길은 단 하나, 돈을 찍어내는 수밖에 없었습니다. 그런데 돈을 찍어낸다는 것은 국가의 가장 중요한 권한임에도 국가가 바로 돈을 찍어내면 무책임한 국가로 낙인찍힐 수 있습니다. 독일에게는 1차 대전 직후 경험한 초인플레라는 악몽이 있었으니까요. 히틀러는 간접적 방식으로 돈을 찍어냈습니다. 독일 정부는 정부가 발주한 사업을 시행하는 사업자에게 노동창출증(Arbeitsbeschaffungswechsel)이라는 어음을 지급했습니다.[10] 어음은 나중에 현금으로 갚겠다는 약

---

9 Gregori Galofré-Vilá 등, 「긴축과 나치당 부상 Austerity and the rise of the Nazi party」, *The National Bureau of Economic Research*, 2017년 12월, https://www.nber.org/papers/w24106
10 노동창출증 발행을 통한 경제 회생 원리는 Ellen Brown, 『빚그물』, 24장과 C. K. Liu,

5. 실패한 뉴딜 경제가 성공한 나치 경제를 막아낸 2차대전

속입니다. 노동창출증의 만기는 3개월이었지만 20번까지 연장이 가능했습니다. 당장 돈이 없는 사업자는 노동창출증을 만기가 되기 전에 은행에 가져가서 현금으로 바꿀 수 있었습니다. 물론 은행은 만기가 되기 전에 어음을 현금화해주는 것이었으니 액면가보다 돈을 깎아서 지급했죠. 이것을 할인이라고 합니다. 은행이 노동창출증을 받고 사업자에게 현금을 내준 것은 은행이 다시 이 노동창출증을 중앙은행에 제시하면 중앙은행에서 현금을 지급해주어서였습니다. 중앙은행이 은행으로부터 어음 같은 증권을 받고 대신 현금을 지급하는 것을 재할인이라고 합니다. 결국 독일 정부가 발행한 노동창출증이 유통될 수 있었던 것은 중앙은행이 지급 보증을 해주어서였고 이것은 결국 정부가 노동창출증이라는 어음을 필요에 따라 발행한 만큼 중앙은행에서 돈을 찍어냈다는 뜻입니다.

발행한 어음이 한꺼번에 몰리면 중앙은행이 어음을 결제하려고 돈을 찍어낸다는 사실이 적나라하게 드러나니까 이목이 쏠려 중앙은행으로서는 부담이 됩니다. 그런데 은행들은 사업자에게 할인을 해서 현금을 건네주고 넘겨받은 노동창출증을 바로 중앙은행에 가져가서 재할인을 통해 현금화하지 않고 그냥 갖고 있는 경우가 많았습니다. 노동창출증에 4%의 이자가 붙어 있어서였죠. 은행 입장에서는 노동창출증이라는 어음이 투자 대상으로서도 요긴했거든요. 대공황의 여파로 많은 군소 독일 은행이 파산했지만 대형 은행들은

〈나치즘과 독일 경제 기적 Nazism and the German economic miracle〉(https://henryckliu.com/ page105.html)과 Guido Preparate, 『히틀러 불러내기』 5장을 토대로 삼았다.

파산한 은행, 기업의 주식과 부동산을 헐값에 사들여 순자산이 더 불어난 상태였습니다. 투자 대상이 마땅치 않았을 뿐이었죠. 노동창출증을 바탕으로 정부가 발주한 사업을 시행하게 된 기업은 고용을 늘렸고 새로 일자리를 얻은 사람들은 소비를 하고 세금을 냈습니다. 기업이 내는 법인세, 취업자가 내는 소득세가 늘어나고 실업률 감소로 실업 수당 지급액이 줄어드니 정부는 재정 운용에 여력이 생겼고 기왕에 발행한 어음을 조금씩 갚아나가기 시작했습니다. 민간 부문에서도 소비가 늘어나니 수요가 늘어났고 수요가 늘어나니 기업은 투자를 늘렸고 은행들도 꽁꽁 묶어뒀던 자금을 기업에게 빌려주기 시작했습니다. 국가가 중앙은행의 도움을 얻어 먼저 당겨서 쓴 돈은 마중물 노릇을 하면서 경기를 악순환에서 선순환으로 일거에 바꿔놓았습니다.

나치 집권 이후
독일의 변화

주류 역사에서는 독일이 1933년 나치 집권 뒤 1935년 3월 자를란트 귀속, 1936년 3월 라인란트 진주, 1938년 오스트리아 병합, 1938년 9월 체코 주데텐 점령, 1939년 9월 1일 대폴란드 선전 포고에 이르는 일련의 과정을 히틀러의 호전주의가 점점 마각을 드러내는 과정으로 그립니다.[11] 그런데 자를란트부터 주데텐까지 모두 독일이 1차대전에서 지는 바람에 외국군에게 점령당한 땅이었거나 인위적으로 그어진 국경선으로 말미암아 타국 영토가 됐지만 절대 다수의 주민이 독일인이었던 곳이었습니다. 히틀러가 집권한 뒤 독일 경제가 눈부시게 발전하자 재외 독일인들은 독일로 귀속되기를 열망했습니다. 오스트리아만 하더라도 1차대전에서 진 뒤 국민투표로 독일과의 통일을 결정했지만 전승국들이 불허했었습니다. 대공황기의 경제난 속에서 집권한 오스트리아의 기독교사회당 정부는 반나치 노선을 추구했지만 오스트리아 국민 사이에서는 독일과의 통일을 바라는 여론이 점점 높아갔습니다. 나치 집권 이후 독일 실업률이 급감하면서 국경 너머 독일 경제가 번영을 구가한다는 사실을 잘 알아서였습니다.

오스트리아 정부는 1938년 국민 여론의 압력에 밀려 통일 여부를 묻는 국민투표를 실시하겠다고 했지만 갑자기 투표권을 24세로 올리는 등 투표 결과를 왜곡하려는 의도를 노골적으로 드러냈습니다. 젊은이들 사이에서 통일 찬성 여론이 높아서였습니다. 독일은 공정 투표가 보장되도록 선거 절차를 바로잡으라는 요구에 오스트리아가 응하지 않자 투표가 예정됐던 3월 13일 군대를 보냈습니다. 이듬해 봄 치러진 국민투표에서 독일과의 통일은 압도적 찬성을 받았습니다. 성인 3명 중 1명이 실업자였던 오스트리아는 독일과 하나가

---

11 히틀러가 대규모 전쟁을 벌일 뜻이 별로 없었다는 것은 히틀러가 선택한 해군력 증강 추진 사업에서도 간접적으로 드러난다. 1938년 말 에리히 레더 제독은 히틀러에게 2개의 해군력 증강 방안을 올렸다. 하나는 잠수함, 기뢰부설함 건조 사업이었고 또 하나 10년이 걸리는 최신 수상함 건조 사업이었다. 히틀러는 6년으로 단축하라는 조건으로 후자를 선택했다. 이 말은 당장 전쟁할 뜻이 없었다는 뜻이다. 미국 해군 제독 체스터 니미츠도 『대해상전 The Great Sea War』(p. 11)에서 히틀러가 왜 후자를 택했는지 의아해하면서 히틀러가 해전 준비가 제대로 안 되어 있었음을 인정한다.

된 뒤 실업률이 1년 만에 1.2%로 급감했습니다.[12]

1차대전 뒤 체코 땅이 된 주데텐의 다수 주민도 독일인이었습니다. 타국에서 소수민으로 각종 차별과 물리적 폭력까지 당하면서 살다가 독일과 오스트리아 경제가 눈부시게 발전하자 주데텐의 독일인도 독일 귀속을 열망했습니다. 체코 실업자의 60% 이상이 주데텐 거주 독일인이었습니다. 사망률은 치솟고 혼인률, 출생률은 추락했습니다. 하지만 1938년 독일 귀속 이후 주데텐의 혼인률과 출생률은 급증했습니다. 1940년의 출생률은 1937년보다 60%가 늘었습니다.

히틀러 체제에서 독일인의 출생률이 늘어난 것은 젊은이들의 혼인을 정부가 적극 지원한 덕분이었습니다. 독일 정부는 신혼부부에게 저리로 1000마르크의 혼인 자금을 빌려줬습니다. 9개월분의 봉급에 해당하는 금액이었습니다. 아이를 1명 낳으면 자녀양육비 보조금 명목으로 대출금 상환 부담을 250마르크 덜어줬습니다. 아이를 4명 낳은 부부에게는 혼인지원금이 양육지원금으로 고스란히 전환됐습니다. 정작 본인은 결혼도 안 하고 자식도 없었지만 히틀러는 남녀가 결혼해서 자녀를 많이 낳도록 권장했습니다. 그래서 직업을 갖기보다는 가정주부로 집에서 아이를 키우고 살림을 하는 여자에게 이익을 줬습니다. 여자가 애 낳는 기계란 말인가, 여자는 유전자 전달 수단에 불과하단 말인가, 현대 여성의 시각에서는 경악할 만한

---

12 Mark Weber, 「역사를 왜곡하는 '사운드오브뮤직'-헐리우드가 만든 오스트리아 국민과 히틀러 신화학 How 'The Sound of Music' Distorts History-Hollywood Mythology About Austrians and Hitler」, *Institute for Historical Review*, 2011년 5월, http://www.ihr.org/other/weber2011soundofmusic.html

시책입니다. 그런데 관점을 약간 달리할 수도 있습니다. 집에서 아이 기르고 살림하는 여성에게 이익을 준다는 뜻은 가정주부를 어느 직업보다도 소중한 전문직으로 예우한다는 뜻이기도 합니다. 히틀러 정부는 구직자에게 단순히 일자리만 준 것이 아니라 남자 혼자서 일해도 아이를 여럿 키우며 가정을 꾸려갈 수 있도록 안정된 생활급을 줬습니다. 지금 많은 나라의 현실은 어떤가요. 소수의 전문직을 빼고는 대출받은 학자금 융자 갚아야지 살인적인 집세 내야지 결혼을 했어도 혼자서는 가정을 꾸려가기가 불가능할 정도로 박한 봉급을 받습니다. 현대 사회에서 흙수저 집안에서 태어난 절대 다수의 평범한 사람에게 취업은 자신의 잠재된 가능성을 발현하는 기회가 아니라 생존을 위해 견뎌내야 할 고통스러운 시공간입니다.

결혼을 할지 안 할지 아이를 낳을지 안 낳을지 선택하는 몸의 결정권은 개인에게 있다고 말합니다. 맞는 말입니다. 그런데 그런 자기 선택의 결과로 결혼을 하고서도 아이를 안 낳는 사람의 몸은 어디에서 생겼나요. 국가로부터 도움을 받기는커녕 괄시당하고 유린당하면서도 자식 낳고 키우는 것을 가장 소중한 가치로 여기며 고생을 감수하고 살았던 절대 다수의 평범한 선조들 덕분에 태어날 기회를 얻은 몸입니다. 몸의 결정권은 개인에게 있다는 '현대적' 감각은 없었지만 결혼해서 자식 키우는 것을 가장 신성한 가치로 여겼던 조상들 덕분에 생겨난 몸입니다. 어쩌면 자녀를 기른다는 것이야말로 사람에게 잠재된 부모로서의 가능성을 발현하는 가장 소중한 기회인지도 모릅니다. 건강한 사회, 건강한 가정에서는 아무리 못 배우고 가난한 부모도 자식을 사랑하고 자식으로부터 사랑받습니다. 한국인이 즐겨 마시는 소주는 가장 민주적인 술입니다. 회장부터 말단 사원까지 똑같이 어울려 마실 수 있는 술이니까요. 남녀가 자식을 낳고 기르는 가정도 사람에게 주어진 가장 민주적이고 평등한 시공간입니다. 자녀를 사랑하는 부모가 있고 부모를 사랑하는 자녀가 단란하게 살아가는 가정이 있는 한 말단 사원은 회장이 부럽지 않을 테니까요. 박한 임금으로 말미암아 건강한 남녀가 아이를 낳기는커녕 결혼할 엄두조차 못 내는 사회가 히틀러를 비웃을 자격이 있을까요.

유럽 각국의
영토 신경전

나치가 집권한 1933년부터 전쟁이 터지는 1939년까지 독일의 소비자물가는 연평균 1.2% 올랐습니다. 집권 전과 집권 후를 비교하면 1932년과 1938년 사이에 독일인의 실질 임금은 21% 올랐습니다. 집세는 안정됐고 난방비와 전기료는 내렸습니다. 고정비로 나가는 돈이 줄어드니 가계 지출은 늘어났습니다. 같은 기간 동안 독일인의 식량 소비는 6분의 1, 의류비 지출은 25%, 가구 포함 가사용품 지출은 50%, 와인 소비도 50%, 샴페인 소비는 무려 500%나 늘었습니다. 관광비 지출은 2배, 자동차 소유는 3배나 늘었습니다. 독일의 국내총생산은 인플레가 거의 없이 연평균 11%라는 경이적 성장세를 보였습니다.[13] 1937년 중반부터 다시 실업률이 급등하던 미국의 루스벨트는 전쟁을 벌일 이유가 있었습니다. 하지만 히틀러는 전쟁을 벌일 이유가 없었습니다.

　1925년 서른여섯의 나이에 낸『나의 투쟁』에서 히틀러는 영토 획득 전략의 중요성을 분명히 강조했었습니다. 매년 90만 명씩 늘어나는 7000만 인구를 나날이 올라가는 생활수준에 부응하여 뒷받침하려면 기존의 토지 생산력만으로는 곧 한계에 부딪친다는 이유에서였습니다. 히틀러는 1차대전으로 이어지는 과정을 복기하면서 독일이 영토 확대 전략을 추구했으려면 방대한 땅을 가진 러시아에 맞서 영국과 동맹을 맺기 위해 어떤 희생도 감수해야 했었고 반대로 수출 확대로 국민을 먹여 살리는 산업 경쟁 전략을 추구했으려면 영국에 맞서 러시아를 동맹으로 끌어들여야 했었는데 아무 실익도 없는 오스트리아와 동맹을 맺는 바람에 전쟁에 휘말려 패전했다고『나의 투쟁』에서 진단했으니 그가 1939년 폴란드를 침공한 데 이어 1941년 러시아를 침공한 것은『나의 투쟁』에서 펼쳤던 영토 팽창 야욕의 자연스러운 귀결처럼 보일 수 있었습니다. 하지만 패전의 상흔이 아직 가시지 않았던1925년의 무너져내린 독일과 눈부신 경제발전을 거듭하던 1939년의 올라서던 독일은 달라도 너무 달랐습니다.

　독일은 1차대전에서 지면서 식민지와 영토를 많이 잃었지만 특히 폴란드에게 가장 많은 영토를 잃었습니다. 1차대전 이후 폴란드 땅이 된 서프로이센 지역이었습니다. 서프로이센에는 독일인이 압도적으로 많이 살았지만 승전국들은 주민투표를 실시하지도 않고 폴

13　Mark Weber, 「히틀러는 어떻게 실업을 잡아 독일 경제를 되살렸나 How Hitler Tackled Unemployment and Revivied Germany's Economy」, *Institute for Historical Review*, 2012년 2월, https://www.ihr.org/other/economyhitler2011.html

란드에게 서프로이센을 넘겨줬습니다. 승전국들이 서프로이센을 폴란드에게 넘긴 중요한 명분의 하나는 폴란드에게 바다로 통하는 항구를 내줘야 한다는 것이었습니다. 그 항구가 바로 단치히였습니다. 단치히는 공식적으로는 국제연맹 관리 아래 있었지만 실질적으로는 폴란드가 통치하고 있었습니다. 국제연맹 관리로 넘어간 1922년 단치히의 폴란드인 비중은 겨우 2%였고 1939년 시점에서도 4%에 불과했습니다. 독일에게 더 큰 문제는 서프로이센이 폴란드 땅으로 되는 바람에 동프로이센이 독일 본토로부터 뚝 떨어지게 됐다는 사실이었습니다.

히틀러는 폴란드에게 두 가지를 요청했습니다. 하나는 단치히 반환이었고 또 하나는 독일 본토와 동프로이센을 잇는 지하 내지 고가 고속도로 건설이었습니다. 대신 히틀러는 서프로이센을 폴란드 영토로 인정하겠다는 파격안을 제시했습니다. 과거 독일 정부에서는 상상도 못 할 양보였습니다. 히틀러는 단치히로 들어오는 폴란드 상품에 영원히 관세를 안 물려 적어도 경제적으로는 단치히를 폴란드의 자유항으로 남겨두겠다는 제안도 했습니다. 하지만 폴란드는 시간을 끌다가 반년 가까이 지나서야 거부 의사를 밝혔습니다. 폴란드가 시간을 질질 끈 것은 맹렬하게 군비 증강을 하고 있던 영국의 요구가 있어서였습니다. 영국은 히틀러와의 전쟁을 준비하고 있었습니다. 하지만 폴란드가 히틀러의 파격 제안을 거절한 것은 미국도 전쟁을 준비하고 있음을 알고 있어서였습니다. 폴란드는 1795년 이후 러시아, 오스트리아, 독일에게 분할됐다가1918년 독일과 오스트리아의 패전으로 독립을 되찾았기에 미국의 힘을 잘 알았습니다. 미

5. 실패한 뉴딜 경제가 성공한 나치 경제를 막아낸 2차대전

국 쪽에 붙어서 독일을 누르면 독일 땅을 더 차지하고 나아가 발트 3국으로까지도 영향력을 넓힐 수 있는 호기라고 생각했겠죠.

루스벨트의 최측근이었던 윌리엄 불리트 주프랑스 미국 대사는 1939년 2월 파리에서 율 루카시에비츠 주프랑스 폴란드 대사에게 다시 세계대전이 일어나면 미국은 프랑스와 영국 편에서 싸울 것이라고 확언했고 이 대화는 폴란드 외교부에 보고됐습니다. 루스벨트 대통령 밑에서 국방장관을 지냈던 제임스 포리스털도 2차대전 직전 주영 미국 대사로 있었던 조지프 케네디(훗날 미국 대통령에 오르는 존 F. 케네디의 아버지)와 전쟁이 끝난 뒤 골프를 치면서 나눴던 대화를 일기에 적었습니다. 케네디 전 대사에 따르면 당시 영국 총리는 전쟁에 부담을 느끼고 있었으며 미국의 계속되는 압력만 없었어도 폴란드 때문에 영국과 프랑스가 전쟁에 나서는 일은 없었을 것이라고 증언했습니다.[14]

히틀러는 단치히가 경제적으로는 폴란드와 맞닿아 있고 사회적으로는 독일과 맞닿아 있다는 선까지만 합의하자는 양보안까지 냈지만 폴란드는 이마저도 거부했습니다. 독일은 영국에 중재를 요청했지만 영국은 폴란드에게 겉으로는 협상에 응하라고 하고 뒤로는 타협 불가라는 입장을 보였으니 중재가 될 리 없었죠. 결국 독일은 폴란드가 영국과 프랑스를 등에 업고 독일과의 전쟁을 꾀한다는 결론을 내리고 1939년 8월 23일 소련과 전격적으로 불가침조약을 맺

---

14 Harry Elmer Barnes 엮음, 『항구 평화를 위한 항구 전쟁 Perpetual War for Perpetual War』, 1953, pp. 169-170. http://www.unz.com/book/harry_elmer_barnes__perpetual-war-for-perpetual-peace/

은 뒤 1주일 만에 폴란드를 공격했습니다. 하지만 8월 29일 동원령을 먼저 내린 것은 폴란드였습니다. 폴란드군이 국경선 너머 독일군 기지를 습격해서 무기를 탈취했다는 보도가 폴란드 신문에도 8월 초에 보도됐습니다. 몇 달 전부터 폴란드 안에서는 소수민 독일인이 탄압을 받고 죽어나가고 있었습니다.[15] 미국은 첩보망을 통해 독소 불가침조약 체결 사실을 조약 체결 다음날 알았으면서도 폴란드에게 알리지 않았습니다. 독일과 소련이 밀약을 맺었다는 사실을 알았다면 폴란드는 독일의 파격적 양보안을 받아들였을 겁니다. 미국은 전쟁을 간절히 원했던 거지요.

바로 1년 전이었던 1938년 9월 체코 주데텐 반환 문제를 놓고 갈등이 고조됐을 때만 해도 루스벨트는 유럽에서 다시 전쟁이 터지면 그 피해가 멀리 떨어진 미국에까지도 미친다면서 협상을 통한 문제 해결을 당부했었습니다. 그런데 왜 1939년 8월에는 독일의 거듭되는 평화안을 받아들이지 말라고 강경책을 영국, 프랑스, 폴란드에게 주문했을까요. 미국 역사가 찰스 캘런 탠실은 1938년 9월에는 영국, 프랑스, 폴란드, 러시아가 손잡고 독일과 붙으면 독일이 금세 무

---

15 John Wear, 「Why Germany Invaded Poland 독일은 왜 폴란드를 침공했나」, 2019년 1월 15일, *The Unz Review*, https://www.unz.com/article/why-germany-invaded-poland/ 독일과의 국경 지역에서 살던 수많은 폴란드 내 독일인들이 집과 재산을 빼앗기고 전쟁이 터지기 몇 달 전부터 폴란드 내륙으로 내몰렸다. 그리고 전쟁이 터지자 이들은 잔혹하게 살해당했다. 1940년 2월까지 공식적으로 시신이 확인된 폴란드 거주 독일인 민간인 사망자는 1만 2,857명이었고 실종자는 4만 5천 명이었다. 모두 5만 8천 명 가까운 독일인이 학살당했다(Hans Schadewaldt, 『폴란드 내 독일 소수민에게 폴란드가 저지른 만행 The Polish Atrocities Against the German Minority in Poland』, 1940, http://www.ibiblio.org/hyperwar/NHC/NewPDFs/GERMANY/GER.Polish.Atrocities.Against.German.Minority.in.Poland.1940.pdf).

5. 실패한 뉴딜 경제가 성공한 나치 경제를 막아낸 2차대전

너질 가능성이 높아서 미국이 참전할 명분을 찾기 어렵겠다고 루스벨트가 판단했으리라는 것 말고는 다른 논리적 설명을 찾아내기 어렵다고 단정합니다. 그런데 1년 뒤에는 독일과 러시아의 불가침조약으로 상황이 달라졌습니다. 전쟁이 장기화할 가능성이 높았고 그동안 미국은 전쟁에 참여할 구실을 찾아낼 수 있으리라고 봤다는 거죠.[16]

다시 유럽에서
전쟁이 일어난다면

유럽에서 전쟁이 터지면서 미국 경제는 활기를 띠었지만 워낙 반전 여론이 강했던 미국에서 참전 명분을 찾기는 쉽지 않았습니다. 루스벨트는 독일의 동맹국이었던 일본에서 참전의 명분을 찾아냈습니다. 미국은 일본의 해외 자산을 동결하고 석유 같은 원자재 금수 조치를 단행하며 일본을 옥죄었습니다. 궁지에 몰린 일본은 결국 진주만을 공습했고 미국은 전쟁에 직접 나설 수 있게 됐습니다. 루스벨트는 일본의 진주만 공격 계획을 훤히 알고 있었습니다. 루스벨트는 1940년 초부터 진주만 공습 당일이었던 1941년 12월 7일까지 도청으로 입수한 일본군 동향을 군 정보기관으로부터 직보로 소상히 보고받았습니다. 그러면서도 1940년 대통령 3선을 위한 유세 과

---

16 『항구 평화를 위한 항구 전쟁』, p. 171

정에서는 미국 젊은이를 외국 전쟁터에 보내지 않겠다고 거듭 다짐했습니다.

루스벨트는 미군 함대를 진주만에 정박시키는 것은 위험하다며 반대한 해군 장성을 교체했습니다. 공습 피해가 커야만 반전 여론을 바꿀 수 있었으니까요. 루스벨트는 일본의 외교 협상안을 줄곧 거부했으면서도 진주만 공격이 있기 직전이었던 당일 아침 일본에게 평화를 호소한 위선자였습니다. 루스벨트가 암호 해독을 통해 일본의 공격 계획을 미리 알았으면서도 해군 지휘관들에게 대비책을 하달하지 않아 2400명의 미국 군인이 죽어나가도록 방치한 것은 미국의 반전 여론을 항전 여론으로 바꿔놓기 위해서였습니다.[17] 일본의 진주만 공습으로 루스벨트는 마침내 참전의 명분을 찾았습니다. 그리고 미국 경제는 완전히 활력을 찾았습니다. 자원 빈국 독일, 이탈리아, 일본 동맹이 자원 부국 영국(식민지 포함), 러시아, 미국을 상대로 벌인 전쟁에서 패배하는 것은 시간 문제였습니다. 이탈리아와 독일은 1945년 5월 손을 들었고 일본은 그 해 8월에 무릎을 꿇었습니다.

히틀러는 『나의 투쟁』에서 독일이 1차대전에서 지지 않았으려면 영국이나 러시아 중 한 나라와 확실한 동맹을 맺었어야 한다고 주장했습니다. 그런데 실제로는 영국, 러시아 두 나라를 상대로 양쪽 전선에서 싸웠으니 승산이 없었다는 것이었죠. 하지만 히틀러는 이미

---

17 J. Alfred Powell, 「진주만의 벗겨진 가면 Pearl Harbor Unmasked」, *The Unz Review*, 2019년 6월 16일, http://www.unz.com/article/pearl-harbor-unmasked/ 2차대전에 참전했던 퇴역 군인 로버트 스티넷(Robert Stinnet)은 『기만의 날 Day of Deceit』(2000)에서 일본의 진주만 공격이 미국의 참전으로 이어지기까지의 내막을 20만 건의 미국 정부 문서를 파헤쳐 밝혀냈다. https://archive.org/details/dayofdeceittruth00stin

영국과 프랑스 등이 기득권을 차지한 비유럽 지역보다는 유럽 지역에서 독일의 생존 공간을 확보해야 한다면서 노골적으로 러시아에서 활로를 찾아야 한다고 역설했습니다. 히틀러가 2차대전 전야 폴란드와의 충돌을 피하려고 안간힘을 쓴 것은 그래서였습니다. 폴란드와의 충돌은 프랑스, 영국과의 전쟁을 뜻했으니까요. 유럽에서 다시 전쟁이 벌어질 때 히틀러가 동맹국으로 확보해야 한다고 생각했던 가장 중요한 나라가 영국이었는데 영국과의 전쟁을 일부러 추구했을 리가 만무하죠. 실제로 『나의 투쟁』은 영국 예찬론으로 가득합니다.[18] 히틀러는 독일은 영국의 호의를 사는 데 필요한 수단을 얻기 위해 어떤 희생도 감수해야 한다고 주장했었습니다. 식민지 경쟁도 해군력 증강도 심지어 영국 산업과의 경쟁도 피해야 한다고 역설했었습니다. 그렇게 영국의 호의를 얻어서 만약 1904년에 일본 대신 독일이 러시아와 붙었으면 1차대전에서 치른 희생의 10분의 1도 안 치르고 방대한 러시아 땅을 차지할 수 있었으리라고 아쉬워했었습니다.[19]

---

18 러시아 역사가 니콜라이 스타리코프는 히틀러가 나치당 창당 초기 외국의 자금 지원을 받았다며 그 출처를 영국으로 지목한다. 히틀러는 1923년 가을 스위스 취리히에서 외국 돈이 가득 든 가방을 들고 돌아왔다. 나치당이 독일의 처참한 경제 현실에서 지지 기반을 빠르게 늘려나갈 수 있었던 데에는 자금력의 뒷받침이 있었다. 스위스나 스웨덴 같은 중립국을 통한 자금 지원으로 자국에게 유리한 정치세력을 돕는 것은 영국이 전통적으로 애용한 방식이었다. 신진 정치인 히틀러는 호전주의자였지만 그 호전성의 대상은 러시아 공산주의였지 영국 자본주의가 아니었다. 히틀러와 나치당은 영국 입장에서는 투자가치가 충분한 정치세력이었다.(『누가 스탈린을 히틀러의 적으로 몰았나 Who Set Hitler Against Stalin』 2장 「누가 돈으로 히틀러를 도왔나」, 2015, http://lit.md/files/nstarikov/who_set_Hitler_against_Stalin.pdf)
19 Adolf Hitler, 『나의 투쟁 My Struggle』(1940), p. 147. https://archive.org/details/MeinKampf.StalagEditionOfficiallyAuthorizedByTheNSDAPIn1940ForTheInvasionOfBritain/page/n89

하지만 히틀러는 오판을 했습니다. 다시 유럽에서 전쟁이 일어나는 것이 불가피하다면 독일은 영국에게 미련을 두지 말았어야 했는지도 모릅니다. 산업이 주역이고 금융은 조역이었던 산업금융국 독일을 1차대전에서 겨우 무너뜨렸던, 금융이 주역이고 산업은 조역이었던 금융산업국 영국이 다시 산업금융국으로 번영을 되찾아가던 독일을 동맹국으로 받아들일 리 없었습니다. 차라리 러시아는 자원 부국이었으므로 독일에게 큰 힘이 될 수 있었구요. 러시아는 독일과 비슷한 체제였습니다. 러시아는 공산주의 국가이고 독일은 자본주의 국가인데 무슨 황당무계한 소리냐구요. 한 나라 경제에서 가장 중요한 것은 돈을 누가 찍어내느냐입니다. 발권력이 누구에게 있느냐입니다. 영국과 미국에서는 발권력이 민간은행가들에게 있었습니다.

정부는 돈이 필요하면 채권 발행을 통해 빚을 얻어야 했습니다. 채권을 찍으면 이자를 내야 하고 이자 낼 돈은 세금으로 조달합니다. 채권 발행량이 늘어나면 이자 지급액이 늘어납니다. 이자 지급액이 늘어나면 채권보유자의 이자 수입은 늘어나지만 증세로 인해 국민의 소비력은 줄어듭니다. 경기는 내리막길을 걷습니다. 악순환입니다. 이자 수입으로 금융만 배를 불리고 국가와 기업과 가계는 배를 곯습니다. 소련과 독일에서는 정부가 중앙은행을 통해 필요에 따라 돈을 공급할 수 있었습니다. 채권을 찍으면 이자를 내야 하지만 돈을 찍으면 이자를 안 내도 됩니다. 국가가 필요에 따라 생산적 분야로 돈을 적절히 늘리면 생산이 늘어나고 채권이라는 나라빚이 줄어 세금을 내려도 되니 국민의 소비력이 늘어나서 생산된 제품도 원활히 소비됩니다. 경기는 오르막길을 걷습니다. 선순환입니다. 금융에 이자를 안 뜯기니 국가도 기업도 가계도 배가 부릅니다.

독일을 둘러싼
강대국들의 밀약

히틀러도 물론 국가가 중앙은행보다 우위에 서서 발권력을 보유하는 것이 중요하다는 사실을 잘 알았습니다. 하지만 그런 체제를 영국과 미국이 가장 증오한다는 사실까지는 몰랐습니다. 그래서 영국과의 공존에 대한 미련을 못 버리고 전쟁이 시작된 이후에도 영국에 평화안을 끝없이 들이밀었지만 번번이 퇴짜를 맞았습니다. 1939년 9월 한 달 만에 폴란드 서부를 점령한 뒤 히틀러는 단치히와 동프로이센 연결 구역만 빼고 원래 독일 영토였던 서프로이센을 포함해서 모든 폴란드 점령지에서 바로 철수하겠다고 했지만 영국은 히틀러의 평화안을 안 받아들였습니다. 1940년 5월 독일은 영국군 수십만 명을 덩케르크 일원에서 궤멸시키기 일보 직전이었지만 히틀러의 지시로 독일군이 며칠 동안 공격을 중단하는 바람에 영국군은 무사히 탈출할 수 있었습니다. 독일 장성들은 히틀러의 공격 중단 지시에 경악했지만 히틀러는 독일이 선심을 베풀면 영국이 평화안을 받아들일지도 모른다는 미련을 버릴 수가 없었던 거죠. 1939년 독일과 불가침조약을 맺은 뒤 독일에게 식량 등 군수 물자를 열심히 공급해주던 러시아가 독일이 영국과 손잡고 러시아에게 칼을 돌릴 수 있을지 모른다는 불안감에서 영국의 접근을 받아들이기 시작한 것도 바로 이때부터였던 것으로 보는 시각도 있습니다.[20]

하지만 러시아는 1939년 8월 23일 독일과 불가침조약을 맺고 나서 두 달도 채 안 지난 그 해 10월 15일에 영국과 밀약을 맺었음을 보여주는 문서도 공개됐습니다. 에르키 하우타매키라는 핀란드 퇴역 장교는 2005년에 낸『태풍의 눈 속의 핀란드』라는 책에서 영국이 러시아와 손잡고 스칸디나비아를 거점으로 삼아 독일을 공격하기로 합의했다는 내용이 담긴 문서를 공개했습니다.[21] 핀란드와의 국경 가까이에 레닌그라드라는 중요한 산업도시를 두고 있어서 안보 위협을 느끼고 있던 러시아는 영토 교환 제의를 핀란드가 거부하자 1939년 11월 말 핀란드를 침공했습니다. 겨울전쟁으로 불리는 러시아와 핀란드의 전쟁은 독소불가침조약을 통해 과거 러시아제국에 속했던 발트 3국과 핀란드에 대한 러시아의 지배권을 독일이 묵인했기에 가능했던 전쟁으로 알려져왔습니다. 그리고 영국과 프랑스는 러시아에게 침공당한 핀란드를 도우려던 정의로운 나라들로 알려져왔고 또 당시 핀란드도 두 나라의 지원을 간청했었습니다.

하지만 하우타매키가 공개한 문서에 따르면 영국과 러시아는 핀란드는 물론 노르웨이, 덴마크, 중립국 스웨덴까지 점령한 뒤 스칸디나비아 지역을 거점으로 삼아 독일에 총공세를 펼 작정이었습니

---

20 「히틀러의 대소 정책 정당화 Hitler's Policy Toward the USSR Justified」, *National-Socialist Worldview*, 2010년 10월 28일. http://national-socialist-worldview.blogspot.com/2010/10/hitlers-policy-toward-ussr-justified.html
21 http://juliusmilaitis.blogspot.com/2011/05/finland-in-eye-of-storm-erkki.html

5. 실패한 뉴딜 경제가 성공한 나치 경제를 막아낸 2차대전

다. 독일은 원래 핀란드에 큰 관심이 없었지만 이 기밀문서를 입수한 뒤 당시 핀란드군의 총지휘관이었던 만네르하임 장군에게 전했고 만약 러시아가 핀란드와의 전쟁을 서둘러 끝내지 않으면 독일이 개입하겠다면서 러시아를 압박했습니다. 러시아가 겨울전쟁 초반 고전하다가 승기를 굳혔음에도 3월 13일 핀란드와의 종전협정에 서명한 것은 독일의 압력이 있어서였다는 것이 하우타매키의 분석입니다. 러시아와의 종전협정으로 주권을 지켰지만 많은 땅을 잃게 된 핀란드는 1941년 6월 독일이 러시아를 침공하자 독일 편에서 싸워 러시아로부터 영토를 되찾았지만 독일의 패색이 짙어진 뒤 러시아와 종전협정을 맺고 다시 막대한 영토를 내주면서 간신히 주권을 지켰습니다. 2차대전 뒤 대통령으로 추대된 만네르하임은 비밀 문서를 공개해서 러시아를 자극하는 데에 큰 부담을 느꼈으리라는 것이 하우타매키의 진단입니다. 이 비밀문서가 사실이라면 독일은 스칸디나비아를 무대로 반독 전선이 펼쳐지는 것을 막으려고 노르웨이와 덴마크를 점령했을 가능성이 높습니다. 겨울전쟁은 러시아가 영국, 프랑스의 개입을 두려워한 바람에 끝난 것이 아니라 러시아가 독일의 개입을 두려워한 바람에 끝났다는 뜻이죠. 영국은 핀란드를 도우려던 게 아니라 핀란드를 러시아에 팔아넘겼습니다. 핀란드가 영국의 군사 지원 제의를 수용했으면 영국은 핀란드 지원을 구실로 노르웨이, 스웨덴까지 점령했을 것이고 스칸디아비아 국가들은 영국의 총알받이로 전락했을 겁니다.

러시아는 1940년 말부터 발칸, 발트해, 루마니아 등에서 독일에게 무리한 이권을 요구하기 시작했고 독일과 전쟁 중이었던 영국 대표단을 모스크바에서 맞아들이기도 했습니다. 1941년 봄 유고슬라비아에서 일어난 반독 쿠데타의 배후에는 러시아와 영국이 있었습니다. 러시아가 독일과의 국경선에서 병력을 대거 증강하자 결국 히틀러는 1941년 6월 22일 러시아에 선제 공격을 가했습니다. 그런데 독일의 러시아 침공으로 러시아는 연합국의 일원이 됐는데도 영국과 미국은 앞에서는 러시아를 돕는 척하면서 뒤에서는 독일과 러시아의 공멸을 추구했습니다. 영국과 미국이 소련에 무기를 제공한 것은 사실이지만 무기는 러시아가 거의 자력으로 전세를 뒤집은 1944년 이후에야 집중적으로 공급했습니다. 러시아가 가장 힘들었던 1941년과 1942년에 제공된 무기는 겨우 7%에 그쳤습니다. 러시아는 서유럽 쪽에서 제2전선을 열어달라고 애걸했지만 영국과 미국은 차일피일 미루다가 독일의 패배가 확실시되던 1944년 이후에야 제2전선을 열었습니다. 러시아가 천신만고 끝에 거의 자력으로 전세를 뒤집자 막판에 슬며시 밥숟가락을 얹은 것이었죠.

특히 영국이 악의적이었습니다. 무기도 고물 위주로 보냈습니다. 러시아가 독일군과 싸우느라 힘들었던 1942년 여름 영국은 북극해를 통해 군수품 수송단을 보내면서 호위함들을 갑자기 철수시켜 35척의 수송선 중 24척이 독일군에게 격침당하도록 유도했습니다.[22] 1차대전 말엽 러시아에서 백군을 돕는 척하면서 백군을 방해했던 수법의 재

---

22 Nikolay Starikov, 「영국은 소련의 대히틀러 전쟁을 어떻게 도왔나 How Britain assisted the Soviet Union's fight against Hitler (II)」, *OrientalReview.org*, 2017년 10월 24일. https://orientalreview.org/2017/10/24/episode-18-how-britain-assisted-the-soviet-unions-fight-against-hitler-ii/

5. 실패한 뉴딜 경제가 성공한 나치 경제를 막아낸 2차대전

탕이었습니다. 영국과 미국은 2차대전에서 독일이 항복한 뒤 실제로 총부리를 돌려 항복한 독일군을 앞세워 러시아와 전쟁을 벌이려고까지 했지만 러시아군을 동지로 여겼던 연합국 군인들의 반발로 실행되지 못했습니다.[23] 2차대전 이후 냉전은 필연이었습니다. 화폐 발행을 국가가 주도하는 산업금융체제를 독일에서는 다시 무너뜨렸지만 러시아에서까지 무너뜨리는 데는 실패했거든요. 2차대전 이후 달러의 기축통화 지위를 굳힌 미국은 천문학적 재정 적자를 감수하면서 러시아를 상대로 군비 증강 경쟁을 벌였고 결국 러시아에서도 산업금융체제를 무너뜨리는 데 성공했습니다.

2차대전 이후
독일의 상황

히틀러는 약육강식론자였고 인종주의자였습니다. 하지만 히틀러는 악마는 아니었습니다. 히틀러가 악마로 우리 머리속에 새겨져 있다면 그것은 히틀러가 모색했던 국가 주도의 금융 체제에서 위협을 느꼈던 세력, 공적이고 생산적인 수요와는 무관하게 돈을 투기 수단으로 삼아 풀었다 조였다 하면서 국가와 기업과 가계를 파산으로 몰아넣으면서 배를 채우는 것도 모자라 틈만 나면 전쟁으로 돈을 벌었

---

23 Jacques R. Pauwels, 『착한 전쟁의 신화 The Myth of the Good War』(2015), 15장 「반소 십자군 전쟁?」. 한국어판 『좋은 전쟁이라는 신화』(2017), 윤태준 역, 오월의봄.

던 진짜 악마가 다시는 히틀러 같은 국가 주권 체제가 나타나지 못하도록 히틀러에게 악마의 낙인을 찍어서 그렇습니다. 히틀러는 유대인을 안 좋아했지만 그것은 유대인에게 공평한 기회의 장을 제공했던 독일 사회에게 고마움을 느끼기보다는 독일 사회를 적대시하고 독일 사회를 치부의 대상으로 삼았던 일부 유대인에게도 책임이 있습니다.

1차대전 이후 독일이 겪은 초인플레를 일으킨 주역은 독일 정부가 아니라 민간은행들이라고 앞에서 말했습니다. 그런데 독일 민간은행들은 대부분 유대인 소유였습니다. 초인플레로 돈 가치가 땅에 떨어지는 바람에 연금생활자, 봉급생활자는 아사 직전으로 몰렸습니다. 굶어죽지 않으려면 헐값에 집을 팔아야 했습니다. 초인플레로 말미암아 독일의 중산층은 집이라는 가장 중요한 재산을 잃고 몰락했습니다. 반면 유대인 은행가들은 독일 중산층이 굶지 않으려고 내놓은 집을 닥치는 대로 사들여 떼돈을 벌었습니다.[24] 나치 선전장관을 지내는 요제프 괴벨스는 독일이 초인플레를 겪던 시절 은행원으로 일했는데 유대인들의 투기로 평범한 독일인들이 망가지는 것을 충격을 받았습니다.[25] 나치가 집권하고 5년이 지난 1938년 11월 현재에도 독일 부동산의 3분의 1을 독일 인구의 1%에 불과한 유대인이 소유하고 있었습니다. 그 부동산의 대부분은 초인플레 시절 획득

24 Arthur Bryant, 『미완의 승리 Unfinished Victory』, 1940, pp. 135~136.
25 David Irving, 「괴벨스 일기에서 밝혀진 사실 Revelations from Goebbels' Diary」, *Institute for Historical Review*, 1995. http://www.ihr.org/jhr/v15/v15n1p-2_Irving.html

5. 실패한 뉴딜 경제가 성공한 나치 경제를 막아낸 2차대전

한 것이었습니다.[26]

나치 독일이 수용소에 유대인을 가두고 노동을 시킨 것은 사실이지만 유대인을 독가스로 죽였다는 것은 사실이 아닙니다. 유대인을 죽였다는 청산가리의 용처는 실은 전염병을 막기 위한 의복 소독용이었습니다. 청산가리는 파란 흔적을 벽에 남기는데 유대인이 죽어나갔다는 아우슈비츠의 가스실에서는 청산가리의 흔적이 없습니다. 청산가리의 흔적은 소독실에만 남아 있습니다.[27] 수정주의 역사가들은 국제적십자사의 기록을 근거로 독일의 강제수용소에서 죽은 사람의 숫자를 약 45만 명으로 추정합니다.[28] 이 중 상당수는 유대인이었겠지만 공산주의자도 있었고 집시도 있었습니다. 그런데 수용소에서 사망자가 급증한 것은 전쟁 종반 극심한 물자 부족 탓이었습니다. 뼈만 앙상한 수용소 재소자들은 영미 연합군이 종전 몇 달 전 감행한 무차별 폭격으로 독일의 생산망과 유통망이 붕괴돼서 생겨난 현실이었습니다. 수용소에 갇혔던 많은 유대인은 전쟁 중에 죽었습니다. 홀로코스트 정통주의자들은 600만 명의 유대인이 강제수용소에서 희생되었다고 말하지만 600만 명은 2차대전이 시작되기 한참 전부터 시온주의 지도자들의 입에서 자주 나온 숫자였습니다. 2차대전 전에는 러시아와 동유럽에서 사는 600만 명의 유대인의 탄압상을 가리킬 때 썼던 숫자가 전쟁 막판에는 나치 독일 손에

---

26 『미완의 승리』, p. 137.
27 이희재, 『번역전쟁』 중 「홀로코스트」, 2017.
28 Germar Rudolf, 「홀로코스트 희생자: 통계 분석 Holocaust Victims: A Statistical Analysis」, 2012년 3월 20일. http://www.vho.org/GB/Books/dth/fndstats.html

죽은 유대인의 숫자로 둔갑했습니다.[29]

강제수용소는 독일만 운영했던 것이 아닙니다. 강제수용소는 영국이 19세기 말과 20세기 초 보어전쟁을 하면서 처음 만들었습니다. 영국은 남아프리카의 금을 독차지하려고 네덜란드계 보어인과 전쟁을 벌였는데 병력이 압도적으로 우세했음에도 보어인의 끈질긴 항쟁에 고전하자 농가를 불태우고 가축을 몰살하고 노약자와 부녀자, 아이를 수용소에 가두는 무차별 토벌전으로 겨우 이겼습니다. 강제수용소에서 최소 2만 명이 병이나 영양실조로 죽었습니다. 영국은 1차대전 때도 독일인, 아일랜드인을 수용소에 가뒀습니다. 2차대전 때는 나치 정부의 탄압을 피해 많은 유대인이 영국에 난민으로 왔는데 이들이 독일 국적자라는 이유로 대거 수용소에 갇혔습니다. 영국은 심지어 폴란드 망명 정부가 자체적으로 6개의 강제수용소를 스코틀랜드에서 운영하는 것도 허용했습니다. 망명 정부를 이끌던 폴란드 지도자 시코르스키는 자신의 정적, 동성애자는 물론 다수 유대인을 수용소에 가뒀습니다.

영국에는 덩케르크 철수 때 영국군과 함께 영국에 온 2만 명의 폴란드 군인이 있었는데 이들은 런던에서 유대인을 적발해서 스코틀랜드 수용소로 보냈습니다. 유대인이 스코틀랜드에 있던 강제수용소에서 폴란드 군인들에게 사살당하는 일이 빈번하게 일어났지만 영국 정부는 문제로 삼지 않았습니다.[30] 만약 독일군이 영국에 무차

---

29 https://nanomatic.fi/pdf/6million.pdf
30 Simon Webb, 「영국 수용소 The British Camps」, *Jacobin*, 2017년 5월 8일. https://jacobinmag.com/2017/05/uk-concentration-camps-wwii-poland-internment-prisoners

5. 실패한 뉴딜 경제가 성공한 나치 경제를 막아낸 2차대전

별 폭격을 가해서 영국이 물자난을 겪고 수송망이 마비됐으면 전쟁이 독일의 승리로 끝난 뒤 영국 안에 있던 강제수용소에서도 아우슈비츠에 갇혔던 수감자들처럼 피골이 상접한 아사 일보 직전의 유대인들이 발견되지 않았을까요. 영국은 독일의 강제수용소를 소리 높여 비판했지만 사실은 2차대전이 끝난 다음에도 40만 명의 독일인 포로를 몇 년 영국에 붙잡아두고 건설, 농업에 종사시켰습니다. 독일군 포로가 완전히 송환된 것은 1948년 말이었습니다. 그런데 영국에 남아서 노예처럼 부려졌던 독일인은 차라리 운이 좋았는지도 모릅니다.

캐나다 역사가 제임스 바크에 따르면 1945년 5월 2차대전이 완전히 끝나고 나서 연합국의 식량 공급 제한으로 인해 불필요하게 사망한 독일인의 숫자는 독일 안에서만 최소 600만 명이 넘습니다. 전후 독일의 정확한 인구는 1946년 10월 연합국 주관 조사에서 6500만 명으로 파악됐습니다. 연합국 기록에 따르면 1946년 10월부터 1950년 9월까지 포로로 외국에 있다가 귀국한 독일인은 260만 명이었습니다. 동유럽에서 쫓겨나 귀국한 독일인은 600만 명이었습니다. 같은 기간에 태어난 신생아는 417만 6430명이었습니다.

그렇다면 1950년의 독일 인구는 7777만 6430명이 되어야 합니다. 그런데 같은 기간의 공식 집계된 사망자는 323만 5539명이었고 해외로 이민을 떠난 독일인은 60만 명이었습니다. 사망자와 이민자를 빼면 독일 인구는 1950년 현재 7394만 891명이 되어야 합니다. 그런데 1950년 9월에 전후 두번째로 이뤄진 인구조사에서 독일 인구는 6823만 796명으로 집계됐습니다. 약 570만 명의 간극이 있습니다.[31] 전후 독일을 점령 통치한 연합국은 식량 배급량을 극도로 줄였습니다. 1200칼로리, 1000칼로리, 심지어 800칼로리도 배급받지 못하는 곳이 많았습니다. 아사자가 속출했지만 연합국은 국제 구호 단체의 식량 반입도 불허했습니다. 독일 국민 전체를 전범으로 몰아 응징하고 보복하는 차원이라고밖에 볼 수 없는 처사였습니다.

미국의 재무장관 헨리 모겐소는 전쟁이 끝난 뒤 독일의 산업 기반을 완전히 무너뜨려서 농사로만 연명하는 나라로 만들겠다는 계획을 1944년에 짜서 루스벨트 대통령과 처칠 총리의 재가를 받았었습니다. 그런데 정보가 새어나가는 바람에 미국과 영국 정치권에서 모겐소는 성토를 받았고 모겐소 계획은 공식적으로는 취소된 것처럼 보였습니다. 그런데 아니었습니다. 570만은 1946년 10월부터 집계된 숫자입니다. 전쟁이 끝난 1945년 5월부터 연합국의 배급 제한으로 죽은 독일인은 최소 30만은 넘겠죠. 그럼 전쟁이 종료된 뒤에 독일 국내에서 죽은 독일인은 600만이 넘습니다. 여기에다 동유럽에서 쫓겨나 독일로 가는 피난길에서 죽은 것으로 추정되는 최소 210만에서 최대 600만의 독일인을 더하면 2차대전이 종료된 뒤 연합국의 탄압책으로 사망한 독일 인구는 최소 800만에서 최대 1000만이 됩니다. 1941년부터 1950년까지 연합국 포로수용소에 있다가 사망한 것으로 추정되는 150만에서 200만의 독일군 전쟁 포로는 포함하지 않은 숫자입니다. 사람들은 전쟁 중 아우슈비츠, 다카우 같은 수용소에서 독일인에게 핍박당한 유대인만 기억하지만 전쟁이 끝난

---

31 James Bacque, 『범죄와 자비 Crimes and Mercies』, 1997, pp. 121~122.

5. 실패한 뉴딜 경제가 성공한 나치 경제를 막아낸 2차대선

뒤 똑같은 수용소에 이번에는 아녀자를 포함한 독일인이 대거 수용되어 유대인에게 핍박당하며 죽어나갔다는 사실은 모릅니다.[32]

독일에 있는
유대인들의 운명

프랑스 역사가 로랑 기예노에 따르면 유대인 시온주의자들은 팔레스타인에 들어서는 유대국 건설만을 지상과제로 삼고 자신들의 계획을 관철하는 데 유대인의 희생을 활용하려고 독일을 자극했습니다. 히틀러가 수상이 된 지 두 달도 안 지난 1933년 3월 24일 영국 일간지에는 전 세계 1400만의 유대인이 60만 독일 유대인 편에서 독일을 상대로 경제 금융전을 벌여야 한다는 미국 유대인 법률가의 선언이 1면에 보도됐습니다. 다수의 독일 유대인들은 자신들의 입지를 위험에 빠뜨리는 미국 시온주의자들의 발언에 분노했습니다.[33] 닷새 뒤 유대인 사업체에 대한 불매 운동이 독일에서도 시작됐습니다. 미국이 아직 참전하지 않았던 1941년 초 시오도어 카우프만이라는 미국의 유대인 기업가는 『독일은 사라져야 한다』란 책에서 60

32 John Sack, 『눈에는 눈 An Eye for an Eye』, 1993. http://www.fpp.co.uk/online/04/04/wywfor.html
33 이하 시온주의자 유대인이 이스라엘 건국을 위해 동족을 희생시키는 내용은 Laurent Guyénot, 「구약 규모의 번제 A Holocaust of Biblical Proportions」, *The Unz Review*, 2019년 11월 11일. https://www.unz.com/article/a-holocaust-of-biblical-proportions/에 토대를 두고 있습니다.

세 이하의 모든 독일 남자, 45세 이하의 모든 독일 여자에게 불임수술을 단행해서 독일인을 지구상에서 없애야 하며 2만 명의 의사를 동원하면 한 달 안에 작업을 완수할 수 있다고 주장했습니다. 이 책은 《뉴욕타임스》, 《워싱턴포스트》 같은 주류 언론에서 호평을 받았지만 그 뒤 독일에서 유대인은 다윗별을 달고 다녀야 했습니다.

1939년 2차대전이 시작됐을 때 독일에는 27만 5천 명의 유대인이 살고 있었습니다. 미국은 유대인 난민을 받아들이려고 했지만 미국의 유대인 시온주의자들은 극력 반대했습니다. 독일 유대인들이 미국으로 이주할 수 있게 되면 탄압받는 유대인이 갈 수 있는 유일한 곳은 팔레스타인뿐이라는 주장이 안 먹혀들어서였습니다. 전쟁이 막바지에 이른 1944년에도 미국은 영국과 협의하여 각각 15만명씩의 유대인 난민을 받아들이고 다른 나라들의 협조를 얻어 모두 50만 명의 유대인 난민을 받아들이려고 했지만 이번에도 유대인 시온주의 지도부의 강한 반발에 부딪쳐 좌초됐습니다. 유대인 시온주의자들은 시온주의를 받아들여 팔레스타인으로 이주하려는 유대인만 유대인으로 대접했지 나머지 유대인은 험지로 몰아가 유대인은 희생자라는 인식을 확산시켜 이스라엘 건국의 정당성을 설파하는 불쏘시개로 써먹었습니다.

나치의 '최종 해법'은 유대인을 가스실에서 죽이는 것이 아니라 유대인을 독일 밖으로 내보내는 것이었습니다. 그래서 독일 유대인의 팔레스타인 이주에도 적극 협조했습니다. 유대인은 재산을 갖고 팔레스타인으로 이주할 수 있었습니다. 1933년부터 1939년까지 유대인 거주 팔레스타인 투자의 60%는 나치 독일에서 왔습니다. 전후 아르헨티나로 잠적해서 살다가 1960년 이스라엘로 납치되어 처형 당한 아돌프 아이히만은 독일 유대인의 팔레스타인 이주를 주관한 인물이었습니다. 아이히만은 히브리어까지 배울 정도로 친유대적 이었습니다. 이스라엘이 아이히만을 제거한 것은 나치와 시온주의 자들의 돈독했던 과거가 드러날 것을 두려워해서였습니다.[34]

히틀러가 세우려던 독일 국가는 독일 국민이 존중받는 체제였습니다. 그런데 말을 바꾸면 그것은 다수 서민이 존중받는 체제였습니다. 다수 서민이 존중받으려면 다수 서민의 뜻을 받드는 정부가 때로는 어려움에 처한 다수 서민에게 돈을 공급할 수 있어야 합니다. 히틀러는 독일 국민만을 염두에 뒀지만 히틀러가 추구했던 공익 추구 경제는 민간은행이 만인을 빚의 노예로 만드는 사익 추구 경제가 이상적 표본으로 자리잡은 현실에서 독일을 넘어선 의미를 갖습니다. 그런데 히틀러보다 수백 년 앞서 공익 추구 경제를 추구한 나라는 바로 미국이었습니다. 미국은 영국의 식민지였음에도 발권력을 통해 영국보다 더 번영을 누렸습니다. 루스벨트는 채권 발행과 전쟁으로 미국의 가짜 번영을 만들어냈지만 루스벨트보다 몇 세기 앞서 미국의 건국자들은 독자적 화폐 발행으로 식민지 아메리카에서 진짜 번영을 일궈냈었습니다.

---

34 Ron Unz, 「아메리카 프라우다: 유대인과 나치 American Pravda: Jews and Nazis」, *The Unz Review*, 2018년 8월 6일. http://www.unz.com/runz/american-pravda-jews-and-nazis/

6

통화주권을 되찾으려다
실패한 미국 독립전쟁

Economics Leading to Sovereign Default

아메리카 식민지의
독립 몸부림

　흔히 영국의 아메리카 식민지에서 1773년에 시작된 독립전쟁은 본국 정부가 식민지에 매기는 세금을 늘리는 데 반발해서 식민지 주민들이 일으켰다고 백과사전에 나옵니다. 특히 영국에서 들어오는 차에 매긴 세금에 대한 분노가 독립전쟁의 도화선이 됐다고 설명합니다. 영국은 프로이센과 오스트리아가 충돌한 7년전쟁(1756~1763)에서 오스트리아 편에 섰던 프랑스와 싸워 이겨서 캐나다와 인도에서 패권을 확립하는 데 성공했습니다. 하지만 7년 동안 싸우느라 국가 부채도 많이 불어났습니다. 영국은 빚을 갚으려고 설탕법(1764), 인지세법(1765), 타운젠드법(1767)을 만들어 식민지에서 수입하는 설탕, 종이, 유리, 납, 염료 등에 세금을 물렸습니다. 하지만 반발이 심하자 1767년까지는 이 법들을 모두 철폐했습니다.

　그런데 유일하게 안 바뀐 법이 타운젠드법 안에 있던 차 관련 내용이었습니다. 당시 식민지를 포함해서 해외에서 수출하는 모든 품목은 일단 영국으로 들여와야 했습니다. 그래서 가령 중국 차는 먼저 영국으로 수입한 다음 관세를 매겨서 경매에 붙인 뒤 다시 업자를 통해 아메리카 식민지로 수출했습니다. 관세와 중간 마진이 붙으니 아메리카에서 팔리는 차는 값이 비쌌습니다. 그래서 아메리카 식민지에서는 네덜란드 밀수선이 들여온 값싼 중국 차를 마셨습니다. 그러다 보니 영국의 동인도회사는 차 재고가 쌓여 경영난에 부딪쳤습니다. 타운젠드법의 다른 품목들은 식민지 주민에게 새로운 부담을 주는 세금이었지만 차세는 아니었습니다. 타운젠드법은 영국으로 들어오는 중국 차에 매기는 세금을 대폭 깎아줬습니다. 그럼 다시 아메리카 식민지로 수출하는 중국 차도 그만큼 가격 경쟁력이 생길 테니까요. 타운젠드법에서 차세 조항만 살려둔 것은 식민지 주민의 부담을 줄였으면 줄였지 증세와는 거리가 멀었습니다.

영국은 1773년에 다시 차세를 통과시켰습니다. 바로 아메리카 독립운동의 기폭제가 됐다고 백과사전에 소개되는 사건이죠. 그런데 이 세법도 증세법이 아니라 감세법이었습니다. 차세를 통해 영국 정부는 동인도회사가 영국을 안 거치고 바로 아메리카 식민지로 수출을 할 수 있도록 허용했습니다. 차 값이 그만큼 싸지니 식민지 주민 일반에게는 나쁜 법이 아니었죠. 하지만 밀수업자에게는 큰 타격이었죠. 네덜란드에서 몰래 들여오던 중국 차가 경쟁력을 잃게 됐으니까요. 1773년 보스턴에서 영국 동인도회사가 신고 온 중국 차를 훼손한 주역은 차 값이 오를까봐 분개한 식민지의 차 애호가가 아니라 밀수 차의 판로가 끊길까봐 분노한 식민지의 밀수업자였습니다. 그런데 밀수업자들의 반영 선동이 식민지 주민들에게 먹혀든 데는 그럴 만한 이유가 있었습니다. 식민지 경제가 워낙 안 좋았거든요. 식민지 경제가 안 좋아진 것은 식민지의 자체 화폐 발권력이 금지되면서부터였습니다.

잉글랜드은행이 설립되기 3년 전인 1691년 매사추세츠 자치체는 자금난에 몰려 있었습니다.[1] 퀘벡 원정에 나섰다가 실패해서였습니다. 원정에 나섰던 민병대에게 보수를 줘야 했고 전사한 시민병 유가족에게 연금을 지급해야 했지만 돈이 없었습니다. 식민지는 만성화된 무역 적자로 금은이 계속 유출되었거든요. 매사추세츠는 궁여지책으로 종이돈을 발행했습니다. 그리고 자금난에서 벗어났습니다. 주민들이 자치체가 발행한 종이돈을 믿어주고 거래에 써줬거든요. 그런데 주민들이 종이돈을 받아들인 이유는 자치체가 나중에 금은 주화 같은 진짜 돈이 세금으로 들어오면 종이돈과 바꿔주겠다고 약속해서였습니다. 그러니까 매사추세츠가 발행한 종이돈은 지폐라기보다는 나중에 진짜 돈으로 주겠노라고 약속한 차용증에 가까웠죠. 차용증은 채권과는 달리 이자를 안 물어도 됐으니 자치체 재정에는 도움이 됐습니다. 하지만 세금이 잘 안 걷히면 차용증이 쌓였고 그것은 인플레로 이어졌습니다.

그런데 펜실베이니아에서는 조금 다른 실험을 했습니다. 차용증이 아니라 진짜 지폐를 발행했습니다. 차용증을 찍는다는 것은 나중에 금화 같은 진짜 돈으로 바꿔주겠다는 뜻이고 만약 공동체가 통제하기 어려운 외부 조건 변화로 금 같은 경화의 공급이 줄어들면 아무리 물품을 만들려는 사람이 많고 아무리 물품을 사려는 사람이 많아도 공동체 경제는 불황에서 벗어나지 못 합니다. 금이 많으면 생산이 늘어나지만 금이 적으면 실업이 늘어납니다. 금을 돈으로 쓰면

---

1 이하 식민지에서 자체 발행한 화폐에 대해서는 Ellen Brown, 『빚그물』, 3장을 토대로 삼았다.

6. 통화 주권을 되찾으려다 실패한 미국 독립전쟁

돈이 주역이고 생산은 조역이 되고 맙니다. 생산을 주역으로 끌어올리려면 공동체 주민의 위임을 받은 공권력이 공동체의 자체적 필요에 따라 공급을 조절할 수 있는 돈을 써야 합니다. 그것이 지폐였습니다.

펜실베이니아에서는 1723년 토지은행을 만들고 주로 농부에게 자체 발행한 지폐 곧 식민권을 저리로 빌려주기 시작했습니다. 담보는 농부가 소유한 땅이었습니다. 민간은행의 이자는 8%였지만 토지은행의 이자는 5%였습니다. 농부가 토지은행에 내는 이자는 고스란히 자치체의 금고로 돌아왔고 그 돈은 공무원 보수와 공공사업 지출에 쓰였습니다. 덕분에 펜실베이니아에서는 1723년부터 프랑스와의 7년전쟁이 시작되는 1750년대까지 30년 가까이 세금을 안 걷었습니다. 시민이 은행에 내는 이자가 곧 정부의 세수였으니까요. 세금을 안 걷고도 공동체가 풍요를 구가하니까 펜실베이니아 인구는 갈수록 늘어났고 시장이 커지니 경제는 더욱 잘 돌아갔습니다. 본국에서 들어오는 돈이 많고 적고에 따라 경기가 부침을 겪었던 현상이 사라졌습니다. 식민지의 본국 의존도는 나날이 줄어들었습니다.

하지만 본국과 식민지의 교역이 활발해야 좋은 상인과 이자 놀이로 돈을 벌던 민간은행과 자산가는 갈수록 불만이 커졌습니다. 이들은 영국에 규제를 요청했고 결국 영국 의회는 1751년 통화법을 제정해서 펜실베이니아 등 몇 주의 신규 식민권 발행을 금지했습니다. 생산된 재화와 무관하게 돈을 마구 찍으면 물론 물가가 앙등합니다. 하지만 정부가 생산 잠재력에 부응하여 적재적소에 돈의 공급을 늘리면 생산이 늘어나고 소비도 덩달아 늘어나서 공동체는 풍요로워집니다. 적절한 통화 공급은 공급과 수요를 동시에 창출합니다. 그런데 돈을 자체적으로 찍어내는 발권력을 잃자 바로 실업자가 늘고 경기는 곤두박질쳤습니다. 1764년 펜실베이니아 자치체의 요청으로 벤저민 프랭클린은 영국 의회에서 식민지 경제를 망가뜨리는 통화법의 철회를 호소했습니다. 그러면서 자체 식민권 발행이 식민지 경제를 얼마나 풍요롭게 만들었는지를 역설했습니다. 하지만 그것은 역효과를 낳았습니다. 본국의 관심은 식민지의 풍요가 아니라 얼마나 싸게 본국에 원료를 대주고 얼마나 많이 본국의 제품을 사주느냐에 있었으니까요. 프랭클린의 증언이 있은 뒤 영국 의회는 통화법을 모든 식민지로 확대 적용하고 세금은 금화, 은화나 파운드 지폐로만 납부해야 한다는 내용의 더욱 강경한 법을 통과시켰습니다. 식민지 주민은 영원히 본국의 채무자로 살아가야 한다는 뜻이었죠. 강경한 통화법이 제정되던 무렵 아메리카 식민지에서 유통되던 돈의 4분의 3이 식민권이었습니다. 돈을 못 찍게 돼서 통화 공급이 줄어드니 바로 불황이 닥쳤습니다. 스스로 돈을 찍던 시절 풍요를 누리다가 다시 빈곤의 나락으로 굴러떨어진 아메리카인은 영원히 본국의 노예로 살 마음은 없었고 결국 총을 들었습니다.

식민지 독립군은 대륙화라는 자체 통화를 찍어서 전비를 조달했습니다. 독립전쟁 기간 동안 모두 2억 달러가 넘는 대륙화를 찍었습니다. 대륙화는 독립군이 군복, 무기, 식량 같은 군수 물자를 국내에서 조달하는 데에 큰 도움이 됐습니다. 하지만 대륙화는 가치를 급속히 잃어갔습니다. 영국이 거액의 위폐를 찍어서 대륙화를 공격했거든요. 위폐로 공급된 대륙화도 최소 2억 달러가 넘는 것으로 추정

됩니다. 독립전쟁은 1773년에 시작됐는데 1780년이면 이미 액면 가치의 2.5%대로 추락했습니다. 그래도 영국이라는 강국을 상대로 따로 세금을 안 걷고 전쟁을 치르는 데 대륙화는 혁혁한 공을 세웠습니다.[2]

민간 자본에 넘어간
미국 중앙은행

미국은 1776년 독립을 선언했고 결국 전쟁에서 이겨서 1783년 영국으로부터 독립을 인정받았습니다. 미국은 대륙화로만 전쟁을 치른 것은 아니었습니다. 채권도 찍었습니다. 외국에서 군수 물자를 사려면 대륙화만으로는 힘들었거든요. 미국이 찍은 채권 곧 전쟁빚은 모두 4600만 달러 규모였습니다. 전쟁에선 이겼지만 미국은 돈이 없었습니다. 빚을 어떻게 갚을까요? 두 가지 길이 있었습니다.

하나는 식민권, 대륙화 같은 지폐를 신생 미합중국의 이름으로 발행해서 지급하는 길이었습니다. 통화주권을 되찾으려고 벌인 전쟁이었으니 전쟁에서 이긴 미국으로서는 이 길을 선택하는 것이 자연스러웠습니다. 하지만 이유야 어찌 되었건 가치가 폭락한 지폐는 건

---

2 아메리카 식민지가 영국에서 독립하는 데는 프랑스의 지원이 결정적이었다. 토머스 제퍼슨은 아메리카가 독립전쟁 비용으로 1억 7천만 달러를 쓴 것으로 추정하는데 프랑스가 쓴 돈은 2억 5600만 달러였다. 영국은 약 5억 달러를 썼으니 영국이 쓴 돈의 절반이 넘었다. 미국 독립 지원으로 인한 프랑스의 재정 파탄은 프랑스혁명의 중요한 원인이 되었다. Stephen Zarlenga, 『기억을 상실당한 돈』, p. 393.

국 주역들에게 실망으로 다가왔습니다. 어렵게 쟁취한 독립인데 통화 불안으로 경제가 흔들리면 미국이 분열되어 다시 영국에게 예속될까봐 두려웠습니다.

또 하나는 중앙은행을 만들어서 돈을 찍되 정부가 이자를 내고 중앙은행으로부터 돈을 빌리는 방식이었습니다. 중앙은행 설립에 필요한 자본금을 대부분 민간에서 조달하는 방안이었습니다. 채권 보유자는 중앙은행에 채권을 팔고 중앙은행의 주주가 될 수 있었습니다. 미국의 초대 재무장관을 맡은 알렉산더 해밀턴이 제시한 방안이었고 미국은 결국 이 방식을 택했습니다. 이렇게 해서 1791년에 만들어진 은행이 제1합중국은행이었습니다. 해밀턴은 금권세력의 달러 공격을 막으려면 달러의 안정이 금권세력에게도 이익이 되도록 만들어야 한다고 주장했습니다. 채권 중에는 투기꾼이 군인, 농부, 소상공인으로부터 헐값에 사들인 소액 채권도 적지 않았습니다. 미국 정부가 이 채권을 액면가 그대로 인정해서 중앙은행 주식과 바꿔주면 채권 보유자는 그 자체만으로도 엄청난 이익이었지만 중앙은행이 새로 돈을 찍어서 정부에게 꿔주고 이자를 받을 수 있으니 이보다 안정된 돈벌이는 없었습니다. 중앙은행이 돈을 벌면 주주에게는 배당금이 돌아옵니다. 물론 정부도 중앙은행에 지분이 있었습니다. 1000만 달러의 자본금 중에서 800만 달러는 일반인에게 현금이나 채권을 받고 주식으로 내줬고 200만 달러는 정부 몫의 주식이었습니다. 정부는 돈이 없어서 200만 달러도 새로 생기는 중앙은행이 꿔줬습니다. 그런데 중앙은행이 수중의 돈을 꿔준 것이 아니라 그냥 장부상으로 만들어낸 돈이었습니다. 달러의 신용도를 높이기 위해서 800만 달러의 일반 주식 매입 대금 중 4분의 1은 금으로 받도록 명문화돼 있었지만 실제로 들어온 금은 67만 5천 달러에 불과했습니다. 민간 자본금 중 상당액은 중앙은행이 찍어서 새 주주에게 빌려준 돈이었습니다. 신생 정부는 돈을 쓸 데가 많았고 5년 만에 중앙은행에서 820만 달러를 꿨습니다. 갚을 길이 막막했던 정부는 200만 달러의 주식을 처분해야 했습니다. 5년 만에 미국 중앙은행은 고스란히 민간 자본의 손에 들어갔습니다.

제1합중국은행은 잉글랜드은행과 똑같이 민간 자본이 주인이었습니다. 식민지 공동체의 통화주권을 찾으려고 벌인 독립전쟁의 결과가 전쟁빚으로 인해 다시 공익보다 사익을 우선시하는 민간 자본에게 공동체의 통화주권을 넘기는 역설로 귀결됐습니다. 영국의 잉글랜드은행이 프랑스와 전쟁을 치러야 하는 영국 정부에 돈을 빌려줘서 영국을 빚의 굴레에 빠뜨린 것처럼 미국의 중앙은행을 움직이는 은행가들도 자꾸만 프랑스와의 갈등을 부추겨서 미국을 전쟁빚의 수렁에 빠뜨려 이자 수입이라는 안정된 수입원을 확보하려고 한다는 의심을 토머스 페인, 토머스 제퍼슨 같은 건국 주역들로부터 받기 시작했습니다. 미국 은행가들은 뉴올리언스, 미시시피의 소유권을 놓고 프랑스와의 갈등을 부추겼습니다.[3] 친프랑스파였던 페인과 제퍼슨은 그렇지 않아도 영국과의 전쟁으로 자금난에 봉착했던 프랑스에게 루이지애나를 아예 미국에 팔도록 설득해서 전쟁을 미연에 방지했습니다.

---

3 Stephen Zarlenga, 『기억을 상실당한 돈』, p. 419.

국가부도경제학

남북 갈등을
부추긴 영국

제1합중국은행에 이자를 내느라고 나라빚이 불어나자 민간 중앙은행에 반대하는 목소리가 높아졌습니다. 결국 1811년 인가 갱신 시점이 되었을 때 미국 의회는 제1합중국은행의 인가 갱신을 불허했습니다. 은행을 정리하면서 소유 구조가 밝혀졌습니다. 다수 미국인의 예상대로였습니다. 제1합중국은행의 주식 2만 5천 주 중에서 1만 8천 주가 외국인 소유였습니다. 외국인 주주는 대개 영국인과 네덜란드인이었습니다. 영국의 은행가 네이선 로스차일드는 결정이 내려지기 전부터 만일 인가 갱신이 안 이뤄지면 미국은 처참한 전쟁에 직면할 것이라고 위협했었습니다.[4] 자신이 대지분을 가졌던 미국 민간 중앙은행의 인가가 취소되자 영국의 은행가 네이선 로스차일드는 스펜서 퍼시벌 영국 총리에게 미국에 선전포고를 하도록 압박했습니다. 하지만 영국은 당시 나폴레옹의 프랑스를 상대로 전쟁을 벌이고 있었으므로 스펜서 총리는 거절했습니다. 미국에 있는 로스차일드의 금융 이익을 지켜주느라고 이미 전쟁 중이었던 영국의 전쟁빚을 더 늘리고 싶은 마음은 없어서였습니다. 스펜서 총리는 1812년 5월 암살당했습니다.[5] 그리고 6월 영국은 미국과 전쟁을 벌였습니다.

---

4 Ellen Brown, 『빚그물』, p. 75.
5 Stephen Mitford Goodson, 『중앙은행사』, pp. 62~64.

2년 동안의 전쟁은 무승부로 끝났지만 전쟁의 혼란 속에 세금이 안 걷히는 상황에서 전비를 쓰느라 미국은 다시 엄청난 빚을 지게 됐습니다. 그래서 1816년 미국 의회는 제1합중국은행과 같은 방식으로 운영되는 제2합중국은행 설립을 허가했습니다. 미국 경제는 다시 민간은행가들의 사익에 예속됐습니다. 제2합중국은행은 1818년 5200만 달러였던 대출을 1819년 1200만 달러로 갑자기 줄였습니다. 이렇게 대출 확대로 거품을 일으켰다가 갑작스런 대출 회수로 거품을 터뜨리는 방식으로 국민 경제를 망가뜨리면서 파산한 개인의 농토와 주택을 차압해서 재산을 불렸습니다. 특히 남부 농부들의 피해가 컸습니다. 남북 갈등이 빚어낸 남북전쟁의 불씨는 이미 이때 뿌려졌습니다. 1812년 영미전쟁에서 영웅으로 떠올랐던 앤드루 잭슨 대통령은 민간 중앙은행의 예속에서 벗어나려면 먼저 나라빚을 없애야 한다고 생각했습니다. 그리고 1835년 1월 나라빚을 모두 갚고 중앙은행의 굴레에서 미국 국민을 해방시켰습니다. 잭슨 대통령은 1836년 민간 중앙은행을 다시 없애는 데 성공했습니다. 잭슨은 민간 중앙은행의 패악질을 없앴지만 문제는 민간은행이 돈을 찍는 데 있었지 중앙은행 자체는 통화 안정을 위해 필요하다는 사실을 절실히 깨닫지 못 했습니다. 그래서 여러 민간은행들에서 찍는 통화가 난립하면서 경제가 불안해졌습니다. 하지만 민간 중앙은행이 통화 공급과 회수의 일률적 조작이 불가능해진 덕분에 미국 경제가 파국적 위기를 맞지는 않았습니다.

미국 경제가 다시 위기를 맞은 것은 1861년 링컨 대통령이 취임한 지 한 달 만인 4월에 남부와 북부가 내전에 돌입하면서부터였습니다. 남북전쟁은 남부의 노예제에 맞서 북부가 벌인 정의로운 전쟁처럼 알려졌지만 노예제는 부수적 요인이었습니다. 링컨 대통령은 취임사에서 남부의 노예제를 존중한다고까지 말했습니다. 더 중요한 원인은 링컨이 속한 공화당의 보호주의에 있었습니다. 공화당은 미국 국민경제를 발전시키려고 영국 공산품에 관세를 높게 매겨 북부 공업을 보호했습니다. 영국은 여기에 맞서 남부 면화에 수입 금지 조치를 내렸습니다. 남부는 영국 공산품을 비싼 값에 사고 수출길까지 막히니 분리 독립 운동을 벌였습니다. 남북전쟁은 노예 해방이 아니라 미국의 분리를 막으려다 벌어진 내전이었습니다. 물론 영국은 남북 갈등을 부추겨 전쟁을 일으킨 다음 양쪽에 모두 천문학적 전쟁빚을 안겨 다시 영국의 실질적 식민지로 만든다는 계산을 했겠죠.

그린백을 둘러싼
정부와 은행의 대결

전쟁이 시작되자 링컨 정부는 미국 동부의 은행들로부터 1억 5천만 달러의 돈을 빌릴 작정이었습니다. 미국 동부의 은행들은 영국의 영향력 아래 있었습니다. 국가 부채가 늘어나면 미국은 다시 영국에 예속될 수밖에 없었습니다. 독일의 프리드리히 리스트가 국민경제론을 부르짖었던 것처럼 미국에도 진정한 독립은 금융 주권을 지키면서 자립적인 자국 산업을 육성하는 데 있다고 믿었던 헨리 캐리 같은 국민경제파가 있었습니다.[6] 그들은 의회와 행정부에 거세게 반대 의사를 표명했습니다. 영국계 은행에 거액의 빚을 졌다간 나라가 영원히 주권을 상실할 게 뻔했으므로 링컨 대통령은 생각을 바꿨습니다. 그리고 정부가 직접 돈을 찍기로 했습니다. 남북전쟁 때 미국 정부가 찍은 돈은 다른 민간은행들의 지폐들과 달리 녹색으로 인쇄됐다고 해서 '그린백'이라 부릅니다. 1861년에서 1865년까지 남북전쟁 때 미국 정부가 찍어낸 그린백은 모두 4억 5천만 달러였습니다. 루스벨트도 링컨처럼 재정 지출을 크게 늘렸지만 루스벨트는 돈을 찍은 게 아니라 빌렸습니다. 나중에 국민 세금으로 갚아야 할 돈이었습니다. 그린백은 빚이 아니라서 이자가 붙지 않았고 국민에게 세금 부담을 안기지 않았습니다. 전쟁 상황에서는 물자 부족으로 생산이 수요를 못 따라가기에 남북전쟁 때도 물가는 꽤 올랐습니다. 하지만 전쟁이 종료된 1865년 12월 시점에서도 그린백은 68%의 가치를 유지했습니다. 중앙은행, 배급, 가격통제가 없었던 상황에서 1차 대전 때보다도 인플레가 낮았으니 상당한 선방이었죠.

링컨 정부는 그린백으로만 전쟁자금을 조달한 것이 아닙니다. 26억 달러에 달하는 빚도 졌습니다. 빚의 상당액은 채권이었고 거액 채권의 매입자는 은행일 수밖에 없었습니다. 은행들의 압력으로 그

---

6 헨리 캐리(Henry Carey 1793~1879)는 독일의 프리드리히 리스트처럼 애덤 스미스의 자유무역론에 각을 세운 정치경제학자였다. 그의 아버지 매슈 캐리(Mathew Carey 1760~1839)는 아일랜드 출신으로 아일랜드의 산업화를 부르짖다가 영국의 탄압을 받고 미국으로 이주한 출판인이었다. 매슈 캐리는 미국을 야만인의 땅으로 그리던 영국 주류 언론에 맞서 미국 경제의 실상을 해외 지식인들에게 알리는 활동에도 힘썼다. 애덤 스미스의 자유무역론에 세뇌된 독일 대학에서 추방당한 프리드리히 리스트도 1824년 미국에 오기 전 이미 독일에서 책을 통해 자기와 비슷한 생각을 가진 정치경제학자들이 미국에 많다는 사실을 알고 있었다. 리스트는 캐리 부자와도 깊은 교분을 나눴다.

린백은 두 가지 제약을 받게 됐습니다. 그린백은 관세 지불용으로도 못 썼고 채권에 이자를 지급하는 용도로도 못 썼습니다. 정부가 발행하는 그린백을 못 쓰면 금이나 민간은행권들로 지불해야 합니다. 민간은행권들은 결국 금으로 바꿔주겠다는 약속으로 굴러가기에 금에 기대는 돈입니다. 결국 그린백은 금을 주무르는 금권세력으로부터 완전히 벗어나지 못합니다. 만약 그린백이 아무 제약 없는 돈으로 쓰였다면 금에 대한 의존도가 사라져 그린백의 가치는 그만큼 더 올라갔겠죠. 그린백은 남북전쟁이 끝난 뒤 꾸준히 가치를 되찾아 1878년 12월이면 금 1달러와 맞교환됐습니다. 북부 정부가 4억 5천만 달러의 그린백을 은행에서 빌렸더라면 이자로만 40억 달러를 내야 했을 겁니다. 그린백은 링컨 정부의 전비 조달 부담을 엄청나게 줄여줬습니다.

미국 정부는 당초 법에 따라서 그린백을 5억 달러까지 찍을 수 있었지만 실제로 4억 5천만 달러만 찍는 신중함을 보였습니다. 국가 부채를 낳지 않는 그린백을 전쟁이 끝난 뒤에도 미국의 정식 화폐로 만들어야 한다는 여론이 높았습니다. 하지만 그린백이 국가 통화로 채택되면 은행은 더이상 지폐를 찍어내면서 돈놀이를 할 수 없게 됩니다. 은행은 정치권을 매수하여 그린백 죽이기에 몰입했습니다.

그린백을 죽이려면 그린백을 만든 장본인을 없애야 했습니다. 링컨은 금융에 조예가 깊지는 않았지만 사익보다 공익을 추구하려던 지도자였습니다. 링컨은 4년 동안 전쟁을 치르면서도 미국을 산업 강국으로 키워냈습니다. 철강산업을 육성하고 대륙횡단철도 건설에 착수했고 농업 기계화 시대를 열었고 과학기술을 지원했습니다. 무상 고등교육 기회를 늘리고 자영농에게 토지를 제공했습니다. 미국의 노동생산성은 링컨 정부에서 최소 50%에서 최대 75%까지 늘어났습니다. 이 모두가 필요한 재정 지출을 정부가 빚 부담 없이 마음껏 쓸 수 있게 해준 그린백 덕분이었음을 링컨이 모를 리 없었습니다. 남북전쟁은 62만 명이 죽은 엄청난 전쟁이었습니다. 2차 대전에서 죽은 미군 전사자 40만 명을 능가했습니다. 2차대전은 미국 바깥에서 치른 전쟁이지만 남북전쟁은 미국 안에서 벌어진 전쟁이었습니다. 쑥밭이 된 국토를 재건하려면 어마어마한 돈이 들 수밖에 없었고 링컨은 국가 재건에 필요한 거액의 자금을 그린백 확대로 해결할 가능성이 높음을 금벌이 모를 리 없었습니다. 남북전쟁은 1965년 4월 9일에 끝났고 막 재임을 시작한 링컨 대통령은 1주일도 안 된 4월 15일에 암살당했습니다.

1868년 미국 대통령 선거의 화두는 그린백이었습니다. 국민의 중세 부담을 덜어주는 그린백을 지키고 늘려야 한다는 입장과 종이돈 그린백은 가짜 돈이므로 퇴출시키고 진짜 돈 금을 복위시켜야 한다는 입장이 맞섰습니다. 은행들은 종이돈을 담보 없는 돈이라고 공격했지만 담보가 없기로는 은행들이 찍은 은행권들도 마찬가지였습니다. 남북전쟁이 시작되자 은행들도 은행권과 금의 교환을 중단한다고 선언했거든요. 하지만 금과 안 바꿔주는 종이돈은 가짜고 금과 바꿔준다고 약속하는 은행권이 진짜라는 주장에 혹하는 사람도 적지 않았습니다. 민주당 대통령 후보 경선에서 조지 펜들턴 후보는 나라빚을 종이돈으로 갚겠다고 공약했다가 지도부에게 밉보여 금으로 갚겠다고 약속한 호레이쇼 세이모어 후보로 교체됐습니다. 민주당전국위원장은 로스차일드의 하수인이었던 오거스트 벨몬트였습니다. 그럼에도 당원들은 전당대회에서 나라빚을 종이돈으로 갚기로 결의했습니다. 그러자 로스차일드의 하수인 벨몬트는 민주당원이었음에도 막후에서 공화당 후보 율리시스 그랜트를 지원하기 시작했습니다. 자신이 지분을 가진 일간지를 통해 민주당 후보를 맹공했고 결국 공화당의 그랜트가 대통령에 당선됐습니다. 그랜트 대통령은 1869년 취임하자마자 미국 정부의 채권을 액면 가치대로 금으로 교환해주는 공공신용법을 만들었습니다. 전쟁 동안의 인플레로 채권의 실질 가치는 많이 떨어져 있었습니다. 게다가 미국 정부가 군인들에게 지급한 소액 채권의 상당수는 은행들이 자금난에 쪼들리던 군인들과 유가족들로부터 이미 헐값에 사들인 상태였습니다. 미국 정부는 부족한 금을 주로 영국 은행에서 이자를 내고 빌려야 했습니다. 로스차일드 같은 금벌은 실질 가치가 떨어진 채권을 넘기고 액면 가치로 금을 받아서 떼돈을 번 것도 모자라 채권 변제 용도로 꿔준 금에 대한 이자 수입으로 다시 돈을 벌었습니다. 그린백의 위상은 내려갔고 금의 위상은 올라갔습니다.

1873년의 주화법으로 금의 지위는 더 격상됐습니다. 식민지 시절의 식민권, 독립전쟁 시기의 대륙권, 남북전쟁 시기의 그린백은 나중에 금으로 바꿔주마고 약속한 차용증이 아니라 그 자체가 돈이었습니다. 불환지폐였습니다. 하지만 민간은행들에서 찍은 돈은 금과 바꿔주마고 약속한 태환지폐였습니다. 그런데 지폐를 받고 은행이 내주는 금속은 금뿐 아니라 은도 있었습니다. 따라서 엄밀히 말해 미국의 통화 제도는 금본위제가 아니라 금은본위제였습니다. 1873

213

6. 통화 주권을 되찾으려다 실패한 미국 독립전쟁

년의 주화법은 은의 태환 지위를 박탈했습니다. 그럼 어떤 일이 벌어질까요. 금이 귀해집니다. 금이 귀해지면 금 중심의 금본위제에서 돈도 귀해집니다. 돈이 귀해지면 채권자는 유리해집니다. 귀한 돈으로 이자를 받으니까요. 반면 채무자는 불리해집니다. 귀한 돈을 구해서 이자를 내야 하니까요. 돈을 못 구해서 이자를 못 내면 은행에 재산을 빼앗겼습니다. 그렇게 집과 땅을 은행에 차압당한 서민과 농민이 주화법이 만들어진 뒤 속출했습니다.

그린백을 지지하는 사람들은 그린백당, 서민당 같은 정당을 만들어서 자기들의 뜻을 정치적으로 관철하려고 했습니다. 그린백당은 1876, 1880, 1884년 세 번에 걸쳐서 대통령 후보도 냈습니다. 그린백당을 이어 1892년에 만들어진 서민당은 그린백당의 독자 노선 방식에서 한계를 느끼고 1896년 대선에서 민주당의 윌리엄 제닝스 브라이언 후보를 밀었습니다. 브라이언은 금본위제를 성토하면서 은을 모두가 마음껏 돈으로 만들어 쓸 수 있어야만 경제가 살아난다면서 "인류를 황금십자가에 못 박지는 못할 것"이라는 유명한 연설을 남겼습니다. 하지만 그린백을 지지한 사람들이 염원한 것은 돈을 종이로 쓰느냐 금으로 쓰느냐 금은 모두로 쓰느냐가 아니었습니다. 그린백 지지자들은 민간 금벌에게 넘어간 화폐를 찍는 권리를 국가가 되찾아와야 한다고 생각했습니다. 은을 돈으로 쓰느냐 못 쓰느냐는 문제의 핵심이 아니었습니다. 두 세대 전인 1836년에 앤드루 잭슨 대통령도 비슷하게 문제의 핵심을 정조준하지 못한 실수를 범했었습니다. 악의 본산은 중앙은행 자체가 아니라 공익을 추구해야 마땅할 중앙은행을 장악하여 사익을 추구한 민간은행가들이었음에도 잭슨은 어렵게 민간 중앙은행을 허물어뜨린 뒤 공익을 추구하는 제대로 된 중앙은행을 다시 세우지 않았습니다. 그린백의 상징이 된 브라이언은 1900년, 1908년에도 민주당 후보로 대선에 나섰지만 패했습니다. 그리고 서민당은 1909년 해체됐습니다.

그린백 운동은 정치적으로도 좌초했지만 경제적으로도 좌초했습니다. 1913년 민간 중앙은행인 연방준비은행이 만들어져서였습니다. 1873년 이후 모건 같은 대은행들의 농간으로 금융위기가 주기적으로 찾아들면서 많은 미국인이 집과 땅을 잃었습니다. 그린백당과 서민당은 그 분노의 표출이었습니다. 하지만 미국 정부는 국가부채를 꾸준히 줄여나갔습니다. 남북전쟁 이후 큰 전쟁을 치르지 않아서이기도 했지만 민주당 대통령도 공화당 대통령도 재정 적자를 줄이는 데 주력했습니다. 기업도 은행 빚을 줄였습니다. 자체 이익금으로 재투자하는 기업이 늘어나는 추세였습니다. 정부와 기업의 대출 수요가 줄어드니 은행끼리 경쟁이 붙어서 금리가 내려갔습니다. 금리 하락은 은행 수익 하락으로 이어집니다. 금융이 다시 주도권을 잡으려면 좀더 일사불란하게 금리와 통화량을 좀더 늘리고 줄여서 경제를 휘어잡을 수 있는 민간 중앙은행이 필요했습니다. 민간 중앙은행의 필요성을 부각시키려면 대은행의 이미지를 좋게 만들 필요가 있었습니다.

발권력을
민간 중앙은행에 빼앗기다

1907년 다시 금융위기가 닥쳤습니다. 모건이 경쟁사였던 니커보 거은행의 파산설을 흘리면서 시작된 금융 대혼란이었습니다. 주가는 50%나 추락했고 실업률은 3%에서 8%로 치솟았습니다. 이때 해결사로 등장한 것이 모건이었습니다. 모건은 유럽에서 1억 달러의 금을 들여와 단숨에 미국 금융시장을 인정시켰습니다. 언론은 모건에게 칭송을 퍼부었습니다. 당시 프린스턴대학 총장이었던 우드로 윌슨은 모건 같은 사람이 몇 사람만 더 있으면 미국은 걱정할 것이 없다고 격찬했습니다. 1907년 같은 금융위기의 재발을 막기 위해 국가통화위원회가 꾸려졌습니다. 국가통화위원회는 은행 이익을 대변하는 정치인과 전문가로 채워졌습니다. 국가통화위원회는 '무책임한' 정부가 아니라 '책임 있는' 민간은행들이 기준 금리 결정과 발권력을 갖는 연방준비은행 설립안을 제시했고 이 법은 1913년 12월 22일 의회에서 통과됐습니다. 윌슨 대통령은 다음날 연방준비은행법에 서명했습니다.[7]

미국은 정치적으로는 1776년에 독립했지만 경제적으로는 펜실베이니아에서 토지은행이 자체적으로 돈을 찍어서 공동체 성원에

---

7 연방준비은행안을 관철시키려면 대통령의 협조가 필수적이었다. 1912년 미국 대선은 윌리엄 하워드 태프트 현직 공화당 대통령, 우드로 윌슨 민주당 후보, 시오도어 루스벨트 진보당 후보의 3파전이었다. 루스벨트는 공화당 대통령을 역임한 거물이다. 월가는 공화당 표를 분산시키려고 진보당을 급조해서 루스벨트를 영입했고 결국 모건의 영향력 아래 있었던 윌슨이 당선됐다.

게 돈을 빌려주기 시작한 1723년에 이미 독립한 셈이었습니다. 토지은행은 사익이 아니라 공익을 추구하는 중앙은행이었습니다. 공익을 추구하는 중앙은행을 가진 펜실베이니아는 번영을 누렸습니다. 그러나 식민지의 번영은 종주국 영국에게는 안보 위협이었습니다. 영국 국민도 식민지 펜실베이니아처럼 우리도 잉글랜드은행처럼 사익을 추구하는 중앙은행이 아니라 펜실베이니아 토지은행처럼 공익을 추구하는 진짜 중앙은행을 만들자고 들고일어설 테니까요. 식민지 펜실베이니아는 모두가 잘 먹고 잘 살고 일자리가 넘쳐나는데 영국은 빈민과 실업자로 넘쳐났으니까요. 결국 영국은 1751년 식민지의 발권력을 박탈했습니다. 1773년에 시작된 독립전쟁은 실은 경제적 독립을 되찾으려는 투쟁이었습니다. 미국인은 독립전쟁과 남북전쟁 기간에 대륙폐, 그린백처럼 국가가 은행에 이자를 안 물고 자체 신용으로 돈을 찍기도 했지만 대부분의 전쟁자금은 은행과 개인에게 채권을 팔아서 조달했습니다. 채권은 빚입니다. 미국 국민은 1751년 이후 한 번도 진정한 통화주권을 되찾지 못 했습니다. 1773년부터 시작된 미국인의 경제 독립 전쟁은 1913년 연방준비은행이 들어서면서 결국 패배로 끝났습니다.

연준이 설립되고 1년이 지난 1914년 1차대전이 일어났습니다. 모건은 영국과 프랑스의 전쟁자금 조달을 위한 두 나라 국채 발행의 주관사 자격으로 미국 자금시장에서 채권을 팔아 거액의 수수료를 챙겼습니다. 1917년 초 전세가 독일 쪽으로 기울자 모건은 영국과 프랑스에게 꿔준 돈을 못 받을까봐 미국 참전 여론을 부채질했습니다. 독일이 멕시코와 손잡고 미국을 침공할 것이라는 낭설을 퍼뜨리면서 윌슨 대통령을 압박했습니다. 결국 윌슨은 1917년 4월 대독 선전포고를 했습니다. 미국이 참전하면서 연합국은 승리했습니다. 모건 같은 미국 은행도 꿔준 돈을 고스란히 돌려받을 수 있게 됐습니다. 하지만 미국은 다시 막대한 빚을 지게 됐습니다.

1913년 연준을 만든 사람들이 내걸었던 명분은 국가 통화의 발행권을 정부가 정권 유지를 위해 유권자의 환심을 사려고 남발하지 못하도록 '책임감 있는' 민간 중앙은행에 맡겨서 달러의 가치를 안정시킨다는 것이었습니다. 연준은 약속을 지켰을까요. 연준은 달러의 가치를 지켰을까요. 1913년의 1달러는 2019년의 25.92달러에 해당합니다. 바꿔 말하면 2019년의 1달러는 1913년의 4펜스도 안 됩니다. '책임감 있는' 민간 중앙은행은 지난 한 세기 동안 달러의 가치를 96% 잃었습니다.

$1 in 1913 → $25.92 in 2019

출처: http://www.in2013dollars.com/

그렇다면 앤드루 잭슨 대통령이 민간 중앙은행을 없앤 1836년부터 민간 중앙은행이 다시 만들어진 1913년까지 민간 중앙은행이 없었던 77년 동안 달러는 '무책임한' 정부 밑에서 얼마나 가치를 잃었을까요. 1836년의 1달러는 1913년에도 1.06달러였습니다. 77년 동안 가치를 겨우 6%밖에 안 잃었습니다. '무책임한' 정부는 달러의 가치를 94% 지켰습니다. '무책임한' 영국 왕이 파운드의 가치를 두 세기 동안 98.8% 지켰고 '책임 있는' 잉글랜드은행이 파운드의 가치를 두 세기 동안 98.8% 잃은 것과 비슷합니다.

$1 in 1836 → $1.06 in 1913

돈 가치가 지난 한 세기 동안 25분의 1로 줄어들었다는 것은 누군 가가 돈을 마구 찍어냈다는 뜻입니다. 돈을 찍는다고 무조건 돈 가 치가 하락하는 것은 아닙니다. 가령 집 짓는 데 필요한 건자재가 있 고 집 짓는 일을 갈망하는 사람이 있을 때 찍어내는 돈은 집을 만들 어냅니다. 돈이 없어서 놀리던 건자재와 돈이 없어서 놀던 노동력은 돈이라는 연결고리 덕분에 집으로 탈바꿈합니다. 이런 돈은 생산적 입니다. 반면 이미 있는 집을 자꾸 사고 팔고 사고 파는 데 들어가는 돈은 비생산적입니다. 투기적입니다. 아니 파괴적입니다. 사람이 문 명인으로 살아가는 데 필요한 주택, 보건, 전기 가스 수도, 교통, 교 육 자원을 투기의 대상으로 삼아 자꾸만 사유화해서 주택비, 보건 비, 전기 가스 수도비, 교통비, 교육비를 부풀리면서 다수 서민을 쥐 어짜니까요. 그렇게 은행들이 부풀린 돈은 결국 은행이 다시 빨아들 입니다. 연방준비은행이 이끄는 미국 금융 체제는 미국을 생산자가 존중받고 보호받는 나라가 아니라 투기꾼이 존중받고 보호받는 나 라로 만들었습니다.

한 세기 전 미국에서 은행은 국가로부터 독립했지만 그 바람에 국 가는 독립을 상실했습니다. 발권력을 민간 중앙은행에게 빼앗겼습 니다. 발권력이 정부에게 없는 나라는 아무리 군사력이 강해도 독립 국이 아닙니다. 발권력을 거머쥔 금권세력의 전쟁 돈벌이에 군사력 이 이용되니까요.

2차대전에서 미국에게 패한 일본은 정치적으로는 미군 맥아더 점령사령부에게 예속됐지만 경제적으로는 독립을 유지했습니다. 전쟁에는 졌어도 발권력이 국가에게 있었거든요. 일본의 중앙은행은 사익을 추구하지 않고 국익을 추구했습니다. 진정한 중앙은행은 영국과 미국처럼 금융이 중심에 오는 금융산업 체제가 아니라 독일과 일본처럼 산업이 중심에 오는 산업금융 체제를 추구합니다. 일본은 국가 공동체에 기여하는 중앙은행이 있었기에 전후의 폐허를 딛고 단숨에 경제발전을 이뤄냈습니다. 하지만 1980년대 중반 미국식 금융산업 체제를 선진 경제 체제로 착각한 일본 중앙은행의 잘못된 통화정책으로 말미암아 일본 경제는 나락으로 굴러떨어졌습니다. 그리고 아직껏 그 수렁에서 빠져나오지 못하고 있습니다.

국가부도경제학

7

투기 억제가 살려냈던
일본 경제

Economics Leading to Sovereign Default

일본 경제 성장의 원동력

2차대전이 끝난 뒤 일본 은행들은 부실화된 채권에 짓눌려 파산 상태였습니다. 그런데 어떻게 경제 회생에 성공했을까요. 1950년 한반도에서 전쟁이 터지면서 군수 물자 수요가 폭증했다는 점도 유리하게 작용했겠죠. 하지만 리하르트 베르너라는 독일 경제학자에 따르면 가장 중요한 요인은 일본의 중앙은행인 일본은행이 부실채권을 고스란히 떠안아주며 은행들에게 현금을 공급해서 일본의 금융 체제를 안정시킨 데 있었습니다. 일본 은행들이 중앙은행에서 공급받은 돈을 대출하자 일본 경제는 피가 돌았고 눈부신 성장세를 이어 갔습니다.[1]

일본은행은 어디에서 돈이 났을까요. 미국이 달러를 꿔줬을까요. 달러를 꿔서 경제를 일으켰다면 일본은 달러를 갚느라 고생했겠죠. 일본 정부는 일본은행을 통해 스스로 엔화를 찍었습니다. 일본 정부로부터 독립된 지금의 일본 중앙은행은 금리 조절로 물가를 관리하

---

[1] 전후 일본 경제의 번영을 중앙은행이 어떻게 이끌었고 1980년대 중반 이후 거품을 조성해서 일본 경제를 어떻게 말아먹었는지는 독일 경제학자 리하르트 베르너(Richard Werner)가 쓴 『엔의 지배자들 Princes of the Yen』(2002)을 토대로 삼았다.

는 것이 주임무지만 당시의 일본 중앙은행은 국가경제를 지원하는 일을 주로 했습니다. 가계든 기업이든 국가든 빚이 늘고 돈이 줄면 어려워집니다. 그런데 국가는 조금 다릅니다. 외국에 진 빚이 아니라면 빚을 떠안아주거나 돈을 찍어주는 중앙은행이 있어서 그렇습니다. 물론 국가에 협조하려는 중앙은행이 있을 때의 이야기입니다. 전후의 일본은행은 국가에 협조하려는 중앙은행이었습니다.

일본은행은 은행들에게 돈만 공급한 것이 아니었습니다. 공급한 돈을 은행들이 어디에 얼마나 대출할지도 일본은행이 결정했습니다. 이것을 '창구지도'라고 합니다. 일본은행은 은행들이 부동산, 주식 같은 비생산적 투기 부문이 아니라 철강, 조선, 전자 같은 생산적 제조 부문에 중점적으로 돈을 빌려주도록 감독했습니다. 리하르트 베르너에 따르면 이런 창구지도가 일본 경제를 50년대와 60년대, 70년대의 고도 성장기를 거쳐 1980년대 중반이면 미국에 이어 세계 2위의 경제 대국으로 끌어올린 원동력이었습니다. 왜 일본은행의 대출 개입 정책이 일본 경제를 건실하게 만드는 데 중요했을까요? 그것을 알려면 돈을 누가 만드는지를 먼저 알아야 합니다.

보이지 않는
돈의 정체

돈에는 두 가지가 있습니다. 눈에 보이는 돈과 눈에 안 보이는 돈입니다. 눈에 보이는 돈은 현금입니다. 지폐와 동전이죠. 눈에 보이는 현금은 중앙은행에서 찍습니다. 2019년 6월 현재 한국은행이 발행한 현금은 118조 6281억 원입니다. 그런데 대부분의 나라에서 현금은 전체 돈의 3%도 안 됩니다. 나머지 97%의 돈은 은행 계좌에 존재하는 눈에 안 보이는 돈입니다. 눈에 보이는 돈과 눈에 안 보이는 돈을 모두 합한 한국의 통화량은 2019년 6월 현재 3993조 402억 원입니다.[2] 한국에서 돈으로 쓰이는 현금은 전체 돈의 2.97%에 불과합니다.

97%가 넘는 눈에 안 보이는 돈은 어떻게 만들어질까요. 주류 경제학에서는 이렇게 설명합니다. 어떤 사람이 A은행에 1만 파운드를 예금합니다. A은행은 1만 파운드의 10%에 해당하는 1000파운드만 지급준비금으로 남기고 9000파운드는 다른 사람에게 대출합니다. 9000파운드는 경제 안에서 소비되어 B은행으로 들어옵니다. B은행은 900파운드만 지급준비금으로 남기고 8100파운드를 빌려줍니다. 이 돈은 다시 유통된 뒤 C은행으로 들어오고 C은행은 810파운드만 남기고 7290파운드를 빌려줍니다. 이런 과정이 되풀이되면 새로 대출되는 돈은 계속 줄어들지만 총대출액은 꾸준히 늘어나서 결국 전체적으로 10만 파운드가 대출되는 효과가 나타납니다.

이런 설명은 사람들이 은행의 역할에 대해 가진 고정관념과 잘 맞아떨어집니다. 은행이 뭐냐고 물으면 열 명 중 아홉 명은 사람들이

---

2 http://kosis.kr/search/search.do?query=%ED%86%B5%ED%99%94. 이 액수는 금융기관을 통해서 만들어진 돈의 총액이다. 비금융기관에서 발행한 국채, 지방채, 회사채 같은 채권을 합하면 통화량은 2019년 6월 현재 5041조 원에 달한다. 채권은 현금보다 유동성은 떨어져도 원칙적으로 시장에서 현금화할 수 있는 자산이므로 엄연히 돈이다.

맡긴 돈을 이자를 받고 빌려주는 곳이라고 대답할 겁니다. 은행은 돈을 맡긴 사람에게 주는 이자와 돈을 꾸는 사람에게 받는 이자의 차익으로 먹고 사는 일종의 중개인이라는 거죠. 따라서 은행은 먼저 예금이 들어와야만 대출할 수 있습니다. 예금에 쓰이는 현금은 중앙은행이 만들어냅니다. 따라서 돈을 만들어내는 주역은 어디까지나 중앙은행이라는 거죠. 중앙은행은 지급준비율을 조절해서 경제 상황에 맞게 통화량을 늘리거나 줄인다는 겁니다. 일반 은행들은 이미 존재하는 돈의 거간꾼 노릇을 하면서 수수료로 살아가는 조역으로 남구요.

그런데 중앙은행이 지급준비율을 조절해서 통화량을 조절한다는 것은 이론적으로는 맞지만 현실적으로는 안 맞습니다. 돈을 만들어내는 주도권은 중앙은행이 아니라 민간은행들에게 있습니다. 은행들이 예금으로 들어온 현금 중에서 지급준비금만 떼어놓고 다시 대출해서 통화량이 늘어난다는 설명은, 은행들이 주기적으로 반복되는 금융위기의 책임에서 벗어나려고, 자신들이 어디까지나 대리자에 불과하다는 신화를 유지하려고 만들어낸 허구적 이론입니다. 돈을 만드는 주역은 중앙은행이 아니라 민간은행입니다. 갑이라는 사람이 A은행에서 1억 원을 빌린다고 칩시다. A은행은 고객들이 맡긴 예금액 중에서 1억 원의 여유분이 있어서 갑에게 빌려주는 게 아닙니다. 그저 갑의 계좌를 신설하고 거기에 1억 원을 적어주는 것이 전부입니다. A은행의 회계 장부에서 1억 원은 자산 항목과 부채 항목에 똑같이 기록됩니다. 앞으로 갑으로부터 받아낼 돈이 1억 원이므로 자산이고 갑의 계좌에 넣어야 할 돈이 1억 원이므로 부채입니다.

A은행은 1억 원에 이자를 더한 액수의 약속어음을 갑으로부터 사들이는 형식으로 갑과 1억 원 대출 계약을 맺습니다. 따라서 돈을 빌리는 주체는 갑이 아니라 은행이 됩니다. 그리고 갑이 빌린 1억 원은 은행 장부에서 '예금'으로 적힙니다. 대출이 예금으로 둔갑합니다. 하지만 우리가 돼지저금통을 깨서 나온 현금을 은행에 맡긴다는 뜻의 그런 예금과는 거리가 멉니다. 돈을 만들어내는 주체가 중앙은행이 아니라 민간은행이라는 사실은 영국의 중앙은행인 잉글랜드은행도 인정하는 사실입니다.[3] 은행이 주장하는 예금은 은행이 아무 비용을 안 들이고 만들어낸 돈입니다. A은행은 1억 원을 빌려주면서 컴퓨터 자판으로 1억이라는 숫자를 입력하는 데 들어간 전기료 말고는 한푼도 돈을 안 들였습니다. 중앙은행이 찍는 은행권은 대부분의 나라에서 3%도 안 됩니다. 97%는 은행들이 허공에서 만들어낸 돈입니다.[4] 은행들이 대출을 무리하게 늘리는 바람에 지급준비금이 부족해지면 은행들이 지급준비금을 확보하려고 하는 바람에 금리가 갑자기 오를 수 있는데 이때 중앙은행은 은행들이 보유한 자산을 매입해서 은행들에게 지급준비금을 늘려주게 마련입니다. 금융상품은 장기 금리가 안정되게 유지되리라는 믿음 위에서 보통 설계되는데 금리가 흔들리면 금융시장이 흔들릴 수 있어서입니다.[5] 통화

3 bankofengland.co.uk/-/media/boe/files/quaterly-bulletin/2014/money-creation-in-the-modern-economy.pdf?la=en&hash=9A8788FD44A62D8BB927123544205CE476E01654
4 97%의 돈을 은행들이 만들어내는 원리는 Josh Ryan-Collins, 『돈은 어디에서 오나 Where Does Money Come From?』 2장 「은행들은 무엇을 하나」를 토대로 삼았다.
5 전용복, 「현대화폐이론에 따르면 통화발행권은 민간은행이 갖고 있다」, *Newstof*, 2019년 5월 1일. http://www.newstof.com/news/articleView.html?idxno=1524

7. 투기 억제가 살려냈던 일본 경제

공급의 실질적 주도권이 중앙은행이 아니라 민간은행들에게 있는 이유는 그래서입니다.

전후 일본은행이 은행들에게 돈만 제공하고 그 돈이 어디에 대출되는지 관여하지 않았다면 십중팔구 그 돈은 부동산 같은 투기 부문으로 흘러나갔을 가능성이 높습니다. 기업에게 빌려준 돈은 기업이 파산하면 몽땅 날릴 수도 있지만 부동산 대출은 부동산이라는 실물 담보가 있어 돈을 완전히 떼일 가능성이 낮아지니까요. 일본은행은 돈이 공기나 물만큼이나 소중한 공공재임을 알았습니다. 그래서 돈이 민간은행들의 돈벌이에만 쓰이지 않도록 창구지도를 했죠. 그것은 한정된 자원을 가장 생산성 높은 부문에 집중시켜야 하는 전시체제의 유산이었습니다.

제조업 강국으로
일어선 일본

리하르트 베르너에 따르면 19세기 이후 일본의 경제 사회 정치 체제는 딱 두 번 근본적 변화를 겪었습니다. 하나는 19세기 후반의 메이지유신이었고 또 하나는 2차대전의 전시 체제였습니다. 일본 전시 경제 체제의 특징은 국가가 중앙은행을 통제하면서 통화정책을 주도한다는 점이었습니다. 민간 중앙은행이 통화정책을 주도하는 영국, 미국과 결정적으로 다른 점이었습니다. 1942년에 제정된 일본은행법은 "일본은행은 국가경제의 총력이 적절히 발휘될 수 있도록 국가정책에 따라 통화 조절, 금융 조정 및 신용 제도를 유지하고 육성하는 책임을 떠맡는 것을 목적으로 한다"고 서두에서 밝힙니다. 이 법은 1939년 독일에서 만들어진 국가은행법을 거의 그대로 번역한 것이었습니다.[6] 독일 중앙은행은 국가의 필요에 따라 돈을 공급했을 뿐 아니라 특정 생산 부문에 신용을 우선적으로 공급하는 창구지도까지도 주도했습니다. 일본 금융 관료들은 독일로 파견되어 독일 금융을 배웠습니다.

2차대전 이후 일본의 초고속 성장은 정성적 변화가 아니라 정량적 변화였습니다. 일본 경제는 2차대전 이후에도 최소한의 자원 투입으로 최대한의 생산을 이끌어내는 전시 경제 체제를 이어갔습니다. 2차대전은 끝났지만 미국은 다시 중국과 소련 공산 체제에 맞서는 냉전에 돌입했고 전쟁에서 이기려면 금융이 중심에 오는 미국과는 다른 경제 체제였을지언정 일본 전시 경제 체제를 그대로 용인했습니다. 덕분에 일본 경제는 50년대와 60년대에 거의 항상 두 자리 성장률을 보였습니다. 1959년에는 실질 경제성장률이 17%였습니

---

6 일본은 그보다 10년 전인 1932년에 이미 국가경제의 필요에 부응해서 중앙은행이 통화 공급을 대폭 늘리는 방법으로 대공황에서 가장 먼저 빠져나온 바 있었다. 일본에서 이런 발상을 보급하는 데 큰 역할을 한 사람은 영국의 금융개혁운동가 클리포드 휴 더글러스(Clifford Hugh Douglas 1879~1952)였다. 더글러스는 소비가 생산을 못 따라가는 자본주의의 근본적 문제를 해결하려면 국가가 사회신용을 만들어서, 다시 말해서 돈을 찍어서 공동체 성원 모두에게 기본소득을 제공해야 한다고 역설했다. 더글러스의 책들은 당시 일본에 널리 소개됐고 더글러스는 일본에 와서 강연까지 했다. 세키 히로노(関曠野) 강연, 〈살기 위한 경제 生きるための経済〉, 2009, http://bijp.net/transcript/article/27. 하지만 발권력을 국가가 가져야 한다는 내용이 담긴 독일 경제학자 게오르크 프리드리히 크나프(Georg Friedrich Knapp 1842~1926)의 주저 『화폐국정학설』은 1922년에 이미 일본에 소개됐다(http://dl.ndl.go.jp/info:ndljp/pid/971256). 크나프의 이론은 히틀러의 경제정책에도 영향을 줬다.

다. 1960년부터 1970년까지 일본의 실질 국내총생산은 2.6배로 늘었습니다. 1971년 OECD 전체의 무역 흑자 74억 달러 중 58억 달러를 일본이 달성했습니다. 1970년이면 일본은 독일을 제치고 세계 2위의 경제 강국이 됐습니다. 일본은 미국이 말하는 자유 시장 체제가 아니라 전시 경제 체제로 제조업 강국으로 일어섰습니다.

일본이 제조업 강국으로 일어서는 동안 미국은 사정이 어땠을까요. 2차대전 이후 달러는 파운드를 밀어내고 세계의 기축통화로 자리잡았습니다. 그것은 단순히 미국의 경제력과 군사력이 강해서만은 아니었습니다. 누구든지 달러를 가져오면 금 1온스당 35달러로 계산해서 금으로 바꿔줄 테니 달러 가치가 떨어질까봐 걱정하지 말고 안심하고 달러를 국제 거래에 쓰라는 미국의 약속이 있어서였습니다. 그것은 미국도 자신이 보유한 금의 범위 안에서 달러를 찍겠다는 약속이기도 했습니다. 하지만 미국은 약속을 어겼습니다. 베트남전 같은 전쟁자금으로, 독일과 프랑스의 알짜 기업을 인수하는 자금으로 달러를 마구 찍어냈습니다. 미국의 생산시설은 1930년대 이후 재투자를 소홀히 하여 노후화돼 있었지만 독일과 프랑스는 전후 최신 생산시설을 도입한 공업력을 기반으로 급성장하고 있었습니다. 프랑스의 드골 대통령은 허공에서 찍어낸 돈으로 프랑스 우량기업을 사들이는 미국의 통화정책에 불신을 품고 달러를 모았다가 금으로 바꿔달라고 미국에 요구했습니다. 다른 나라들도 달러를 금으로 바꿔 갔습니다. 1968년 초면 미국의 금 보유고는 급감했습니다. 그 해 5월 프랑스에서는 격렬한 학생 시위가 일어났고 드골은 이듬해 하야했습니다. 지정학자 윌리엄 엥달에 따르면 1968년 5월 프랑스 학생'혁명'의 배후에는 달러의 기축통화 지위를 지키는 데 사활이 걸렸던 미국이 있었습니다.[7] 하지만 미국이 남발한 달러를 미국은 결국 금으로 바꿔줄 수가 없었고 1971년 8월 금태환제를 포기했습니다. 달러의 기축통화 지위는 흔들렸습니다.

일본의 거품 경제

달러를 위기에서 구한 것은 1973년 10월의 중동전쟁의 여파로 일어난 유가 앙등이었습니다. 10월 중순 3.01달러였던 유가는 이듬해 1월 초 11.65달러에 달했습니다. 무려 400%나 올랐습니다. 기름은 보통 달러로 거래됐으니 유가가 급등하면 달러 수요도 급등하고 달러 가치가 오릅니다. 윌리엄 엥달에 따르면 1970년대 중반의 오일쇼크는 미국이 달러의 기축통화 지위를 지키려고 이란, 사우디 같은 산유국들과 손잡고 일으킨 경제 공격이었습니다. 오일쇼크는 미국과 산유국을 뺀 모든 나라에게 날벼락이었습니다. 1970년대 초 세계 모든 발전도상국의 경상수지 적자는 60억 달러였는데 1974년에는 260억 달러였습니다. 기름값이 4배 오른 만큼 빚도 정확히 4배 늘었습니다. 산유국들은 기름을 팔아 번 오일달러를 미국 은행들에 투자했고 미국 은행들은 이 돈으로 발전도상국을 상대로 돈놀이를 했습니다. 공업과 농업에 투자했어야 할 돈으로 빚을 갚다 보니

7 　Willam Engdahl, 『전쟁의 세기』, 8장 「파운드 위기와 아데나워-드골 위협」.

발전도상국의 공업화 노력은 좌초됐습니다.[8] 그 뒤로 미국은 기름을 달러로만 사고 팔게 만드는 오일달러 체제를 밀어붙이면서 기축통화국 지위를 지켰습니다.

일본도 유가 앙등에 따른 제조 원가 상승으로 어려움을 겪었지만 제조업 강국의 지위는 흔들리지 않았습니다. 오일쇼크는 모든 나라가 똑같이 겪었으니까요. 유가가 앙등하면서 오히려 일본의 소형차는 미국 시장에서도 잘 팔렸습니다. 1980년대에 이르면 일본 경제가 미국 경제를 따라잡는 것은 시간 문제로 보였습니다. 미국의 무역수지는 악화일로를 걸었습니다. 미국은 결국 1985년 일본과 플라자합의를 맺고 달러 가치를 인위적으로 떨어뜨렸습니다. 미국의 무역 적자를 줄이기 위해서였습니다.

엔 가치를 올리려면 엔을 시장에 많이 풀면 안 됩니다. 즉 대출을 늘리면 안 됩니다. 그런데 일본은행은 창구지도를 통해 은행들에게 대출을 대폭 늘리도록 독려했습니다. 일본은행이 그럴 수 있었던 것은 물가가 안 올라서였습니다. 일본 수입품의 주종은 공산품이 아니라 원자재였습니다. 엔화가 오르니 원자재 수입가는 오히려 내렸습니다. 1980년대 후반 일본의 소비자물가는 평균 1.3% 증가했습니다. 1987년과 88년에는 물가가 내려 디플레를 우려할 정도였습니다. 늘어난 돈은 일본 국내외의 투기성 자산 곧 부동산, 주식 매입에 집중됐습니다. 일본의 거품 경제가 절정에 달했던 1989년 도쿄에 있는 황궁을 둘러싼 작은 땅의 가격이 캘리포니아 전체의 가치와 맞

---

8 같은 책, 9장 「오일쇼크의 주역」.

먹었습니다. 도쿄 중심의 작은 구 하나 가격이 캐나다 전체의 땅 값과 같았습니다. 1986~90년에 일본의 국내총생산, 무역수지 흑자 증가율은 각각 5.5%였지만 은행들이 신용 확대 곧 대출 확대를 통해 공급을 주도한 통화량은 연평균 15%씩 늘었습니다. 늘어난 통화량의 3분의 2는 생산 부문으로 가지 않고 투기 부문으로 흘러 거품으로 쌓였습니다. 거품은 결국 터집니다.

1989년 12월 미에노 야스시 신임 일본은행 총재는 그 동안 느슨한 통화정책으로 부동산 투기에 힘이 실렸고 빈부 격차가 벌어졌다며 앞으로는 투기성 대출을 억제하겠다고 밝혔습니다. 그리고 바로 기준금리를 올려나갔습니다. 금리가 오르고 대출이 줄자 부동산은 폭락했고 부동산 폭락은 주가 폭락으로 이어졌습니다. 미에노 총재는 비판을 받았을까요. 아닙니다. 오히려 일본 경제를 거품 경제로 몰아간 대장성 관료들에 맞서는 의로운 로빈 후드로 일본 언론에서 추앙받았습니다. 미에노의 금리 인상은 크리스마스 선물로 미화됐습니다. 전후 일본 경제를 기적적으로 회생시킨 주역은 대장성이라는 인식이 강했던 데다가 1942년에 제정된 일본은행법도 일본은행의 역할을 국가경제에 기여하는 것으로 못박았으므로 전통적으로 대장성은 일본은행보다 우위에 있었습니다. 금리 수준 같은 중요한 경제 정책도 대장성에서 결정했습니다. 거품 경제를 낳은 것은 금리 인하였고 금리 인하는 대장성이 주도했으니 거품 경제를 일으킨 책임은 대장성에게 있다고 일본 언론은 몰아갔고 일본 국민도 그렇게 믿었습니다.

그런데 거품 경제를 일으킨 장본인이 바로 미에노였습니다. 일본은행 총재는 대장성 출신과 일본은행 출신이 번갈아가며 맡는 전통이 있었습니다. 대장성 출신이 총재로 있을 때는 일본은행 출신이 반드시 부총재를 맡았습니다. 미에노는 총재가 되기 전 5년 동안 부총재를 맡았습니다. 일본은행의 실세는 일본은행 출신들이었습니다. 왜 실세였냐구요. 실물 경제가 어떻게 돌아가는지를 잘 알고 있어서였습니다.

경제를 살리고
죽이는 것은

주류 경제학에서는 중앙은행이 금리를 내리면 돈 빌리는 값이 싸지니까 저절로 은행 대출이 늘어나 통화 공급이 증가하면서 경기가 살아나고 중앙은행이 금리를 올리면 돈 빌리는 값이 비싸지니까 저절로 은행 대출이 줄어 통화 공급이 감소하면서 과열됐던 경기가 가라앉는 것처럼 가르칩니다. 그리고 중앙은행의 역할은 금리 조절로 물가를 안정시키는 통화정책에 있다고 가르칩니다. 일본에서 금리를 결정하는 실질적 권한은 대장성에 있었습니다. 그러니 대장성 관료들은 자신들이 일본 경제를 통화정책으로 주무른다고 생각했겠죠.

하지만 경제학자 리하르트 베르너에 따르면 금리가 내린 뒤에 경제가 살아나고 금리가 오른 뒤에 경제가 가라앉는 게 아니라 경제가 살아난 뒤에 금리가 오르고 경제가 가라앉은 뒤에 금리가 내립니다. 원인 결과가 거꾸로입니다.[9] 국민 소비력이 늘어나서 경기가 좋아지면 기업은 금리가 높아도 경기를 낙관하고 돈을 빌려 투자를 늘립니다. 반대로 국민 소비력이 줄어서 경기가 나빠지면 기업은 금리가 낮아도 경기를 비관해서 돈을 안 빌리고 투자를 줄입니다. 따라서 경제를 살리고 죽이는 것은 금리 조절이 아니라 생산 부문에 중앙은행이 은행들의 대출을 통해서 돈을 직접 공급하는 것이었고 그것이 바로 창구지도였습니다. 일본은행은 오랜 창구지도 경험을 통해 그 사실을 너무나 잘 알고 있었습니다. 하지만 대장성 출신들에게는 그런 사실을 비밀에 붙였습니다.

미에노는 1989년 일본은행 총재가 되자마자 금리 인상으로 거품 경제를 바로잡겠다고 일갈했지만 1984년부터 일본은행 부총재로 있으면서 투기 부문 대출을 억제하고 생산 부문 대출을 독려했던 과거의 창구지도와는 정반대로 은행들에게 투기성 대출을 독려하는 창구지도를 주도한 장본인이었습니다. 미에노가 실세 부총재로 군림하던 시절 일본의 부동산업자들은 은행들로부터 돈을 무조건 빌려가달라는 대출 압력에 시달렸고 은행들은 돈을 무조건 빌려주라는 일본은행의 대출 압력에 시달렸습니다. 미에노의 금리 인상으로 거품이 꺼지자 주가는 1990년 한 해에만 32%나 떨어졌습니다. 2003년까지 주가는 무려 80% 떨어졌고 주요 도시의 지가는 84%나 폭락했습니다. 같은 기간 동안 파산한 기업은 21만 2천 개였고 실직자는 500만 명이 넘었습니다.

---

9 Richard Werner, 「금리 변화-원인과 투자자에게 주는 함의 Interest Rate Moves-Causes and Consequences for Investors」, 2018, https://citywire.co.uk/Publications/WEB_Resources/Creative/events/2018/Fixed-Income/RichardWerner.pdf

대장성은 일본 경제를 살리려고 발버둥쳤습니다. 거품을 잡는다고 6%까지 올렸던 금리를 2001년까지 10번에 걸친 금리 인하로 0.1%까지 낮췄습니다. 하지만 아무 소용이 없었습니다. 주류 경제학에서는 일본에서 금리정책이 먹히지 않는 현상을 수수께끼라고 둘러댔지만 리하르트 베르너가 증명한 대로 경기가 금리를 결정했지 금리가 경기를 결정하지 않았으니 당연한 결과였죠. 통화정책은 실패로 돌아갔습니다.

대장성은 1992년부터 2002년까지 10년 동안 146조 엔의 돈을 투입하는 재정정책도 시도했지만 역시 실패했습니다. 흔히 정부가 경기를 살리려고 적자를 감수하면서 국채를 발행해서 조달한 자금을 집행하는 것을 돈을 푼다고 말합니다. 돈을 푼다고 말하면 마치 돈이 늘어나는 듯한 인상을 주지만 국채 발행으로 꼭 통화량이 늘어나는 건 아닙니다. 국채 발행은 중앙은행이 정부로부터 국채를 직접 사들이고 돈을 새로 찍어 정부에게 공급하는 경우에만 통화량 증가로 이어지고 경기를 살립니다. 국채를 은행, 보험사 같은 금융기관이 살 경우에는 전체 통화량은 안 늘어납니다. 정부가 국채를 팔아서 얻은 만큼의 돈이 국채를 사들인 자본시장에서 줄어드니까요. 공공 부문 구매력이 늘어난 만큼 민간 부문 구매력은 줄어듭니다. 특히 그렇지 않아도 은행에서 돈을 빌리기 어려운 중소기업이 타격을 받습니다. 일본에서 바로 그런 일이 벌어졌습니다. 거액의 국채 발행은 별다른 효과를 못 냈고 국가 부채만 늘어났습니다.

심각해진
일본의 양극화

대장성이 마지막으로 기댄 것은 환율정책이었습니다. 엔저로 수출을 늘려 경제를 살리려고 했습니다. 그러자면 엔으로 달러를 사들여서 자본시장에서 엔을 늘리고 달러를 줄여야 했습니다. 그런데 아무리 달러를 사들여도 엔은 도리어 올랐습니다. 두 가지 이유에서였습니다. 하나는 일본이 찍은 엔보다 미국이 찍은 달러가 훨씬 많아서였습니다. 또 하나는 일본은행이 새로 찍은 엔으로 달러를 사들인 게 아니라 보유한 국채를 일본 자금시장에 팔아서 조달한 엔으로 달러를 사들여서였습니다. 엔을 새로 찍은 게 아니라 기존의 엔으로 달러를 사들였으니 엔 가치가 떨어질 리 없었죠. 대장성 관료들은 돈의 생리를 소상히 몰랐습니다. 2차대전이 끝난 뒤로 일본 경제를 정말로 움직인 집단은 돈의 생리를 잘 아는 일본은행 간부들이었습니다.

2차대전 이후 미국은 일본은행을 철저한 친미 인맥으로 관리했습니다. 1952년 전후 최초의 주미 일본 대사를 외교관 출신이 아니라 일본은행 총재 출신이 맡았다는 것은 미국이 금융계 인맥 관리를 얼마나 중시했는지를 보여줍니다. 일본은행에서는 일본은행 출신의 총재가 대장성 출신의 총재와 함께 일할 후배 부총재를 일찍부터 낙점하는 전통이 확립됐습니다. 일본의 거품 경제를 만든 주역 미에노만 하더라도 1950년대 말부터 몇 년 동안 일본은행 뉴욕 지점에서 근무하면서 미국 월가의 중요 인물들과 교분을 맺었습니다. 일본은행 간부들은 대장성이 주역이고 일본은행은 조역인 일본과 달리 연방준비은행이 주역이고 재무부는 조역인 미국이 많이 부러웠겠죠. 그리고 일본도 미국식으로 바뀌어야 한다고 생각했겠죠.

대장성의 통화정책, 재정정책, 환율정책이 실패하자 대장성을 질타하는 목소리가 높아지면서 일본 경제에 근본적 문제가 있으므로 이것을 뜯어고쳐야 한다는 구조개혁론이 힘을 얻었습니다. 구조개혁론의 핵심은 탈규제, 자유화, 민영화를 빙자한 사유화였습니다. 미에노는 1990년대 일본은행 총재에서 물러난 뒤에도 활발한 대외 활동을 이어가면서 대장성의 과오로 일본 경제가 폭망했다며 대장성의 전횡을 막으려면 미국처럼 일본은행을 정부로부터 독립시켜야 한다고 주장했고 온갖 시도에도 일본 경제가 좀처럼 되살아나지 않자 여론도 점점 그쪽으로 기울었습니다. 그리고 1997년 일본은행법 개정을 통해 일본은행은 마침내 정부로부터 독립했습니다. 리하르트 베르너는 일본은행이 대장성의 경기 회복 노력을 구조개혁론을 빙자해 방해한 것으로 추정합니다. 목표는 관료가 중심에 오는 '후진적' 일본 경제 체제를 중앙은행이 중심에 오는 '선진적' 미국 경제 체제로 바꾸는 데 있었겠죠.

1980년대와 90년대에 오면 일본 정부, 은행, 대학의 경제 관련 요직은 미국 유학파로 채워져 있었습니다. 그들은 전후 일본 경제를 기적적으로 도약시킨 비결이 투기 부문보다 생산 부문 대출에 주력한 중앙은행의 개입, 곧 창구지도에 있었다는 사실을 망각한 지 오래였습니다. 미국 주류 경제학에서는 투기 부문과 생산 부문을 구분하지도 않거니와 중앙은행의 창구지도는 수요와 공급의 원칙에 따

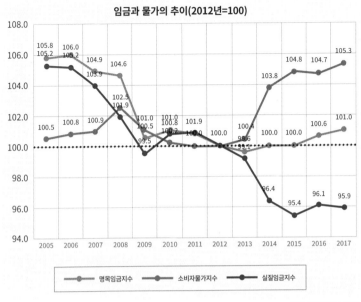

임금과 물가의 추이(2012년=100)

출처: 일본 총무성 통계국

라 '보이지 않는 손'이 다스리는 경제 법칙을 근본적으로 훼손하는 전근대적 발상으로 여겼으니까요.

1990년대 초 거품이 터진 뒤 일본은 양극화가 심해졌습니다. 종신 고용제, 연공서열제 파괴로 고용 안정성이 무너지면서 비정규직이 양산됐습니다. 비정규직이 늘어나니 소비력이 안 늘어났습니다. 경제에 대한 불안감으로 출산율이 낮아져 인구가 감소하니 소비력은 더 줄어들었습니다. 소비가 안 되니 물가는 내려가고 기업은 투자를 못 늘렸습니다. 2001년 이후 일본은행은 일본 경제를 되살리겠다며 국채를 비롯해서 민간 부문이 보유한 금융자산을 대대적으로 사들이는 이른바 '양적완화'에 나섭니다. 2012년 말에 출범한 아베 신조

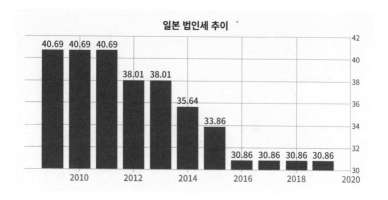

일본 법인세 추이

정부는 일본 경제가 완전히 살아날 때까지 일본은행이 일본 자금시장에서 금융자산을 사들이는 형식으로 엔을 시장에 무제한 공급하겠다는 이른바 아베노믹스로 승부를 걸었지만 퍼부은 돈에 비해 효과는 미미했습니다. 중앙은행에다 금융자산을 팔아넘기고 소비력이 늘어난 것은 개인이 아니라 금융기관, 대기업 같은 대자산 보유 집단이어서였죠. 일본은행이 새로 공급한 돈은 일본의 주가를 끌어올렸을 뿐 아니라 미국의 주가까지 끌어올렸습니다. 주가가 오르면 미국경제는 좋아집니다. 미국은 개인투자자도 많아서 주가 상승의 수혜를 다수가 누리거든요. 하지만 일본은 주가가 올라도 개인투자자가 안 많아서 주가 상승의 수혜는 소수 기관투자자의 몫으로 돌아갑니다. 대다수 일본 국민의 형편은 안 나아졌습니다. 일본 국민의 실질임금은 아베노믹스 이후 오히려 내려갔습니다. 엔 가치를 떨어뜨려 수출을 늘리는 데는 성공했고 원자재 수입가가 올라 물가가 오른 반면 실질소득은 내려가니 국민 생활은 더 어려워졌습니다.

게다가 국민총생산의 2.5배나 되는 국가 부채에도 불구하고 기업의 법인세는 깎아주고 소비세는 올리는 아베노믹스는 결국 자산을 많이 가진 쪽에게 압도적으로 유리한 정책이었습니다. 아베 정부 출범 전 40.69%였던 일본 법인세는 지금은 30.86%입니다. 10%나 내렸습니다. 반면 5%였던 소비세는 8%로 올렸다가 다시 10%로 올리려고 합니다. 법인세 인하로 줄어든 세수를 소비세 인상으로 메꾸려는 거죠.

미국의 양적완화도 유럽의 양적완화도 영국의 양적완화도 일본의 양적완화와 크게 다르지 않았습니다. 부자에게 압도적으로 유리한 돈 풀기였습니다. 영국 중앙은행인 잉글랜드은행은 2008년부터 2014년까지 4450억 파운드 규모의 금융자산을 매입하면서 똑같은 액수의 돈을 자금시장에 풀었습니다. 이 돈이 돌아서 경제를 살릴 거라는 논리였죠. 그런데 영국 정부는 국가 부채를 이유로 긴축을 단행했습니다. 긴축으로 저소득층의 실질소득이 주니 소비도 줄고 기업은 투자를 늘릴 리가 만무했습니다. 자금시장에 풀려난 돈은 부동산으로 몰렸습니다. 부동산을 많이 소유한 영국의 상위 20% 소득자는 부동산 가격 앙등으로 평균 98만 7209파운드였던 재산이 130만 1352파운드로 31만 4143파운드나 늘었지만 하위 20% 소득자는 평균 3896파운드였던 빚이 2237파운드로 1659파운드 주는 데 그쳤습니다.[10] 금융위기 전 5.5%였던 금리가 0.5%까지 내려갔으니 저소득자도 이자 부담이 줄었거든요. 영국 중앙은행이 새로 공급한 돈을

---

10 Edward Smythe, 「위험한 오해를 낳는 잉글랜드은행의 불평등 자료 기술 The Bank of England's Depiction of Inequality Dat Is Dangerously Misleading」, *PositiveMoney*, 2017. https://positivemoney.org/2017/10/boe-inequality-data-misleading/

통해서 상위 20% 소득자는 하위 20% 소득자보다 189배나 더 많은 이익을 봤습니다. 영국 정부의 긴축과 중앙은행의 양적완화가 영국 사회의 양극화를 키운 것처럼 일본 정부의 법인세 인하 및 소비세 인상과 일본은행의 양적완화는 일본 사회의 양극화를 오히려 키웁니다.

일본의
잃어버린 20년

2차대전이 끝난 1945년부터 거품 경제가 생긴 1985년까지 40년 동안 일본이 이루어낸 평등 사회는 실은 일본 역사에서는 예외였습니다. 일본이 중국을 상대로 청일전쟁에서 승리한 1895년 소득 불평등도를 나타내는 지니계수는 0.43이었는데 일본이 중일전쟁에 나서는 1937년의 지니계수는 0.57로 불평등이 오히려 악화됐습니다.[11] 지니계수는 0일 때 가장 평등하고 1일 때 가장 불평등합니다. 중남미에서도 가장 빈부 격차가 심한 나라에 들어가는 브라질의 2017년 지니계수는 0.53이고 멕시코의 2016년 지니계수는 0.48입니다. 1920년대와 30년대 초의 일본 경제는 자유방임주의에 가까웠습니다. 기업 사이의 공격적 인수가 성행했고 노동자 해고가 자유로웠습

---

11 Yoshikawa Hiroshi, 「자본주의의 미래: 불평등 격차시정이 대전제 Future of Capitalism: Resolution of Inequality Is Imperative」, *Research Institute of Economy, Trade and Industry*, 2018. https://www.rieti.go.jp/en/papers/contribution/yoshikawa-hiroshi-02.html

니다. 가장 힘이 셌던 집단은 고생산을 추구한 관료가 아니라 고배당을 요구한 주주였습니다. 일본 기업은 60년대와 70년대에 대부분의 자금을 생산 부문 대출을 중시한 은행들로부터 조달했고 주식시장에서 조달한 비율은 5~10%에 그쳤습니다. 하지만 20년대와 30년대에는 자금의 30~50%를 주식시장에서 조달했습니다. 당연히 대주주들의 목소리가 컸습니다. 1932년과 1936년에 일본의 농촌 출신 소장파 장교들이 친위 군사 정변을 일으킨 데는 극심한 양극화를 초래한 정계와 재계에 대한 반발이 바탕에 깔려 있었습니다. 2차대전 이후 투기를 누르고 생산을 살리는 독일식 산업금융 체제를 고수하면서 일본은 빈부 격차가 극심했던 어제와 결별하고 1억이 중산층인 나라의 실현을 코앞에 두었습니다. 하지만 생산을 누르고 투기를 살리는 미국식 금융산업 체제가 선진 경제라는 미국 주류 경제학의 가르침을 금과옥조로 떠받든 경제 엘리트의 착각으로 경제 파탄을 맞았습니다. 그리고 잃어버린 10년은 20년으로 다시 30년으로 이어지고 있습니다.

일본이 그렇게 많은 돈을 들이고도 경제를 살리는 데 거듭 실패하는 것은 경제를 살리겠다며 쏘아대는 화살이 과녁을 맞추지 못해서가 아닙니다. 과녁 자체가 일본 경제의 급소와 거리가 먼 엉뚱한 곳에 놓여서입니다. 일본 경제의 급소는 다수 국민의 소비력 고갈입니다. 소비력을 늘리려면 기업이 임금을 올리든가 정부가 주거, 교통, 상하수도, 에너지, 교육 등의 공공성을 강화해서 국민의 생활비 부담을 줄이는 길밖에 없습니다. 정부가 민간 기업에게 임금 인상을 압박할 수는 없으므로 선택할 수 있는 길은 공공 투자뿐입니다. 주거비,

교통비, 상하수도비, 전기가스비, 교육비 부담이 줄면 국민은 지출을 알아서 늘리고 경제는 살아납니다. 정부의 공공 투자는 경제 회복의 마중물 노릇을 합니다. 국민이 지출을 늘려 소비가 늘어나면 기업들은 쌓아두었던 돈으로 다시 투자를 늘립니다. 경기가 살아나면 일본 정부의 세수도 늘어납니다. 공공지출이 너무 늘어나서 물가가 오른다 싶으면 그때 세금을 거둬 늘어난 돈을 회수하면 됩니다. 그런데 이렇게 쉬운 길을 일본도, 미국도 왜 안 택하는 걸까요. 공공 부문의 비중이 커지면 은행들의 돈벌이에 차질이 생겨서 그렇습니다.

1913년 연방준비은행이 미국의 중앙은행으로 들어선 뒤 미국의 국가 주권은 공익을 추구하겠다는 약속을 내걸고 국민의 주기적 심판을 받아 탄생하는 정부가 아니라 누구의 견제도 받지 않으면서 항구적으로 사익을 추구하는 민간은행가들의 손에 넘어갔습니다. 미국의 선진 경제를 추앙한 일본 중앙은행 간부들의 노력으로 1997년 일본은행이 정부로부터 독립한 날 일본도 국가 주권을 상실했습니다. 일본 정부는 돈을 풀면서 일본 경제를 살리는 척하지만 실은 금융이 중심에 오는 미국식 자본주의를 추종할 뿐입니다. 일본 정부는 소비세를 올리는 것도 모자라 수도까지 민영화하려고 합니다. 민영화되면 수도료는 반드시 오르고 일본 국민의 소비력은 더 오그라듭니다. 국가 주권을 오래전에 상실한 미국의 경제 체제를 추종하는 일본의 경제가 지속가능한 번영을 되찾을 리 만무합니다.

일본이 사실상 국가 주권을 잃은 1997년에 한국은 국가부도를 맞았습니다. 일본 경제는 거품 붕괴로 파탄났지만 그래도 국가부도를 맞지는 않았습니다. 일본에서 개인과 기업이 주식과 땅을 사들이는 데 쓴 돈은 외국 은행에서 빌린 외국 돈이 아니라 일본 은행에서 빌린 일본 돈이었으니까요. 일본이 1990년대 초에 겪은 경제위기는 외환위기가 아니었습니다. 1997년 한국은 외환위기로 국가부도를 당했습니다. 기업과 은행이 외국 은행에서 빌린 외국 돈이 화근이었습니다.

8

한국의 1997년 IMF 환란은
미국의 경제 공격

Economics Leading to Sovereign Default

은행 인수에
집착한 미국

미국은 1990년대 초부터 아시아 국가들에게 자본시장 개방을 강하게 요구했습니다. 1997년 아시아 외환위기의 주인공이 된 한국, 인도네시아, 태국이 모두 미국의 요청에 따라 1993년 자본시장을 개방했습니다. 그때부터 세 나라 은행과 기업은 외국에서 돈을 마구 빌리기 시작했습니다. 금리가 낮았을 뿐더러 중앙은행들이 달러에 연동된 자국 화폐 가치를 지키겠다고 공언했으니 환차손으로 손해를 볼 위험성이 없었거든요. 아시아로 유입된 민간 외국 자본은 1992년 209억 달러에서 1996년 983억 달러로 급증했습니다. 달러가 유입되니 원 가치가 올라가는 바람에 수출이 줄어 무역 적자가 늘었지만 외국에서 달러가 들어오니 버틸 수 있었습니다. 하지만 해외 투기꾼들은 자본시장을 개방한 아시아 국가들이 가진 외환보유고와 무역 적자의 추이를 면밀히 따지고 있었습니다. 그리고 버티기 어렵겠다고 판단이 섰을 때 달러를 회수하기 시작했습니다. 합리적 대응은 외환보유고를 지키기 위해 변동환율제로 전환하는 것이었지만 세 나라 중앙은행은 하나같이 어리석게도 자국 통화 가치를 고수하는 데 아까운 외환을 쏟아부었고 결국 두 손 들고 IMF의 통치를 받아들였습니다.

　IMF는 대기업과 정부의 유착, 정부의 과도한 개입, 정실주의라는 구조적 문제로 인해 아시아 국가들이 금융위기를 겪게 됐다고 지적했습니다. 한국은 IMF의 요구에 따라 금리를 5% 인상했습니다. 금리가 오르자 건실했던 기업까지 자금난으로 도산했습니다. 도산기업이 늘자 덩달아 은행도 파산위기에 몰렸습니다. 로버트 루빈 미국 재무장관은 한국 정부가 한국 은행들을 구제해서는 안 되며 파산한 한국 은행들은 외국인 투자자만이 인수할 수 있어야 한다고 강하게 압박했고 한국은 그대로 따랐습니다. 2008년 미국 금융위기 당시 미국 정부와 연준이 이자를 거의 제로로 낮추고 은행들의 부실자산을 액면가로 사주면서 미국 금융기관들을 살린 것과 정반대의 조치였습니다. IMF와 미국은 한국이 환란을 겪기 전 이미 한국 금리를 5% 올리면 부도기업이 몇 개나 생길지까지 파악하고 있었고 한국이 구제 요청을 하자 바로 5%의 금리 인상을 요구했습니다.[1]

　미국은 왜 은행 인수에 집착했을까요. 은행은 가성비가 가장 높은 투자입니다. 아니, 투자라고 할 것도 없죠. 은행이 이자를 받고 빌려주는 돈은 그냥 허공에서 만들어내는 돈이니까요. 2018년 말 한국 6대 시중 은행의 외국인 지분율은 73.3%에 이르렀고 외국인 주주에게 돌아간 배당금은 1조 8656억 원이었습니다. 단순히 외국인이 돈을 많이 가져가는 게 문제라고 말해선 안 됩니다. 한국도 외국과의

1　1997년 아시아 국가들이 겪은 환란의 내막은 『엔의 지배자들』 18장 「아시아 위기와 중앙은행들」에 토대를 두고 있다.

무역으로 흑자를 많이 남기니까요.

은행 지분을 외국인이 많이 가졌다는 것이 문제입니다. 은행은 대출을 통해 돈이라는 공공재를 만들어내는 곳이거든요. 돈이 왜 공공재일까요. 공기를 생각하면 됩니다. 공기는 누군가가 노력해서 만들어내는 것이 아닙니다. 그러면서도 누구나 마시고 살아야 하는 것이 공기입니다. 자기가 만든 것이 아닌데도 사유권을 주장하면서 공기 흡입료를 청구하는 사람은 이 세상에 없습니다. 돈도 마찬가지입니다. 돈은 은행에서 누군가에게 대출을 해주는 순간 생겨납니다. 은행이 죽어라고 아끼고 노력해서 만든 것이 아닙니다. 하지만 공기가 없으면 아무도 못 살 듯이 돈이 없으면 아무도 못 삽니다. 돈은 누군가가 공을 들여서 만들어낸 것이 아니므로 누군가가 사유권을 주장할 수 없는 공공재입니다. 그렇게 중요한 공공재를 어떤 용도에 쓰는지가 공동체의 흥망에 결정적 영향을 미칩니다.

양극화의 장본인, 은행

1997년 환란을 맞기 전까지 한국에서 돈은 주역이 아니라 조역이었습니다. 일본에서처럼 한국에서도 은행은 대출을 통해 산업을 뒷받침하는 조력자였습니다. 한국의 모델은 일본이었습니다. 그게 보고 들은 것의 전부였으니까요. 한국이 산업화에 성공한 것은 일본이 근대화의 길을 식민지 시절 너그럽게 가르쳐줘서가 아니라 일본이 독일로부터 받아들인 산업금융 체제를 한국이 일본 식민지에서 벗어난 뒤 국가 발전 전략으로 그대로 받아들여서였습니다. 산업금융 체제는 1913년 연방준비은행의 설립으로 금융산업 체제에 패하기 전까지 미국이 추구해온 경제 모델이기도 했습니다. 거품 붕괴 이후 일본에서 일본은행이 정부에서 독립한 것처럼 환란 이후 한국에서도 한국은행이 정부에서 독립했습니다.

중앙은행이 독립한 뒤 한국에서는 양극화가 심해졌습니다. 미국에게 관치금융으로 지탄받은 정부의 창구지도가 사라졌고 민간은행이 자율적으로 대출할 수 있게 돼서였습니다. 민간은행은 안전성을 중시하기에 산업 융자를 홀대하고 부동산 융자를 우대합니다. 산업은 성패가 불확실하지만 부동산은 돈을 떼여도 실물 자산이 남으니까요. 부동산 대출이 늘어나면 자연히 부동산 가격이 오릅니다. 부동산 가격이 오르면 월세가 오르고 가게세가 오릅니다. 건물주는 좋지만 세입자와 사업자는 죽을 맛입니다. 수입 중에서 고정비로 빠져나가는 돈이 늘어나니까요. 조물주 위에 건물주라는 말이 그래서 나옵니다. 하지만 건물주 위에 있는 존재가 바로 은행입니다. 건물주도 은행에서 빌린 돈으로 건물을 사고 꼬박꼬박 이자를 은행에 바치니까요. 산업이 주인공일 때는 투입돼야 하는 원가 부담으로 인해 터무니없는 거품이 생기기 어렵고 빈부 격차에 원천적 제동이 걸립니다. 하지만 허공에서 돈을 만들어내는 금융이 경제의 주인공이 되면 빈부 격차의 제동 장치가 사라집니다. 특히 미국, 영국, 유럽, 일본에서 양적완화를 통해 찍어내는 돈은 전 세계를 돌면서 부동산 가격을 폭등시킵니다. 은행은 부동산 투기의 주범이고 양극화의 장본인입니다.

양극화의 골이 깊어지면서 한국에서는 집은 말할 나위도 없고 연애도 결혼도 출산도 포기하는 젊은이가 늘어납니다. 인생의 의미가 뭐냐고 물으면 사랑이다, 여행이다, 앎이다, 가족이다, 개개인마다 답은 다양하게 나오겠죠. 그런데 어떤 개인도 외톨이로 살 수는 없습니다. 타인과 교류를 안 하고 살더라도 집, 음식, 옷, 가구 등 살아가는 데 필요한 것을 혼자 해결하면서 살기란 불가능하다는 뜻에서 그렇습니다. 결혼을 안 하고 아이를 안 낳더라도 한 사람이 사회에서 살아가려면 타인들의 도움이 필요합니다. 그런데 그 타인들은 어떻게 존재하게 됐을까요. 그 타인들을 낳아 기른 부모 덕분에 이 세상에 나오게 됐습니다.

공동체의 입장에서 공동체를 이루는 성원들이 가져주기를 바라는 최소한의 인생의 의미는 그래서 개인적 차원에서 생각하는 인생의 의미와 달라질 수 있습니다. 그것은 공동체의 존립에 필요한 개체를 낳아 개인을 위해서도 그렇지만 공동체를 위해서도 대를 이어가는 것입니다. 타인들을 논하기 전에 나라는 개체의 존재 자체가 수천 년 수만 년 수십만 년을 이어온 그런 대물림의 결과입니다. 그런데 그런 대물림 활동을 포기하는 성원이 늘어나면 공동체는 언젠가 사라지고 맙니다. 인구 감소는 환경을 위해서는 오히려 바람직하다고 말하는 사람도 있지만 적어도 현 수준의 인구를 유지하는 것이 지속가능한 경제발전을 위해서는 꼭 필요합니다. 한국의 출산율은 2018년 0.98명으로 1년 전보다 8.7% 떨어졌습니다. 2008년부터 인구가 감소하기 시작한 일본의 출산율은 2018년 1.42명이었습니다.

한국의 인구 감소는 국가비상사태라고 해도 좋을 만큼 심각합니다.

이민자를 받아들이면 되니 인구 감소는 걱정 안 해도 된다고 말하는 사람도 있습니다. 주로 경제력이 있는 사람들의 생각이죠. 그렇지만 근본 처방이 못 됩니다. 이민자는 결혼을 안 하고 일만 해야 하는 건 아니겠죠. 그럼 과연 주거비, 교육비, 양육비 부담을 감수하면서 이 사회에서 결혼해서 아이를 낳고 살 수 있을까 하는 고민에 조만간 빠집니다. 어찌어찌 그 이민자가 결혼해서 자식을 낳아 기르더라도 적어도 그 자식이 어른이 되면 똑같은 문제에 봉착합니다. 영국의 유럽연합 탈퇴를 지지한 영국인의 상당수는 이민자 유입으로 생활이 어려워졌다고 피부로 느낀 서민이 많지만 그 서민이 모두 백인인 것은 아닙니다. 아버지 대 할아버지 대에 영국으로 이민 온 유색인 중에서도 영국의 유럽연합 탈퇴를 지지하는 사람이 적지 않습니다.[2] 결국 자국민이건 외국인이건 가릴 것 없이 누구라도 가정을 안심하고 꾸릴 수 있는 사회를 만드는 데 목표를 둬야 합니다.

흔히 고리대금이라고 하면 높은 이자를 뜻하는 줄 알지만 그렇지 않습니다. 영국의 경제사상가 힐레어 벨록에 따르면 고리대금은 이자를 높게 받느냐 낮게 받느냐와 무관합니다. 며칠 벌이가 없는 일용직 노동자에게 빵 여섯 덩이를 주고 일곱 덩이로 갚으라고 요구하는 빵집 주인은 고리대금업자입니다. 빵을 빌려간 노동자는 일을 못했으므로 빵을 먹기만 했지 재부를 생산하지 못했습니다. 빵집 주인

---

2 금융자본이 특히 이민개방정책을 옹호하는 것은 부채의 늪에 빠진 자국민은 더이상 벗겨먹을 수가 없어 새로운 고객을 창출하기 위해서라는 시각도 있다. https://www.gold-eagle.com/article/war-cycles-peace-cycles

이 빌려준 빵 여섯 덩이는 공동체 안의 재부를 전혀 안 늘렸습니다. 그러므로 그가 추가로 빵 한 덩이를 받아내면 작게는 노동자의 재부가, 크게는 공동체의 재부가 그만큼 축납니다. 일을 못 하는 가장에게 공동체가 제공해야 하는 것은 이자 붙은 사채가 아니라 생활지원금입니다. 고리대금을 뜻하는 영어 usury는 '닳아 없앤다, 마모시킨다'는 뜻에서 유래했습니다. 온 세상이 고리대금에 몰두한다면, 빌린 재부가 생산적으로 쓰이지 않았는데도 이자를 요구한다면, 빌린 재부가 공동체 안의 재부를 모두 잡아먹어서 결국 더는 먹어치울 재부가 없는 상황에 이를 것이고 돈을 빌려준 사람들만 빼고는 모두가 망할 거라고, 돈을 빌려준 사람들도 더는 빨아먹을 피가 없어 공멸할 것이고 사회는 끝장날 거라고 벨록은 경고합니다.[3] 부동산 대출이 바로 그렇습니다. 은행에서 돈을 빌려서 사는 땅과 아파트는 생산과 무관합니다. 은행이 허공에서 찍어서 이자를 붙여 꿔주는 돈으로 집을 사는 사람이 늘어나면 집세가 올라가서 결국 은행 문턱에도 못 가볼 서민의 재부가 줄어듭니다.

공동체 인구 감소의 주원인이 양극화에 있고 양극화의 주원인이 부동산 폭등에 있고 부동산 폭등의 주원인이 은행에 있다면 은행이 고리대금을 통해 빨아들인 돈을 다시 일부라도 공동체 안으로 받아들여야 합니다. 방법은 간단합니다. 기업으로서 내는 법인세와는 별도로 은행에게 세금을 물리면 됩니다. 2010년 헝가리에서 집권한 빅토르 오르반 우파 정부가 선택한 길입니다.

---

3 힐레어 벨록, 『헬렌을 위한 경제학』, 2019, pp. 205~206.

헝가리 오르반 정부의
실험

  헝가리는 공산권 붕괴 이후 8년 동안 집권한 사민당 좌파 정부가
국민의 기대를 저버리고 사유화를 통한 국가 자산 가로채기에 앞장
서면서 경제는 풍비박산 나고 나라는 빚더미에 오른 상태였습니다.
2008년 미국발 금융위기에 직격탄을 맞아 IMF에 손을 벌려야 했습
니다. 새로 출범한 오르반 정부는 우파 정부답게 부채 상환 재원 조
달을 위해 부가가치세를 5%에서 25%로 대폭 올렸습니다. 하지만
IMF의 예상을 깨고 영국처럼 은행을 살리고 국민에게 긴축을 강요
한 것이 아니라 은행에게 세금을 매겨서 나라빚을 갚아나갔습니다.
500억 포린트(2000억 원) 이상의 자산을 가진 금융기관으로부터 이
익이 아니라 자산의 0.5%를 과세했습니다. 사유화의 광풍 속에서
당시 헝가리의 은행도 대부분 외국인 지분이 압도적으로 높았습니
다. 오르반 정부가 이렇게 거둬들인 은행세는 매년 10억 달러에 달
했습니다. 덕분에 헝가리는 2013년 IMF와 결별하고도 경제위기에
서 벗어났습니다. 은행세를 받아내자 오르반 정부는 유럽연합으로
부터 독재 정권으로 규탄받았습니다.
  오르반 정부가 유럽연합에게 밉보인 또 하나의 이유는 중앙은
행의 독립성을 "훼손"해서였습니다. 오르반은 집권하자마자 총리
가 중앙은행장을 임명하는 법을 통과시켰습니다. 헝가리 중앙은행
이 정부의 통화량 증가 정책에 부응해서 7%였던 금리를 빠르게 낮
춰나가자 돈이 돌면서 헝가리 경제의 자금 경색이 풀리기 시작했습

니다. 집권 초반 오르반 정부를 어렵게 만든 것은 가계 부채였습니다. 2010년 당시 헝가리의 가계 부채는 국민총생산의 40%였습니다. 40%면 아주 높다고 볼 수는 없었지만 문제는 스위스프랑화 같은 외국 돈으로 갚아야 하는 가계 부채가 3분의 2나 된다는 데 있었습니다. 오르반 정부는 신규 외환 주택담보대출을 금지한다든지 차압을 유예한다든지 정부의 외환 지원으로 가계들이 변동 금리가 아니라 고정 금리로 빚을 갚을 수 있게 한다든지 은행들이 대출 기간 동안 받은 불법 수수료를 대거 추징하여 가계들에 되돌려준다든지 중앙은행의 주도 아래 외환 부채를 헝가리 포린트화 부채로 전환한다든지 하는 방법을 총동원해서 가계 대출 위기를 해결했습니다.[4] 2011년 국민총생산의 40%였던 가계 부채는 2019년 초 현재 20% 밑으로 떨어졌고 이 중 외국 돈으로 진 빚의 비율은 제로에 가깝습니다. 좌파 정부 집권 시절 10%까지 올라갔던 헝가리 금리는 2016년 이후 0.9%로 안정세를 이어갑니다.

오르반 우파 정부를 가장 고민스럽게 한 것은 헝가리의 낮은 출산율이었습니다. 헝가리는 1차대전 때 독일과 같은 편에서 싸웠다가 지는 바람에 국토의 71%, 인구의 66%를 잃었습니다. 헝가리 인구는 1980년 1070만 명으로 정점을 찍은 뒤 내림세로 돌아서더니 2011년에는 1천만 명 선도 무너졌습니다. 2018년 현재 헝가리 인구는 977만 8천 명입니다. 30년 전보다 100만 명 가까이 줄어들었습

---

4 http://abouthungary.hu/issues/how-hungary-eliminated-foreign-exchange-loans-and-averted-a-crisis/

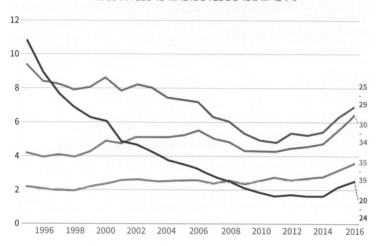

헝가리의 연령대별 여성 결혼율

주어진 연령대에서 결혼한 여성의 숫자를 1년 전의 결혼 안 한 여성 숫자로 나눈 수치.

니다. 인구의 10%가 감소했습니다.

오르반 정부는 집권 이후 정책의 최우선 목표를 아이 기르기 좋은 나라로 만드는 데 두었습니다. 특히 경제위기에서 완전히 벗어난 2015년부터는 획기적인 가족주택지원사업을 시작했습니다. 앞으로 10년 동안 자녀를 3명 이상 낳겠다고 약속하는 40세 이하의 부부에게 1천만 포린트(4천만 원)의 신축 주택 구입 자금을 무상으로 제공했습니다. 헝가리의 평균 독채 가격은 930만 포린트입니다. 웬만한 지방이라면 이 돈만으로도 얼마든지 집을 마련할 수 있습니다. 은행 빚을 떠안지 않고도 말이죠. 그뿐 아닙니다. 어디에서나 처음에는 집 말고도 정착 자금이 필요하리라는 점까지 감안해서 25년 상환 3% 이자라는 좋은 조건으로 1천만 포린트를 별도로 나라에서 빌려줍니다. 오르반 정부는 자녀가 많을수록 소득공제액도 대폭 늘려줍니다.

심지어 정규 휴가와는 별도로 자녀 숫자에 따라 2일(1명), 4일(2명), 7일(3명 이상)으로 유급 휴가도 더 받도록 법으로 정했습니다. 남녀가 결혼하면 처음 2년 동안 매달 20만 원씩 부부에게 생활비를 보조하는 제도도 운영합니다. 정부의 적극적인 가족 지원책 덕분에 헝가리의 출산율은 더이상 안 떨어지고 조금씩이나마 오르고 있습니다. 2014년에 1.4명이던 출산율은 2016년 1.53명, 2017년 1.54명으로 올랐습니다. 정부가 아이 있는 가정을 다각도로 도우니까 이혼이 줄고 결혼이 늘었습니다. 더욱 고무적인 것은 여성의 혼인율이 젊은 여성을 포함해서 모든 연령대에서 높아졌다는 사실입니다.[5] 이런 가족 지원 사업에 들어가는 돈 가운데 상당액은 은행세에서 나옵니다.

오르반 정부가 유럽연합에서 비판받는 또 하나의 이유는 이민 장벽을 높이 쌓아서입니다. 특히 국경 허물기 운동을 주도하면서 유럽이 난민을 대폭 받아들여야 한다고 역설하는 헝가리 출신의 유대인 금융인 조지 소로스와 오르반 정부는 사이가 안 좋습니다. 오르반 정부가 가족주택지원사업에 착수한 2015년 소로스는 유럽연합 회원국들이 매년 100만 명의 난민을 받아들여야 하고 난민 1인당 거주비를 비롯한 생활지원금으로 2년에 걸쳐 3만 유로에 해당하는 금액을 각국이 분담해야 한다고 덧붙였습니다. 3만 유로는 오르반 정부가 세 자녀 이상의 가정을 위해 무상으로 제공하는 1천만 포린트에 해당합니다. 한국 원화로 똑같이 4천만 원입니다. 외국인 난민 1인에게 4천

---

5 Guillaume Durocher, 「헝가리의 인구 혁명 The Demographic Revolution in Hungary」, The Unz Review, 2018년 11월 14일. http://www.unz.com/gdurocher/the-demographic-revolution-in-hungary/

8. 한국의 1997년 IMF 환란은 미국의 경제 공격

만 원을 제공하기보다는 자국의 다자녀 가정에게 4천만 원을 제공하려는 나라를 과연 반문명적이고 반민주적인 파시스트 독재 국가라고 규탄해야 할까요. 더욱이 유럽으로 쏟아져들어오는 난민의 다수는 유럽과 미국이 민주주의를 회복한다며 멀쩡한 나라로 쳐들어가는 바람에 쑥밭이 된 시리아, 이라크, 리비아, 아프간, 예멘 등지에서 왔습니다. 전쟁산업으로 돈을 벌고 난민사업으로 돈을 버는 투기자본가들이 자국 국경선 안에서만이라도 안전한 가족 중심 사회를 만들려는 오르반 총리를 성토하는 것은 어불성설입니다.

허공에서 빚은 돈을 대출해서 돈을 버는 금융기관의 이익을 회수해서 젊은 남녀의 가정 만들기를 돕는 헝가리의 오르바노믹스는 헝가리 사회 문제를 정조준하여 헝가리의 밝은 미래를 열어가지만 금융세력에게 접수당한 국제 사회의 주류 언론으로부터는 파시즘으로 비난받습니다. 반면 중앙은행이 돈을 찍어서 금융기관에게 떠안겨 전 세계 부동산 가격을 폭등시키는 데 기여하는 아베노믹스는 일본 사회 문제를 오조준하지만 투기성 통화의 공급이 확대돼야 이익을 보는 금융세력을 섬기는 국제 사회의 주류 언론으로부터는 경제를 살리는 회심의 승부수로 칭송받습니다.

헝가리가 금융기관의 자산에 부과한 은행세는 국가 재정뿐 아니라 은행 재정도 건전하게 만들었습니다. 은행의 자산은 '예금'이라고 적고 밖에다 빌려준 돈 곧 대출의 총액입니다. 이자 수익만 노리고 함부로 돈을 빌려줬다가 돈을 못 받으면 은행의 대출자산은 부실자산이 됩니다. 그런데 은행세가 있으니 은행은 부실자산에 대해서도 세금을 내야 합니다. 빌려준 돈을 못 받게 된 데다가 세금까지 내야 하니 은행은 이중으로 손해입니다. 자연히 대출에 신중을 기할 수밖에 없게 됩니다. 헝가리 은행들의 부실자산 비율은 2017년 7.5%에서 2018년 현재 5.4%로 줄었습니다. 부실자산이 줄면서 헝가리 은행들의 이익도 2018년 6480억 포린트(2조 5920억 원)로 1년 전보다 10% 늘었습니다. 오르반 정부는 은행 주식도 꾸준히 사들여 5년 전 30%였던 은행 국가 지분이 2018년에는 50.5%로 늘었습니다.[6] 헝가리 은행들이 벌어서 주주에게 배당하는 돈의 절반은 헝가리의 국고로 귀속되고 이 돈은 헝가리의 밝은 미래에 투자됩니다. 베네수엘라 정부가 은행의 국가 지분을 늘려나가려고 했던 이유가 바로 거기에 있었고 미국과 유럽 언론이 베네수엘라 정부와 헝가리 정부를 각각 중남미와 유럽에서 가장 부패한 정권으로 선전하는 이유도 거기에 있습니다.

초국적 금융기관들의
카르텔

세계 시장을 주도하는 거대 초국적기업 하면 사람들은 아마존, 애플, 구글, 마이크로소프트, 삼성, 월마트, 토요타 같은 제조업체, 유통업체, IT업체를 떠올립니다. 이런 초국적기업은 각자의 분야에서

---

6   https://www.globalcapital.com/article/b1f9hxl6t9mxy6/hungarys-banks-thrive-in-era-of-nationalization

는 세계 시장을 선도할지 모르지만 이런 초국적기업을 지배하는 주역은 따로 있습니다. 초국적 금융기관입니다. 취리히공대 연구자들에 따르면 737개의 초국적 기업이 주식 보유를 통해 전 세계 4만 3천 개 초국적기업의 80%를 지배하고 있으며 147개 상위 초국적기업이 40%를 지배하고 있습니다.[7] 상위 초국적기업의 대부분은 은행과 금융기관입니다. 1위 바클리즈은행(영국)부터 49위 캐피털그룹인터내셔널(미국)까지 상위 50대 초국적기업은 전부 금융기관이며 비금융기관은 50위에 오른 중국석유화공집단뿐입니다. 이들은 상호 지분 보유를 통해 단단한 카르텔을 맺고 있습니다. 일반 대기업들에게는 주식의 상호 지분 보유를 통한 경영권 방어가 전근대적 경영 관행이라며 철폐를 압박하는데 정작 자신들은 똘똘 뭉치는 것이죠. 50대 금융기관 중 미국이 24개로 절반이고 영국이 8개입니다. 다음은 프랑스(5개), 일본(4개), 스위스(2개), 독일(2개), 네덜란드(2개), 캐나다(1개), 이탈리아(1개) 순입니다. 이것은 2008년 금융위기가 터지기 전인 2007년의 자료를 토대로 한 연구이므로 금융위기 이후 미국, 영국, 유럽, 일본에서 중앙은행들이 거액의 돈을 금융기관에 퍼부은 지금은 초국적기업의 지배력이 훨씬 올라갔겠죠. 삼성, 애플 같은 제조업체의 주식도 기축통화국들이 허공에서 찍어낸 돈으로 대거 사들였을 테니까요.

1. Barclays plc

7 https://www.newscientist.com/article/mg21228354-500-revealed-the-capitalist-network-that-runs-the-world/

2. Capital Group Companies Inc

3. FMR Corporation

4. AXA

5. State Street Corporation

6. JP Morgan Chase & Co

7. Legal & General Group plc

8. Vanguard Group Inc

9. UBS AG

10. Merrill Lynch & Co Inc

11. Wellington Management Co LLP

12. Deutsche Bank AG

13. Franklin Resources Inc

14. Credit Suisse Group

15. Walton Enterprises LLC

16. Bank of New York Mellon Corp

17. Natixis

18. Goldman Sachs Group Inc

19. T Rowe Price Group Inc

20. Legg Mason Inc

21. Morgan Stanley

22. Mitsubishi UFJ Financial Group Inc

23. Northern Trust Corporation

24. Société Générale

25. Bank of America Corporation

26. Lloyds TSB Group plc

27. Invesco plc

28. Allianz SE

29. TIAA

30. Old Mutual Public Limited Company

31. Aviva plc

32. Schroders plc

33. Dodge & Cox

34. Lehman Brothers Holdings Inc

35. Sun Life Financial Inc

36. Standard Life plc

37. CNCE

38. Nomura Holdings Inc

39. The Depository Trust Company

40. Massachusetts Mutual Life Insurance

41. ING Groep NV

42. Brandes Investment Partners LP

43. Unicredito Italiano SPA

44. Deposit Insurance Corporation of Japan

45. Vereniging Aegon

46. BNP Paribas

47. Affiliated Managers Group Inc

48. Resona Holdings Inc

49. Capital Group International Inc

50. China Petrochemical Group Company

부채도 자산이라는 소리를 흔히 합니다. 금리가 낮을 때 은행에서 빌린 돈으로 주식이나 채권, 부동산에 투자하면 돈을 벌 수 있다는 뜻이죠. 돈을 빌려서 투자를 안 하는 사람이 어리석다는 뜻이죠. 거대 금융기관들이 거액을 차입해서 사들이는 주식들은 빚으로 샀으니 부채일지언정 안전한 자산입니다. 2008년처럼 금융위기가 닥쳐도 금융 카르텔에게 장악당한 정부와 중앙은행이 살려줄 테니까요. 시장에서는 똥값이 된 금융기관 보유 채권을 액면가로 사줄 테니까요. 하지만 돈을 빌려서 투자했다가 손해를 본 개인투자자를 살려줄 정부와 은행은 없습니다. 따라서 부채는 금리와 통화량을 결정할 수 있는 주도권을 가진 소수의 초국적 금융 카르텔에게만 믿음직한 자산일 수 있습니다. 금리와 통화량을 결정 못 하는 개인투자자가 은행에서 빌린 돈으로 사들인 자산은 언제 터질지 모르는 시한폭탄일 뿐입니다.

초국적 금융 카르텔 안에서 중추적 역할을 하는 것은 미국의 연방준비은행, 영국의 잉글랜드은행, 유럽의 유럽중앙은행, 일본의 일본은행 같은 중앙은행입니다. 이들은 금융위기가 닥칠 때마다 일사불란하게 금융 카르텔의 이권을 지키는 쪽으로 통화정책을 가져갑니다. 그리스, 아일랜드처럼 금융위기를 겪은 나라의 금융 주권을 짓밟고 국가 자산을 사유화합니다. 여기에 제동을 건 나라가 헝가리입니다. 국가가 금융을 제어한 헝가리가 경제 회생에 성공하자 루마니아, 폴란드도 은행세 부과에 관심을 보입니다. 양적완화라는 이름으로 허공에서 찍어낸 돈으로 세계의 알토란 같은 주식을 사들여 거액의 배당금을 받고 부동산 거품을 일으켜 거액의 이자 수익을 챙기는 초국적 금융 카르텔의 실체를 깨닫는 나라가 하나둘 생겨납니다.

돈의 진정한 가치

한국에 있는 6대 시중 은행의 외국인 평균 지분은 2018년 말 현재 73.3%입니다. 이 6대 은행은 2018년에 7조 6222억 원의 순익을 냈고 이 중 36.4%인 2조 7756억 원을 배당금으로 주주에게 지급했습니다. 외국인 주주에게 간 돈은 1조 8656억 원이었습니다. 이 돈 중에서 상당액은 50대 초국적 금융기관으로 갔겠죠. 2018년 말 현재 한국의 가계 부채는 1534조 원이 넘습니다. 가계 부채의 3분의 2 가까이가 부동산 관련 주택담보대출입니다. 한국도 헝가리처럼 은행세 도입을 고려할 필요가 있습니다.

한국을 아이 기르기 최악의 나라로 만든 부동산 투기 세력으로부터 회수한 돈을 가지고 한국을 헝가리처럼 아이 기르기 좋은 나라로 만들어야 합니다. 결혼을 하고 아이를 가지려면 주거비 부담이 적어야 합니다. 다양한 평형의 공공주택을 나라가 지속적으로 보유해야 합니다. 지금의 정책은 나라가 임대주택을 지어서 서민에게 제공한 뒤 일정한 기간이 지나면 분양합니다. 그래서 분양가를 시가로 하느냐 원가로 하느냐를 두고 갈등이 생깁니다. 분양을 전제로 짓는 임대주택은 진정한 의미의 공공주택이 아닙니다. 영국에서 부동산 가격이 치솟은 계기는 1980년대에 마거릿 대처 보수당 총리가 나라가 소유해온 공공주택을 세입자에게 팔면서부터였습니다. 2015년 베네수엘라 총선에서 승리한 야당이 제일 시도한 것도 공공주택 세입자에게 살던 집을 살 수 있는 권리를 주는 쪽으로 법을 바꾸는 것이었습니다. 일부 세입자들이 솔깃했음에도 대다수 세입자들의 반대로 저지되긴 했지만 임대주택을 어느 시점에 가서 분양하는 것은 결국 민간 부동산 투기 세력에게 나라가 질질 끌려가는 셈입니다. 국가가 다양한 평형의 주택을 보유해서 신혼부부에게 알맞는 평수, 아이가 하나일 때 알맞는 평수, 둘이상 때 알맞는 평수, 자녀를 출가시키고 노부부가 살기에 알맞은 평수 등으로 가족 구성의 변화에 따라 집을 옮겨가며 살 수 있도록 해야 합니다. 그렇게 해서 굳이 집을 사지 않아도 결혼해서 은퇴한 이후까지 저렴한 주거비로 살아갈 수 있다는 믿음을 심어줘야 합니다. 그래야 부동산 값이 잡힙니다. 분양으로 귀결되는 임대주택은 공공주택이 아닙니다.

똑똑한 정부와 좋은 중앙은행을 가진 나라는 새로 집을 안 짓고도 얼마든지 공공주택을 마련할 수 있습니다. 경제학자 최배근 교수에 따르면 주택시장은 안정화시킬 것이 아니라 정상화시켜야 합니다. 안정화는 적당히 현상 유지를 하자는 쪽이고 정상화는 잘못된 현실을 바로잡자는 쪽입니다. 젊은이가 가정을 못 꾸리고 아이도 못 낳을 정도의 살인적 주택 가격은 과감히 떨어뜨려야 합니다. 부동산 가격이 경착륙하면 국가경제에 대재앙이 닥친다고 은행에서는 겁을 줍니다. 정말 그럴까요. 그렇지 않습니다.

최배근 교수는 묘안을 내놓습니다.[8] 정부와 한국은행이 소유한 주택금융공사를 통해 한국판 양적완화를 해보자는 겁니다. 제가 은행에서 3억 원을 빌려 6억 원에 집을 샀다고 합시다. 정부의 강력한 부동산 규제책으로 집값이 3억 원으로 내려갔다고 합시다. 이때 주택금융공사가 A은행으로부터 저의 3억 원짜리 주택담보대출을 매수하고 제가 소유권을 넘기는 조건으로 3억 원의 빚을 탕감해주면 제가 구입한 집은 공공주택이 됩니다. 그리고 저는 나라가 보유한 공공주택의 세입자로서 걱정 없이 평생을 살아갈 수 있습니다. 미국에서도 영국에서도 스페인에서도 일본에서도 다수 국민을 섬기는 정부와 중앙은행이 있었다면, 훨씬 적은 돈으로 다수 국민의 보금자리를 지켜줄 수 있었을 겁니다. 문제는 우리가 선진국이라고 착각하는

8 김경래의 최강시사. KBS1라디오. 2020년 7월 8일.

8. 한국의 1997년 IMF 환란은 미국의 경제 공격

나라일수록 정부와 중앙은행이 소수의 금융자산을 지켜주는 데만 몰입한다는 것이죠. 일본에서 부동산 거품이 터졌을 때 일본 중앙은행이 이런 식으로 다수 국민을 위한 진정한 양적완화 정책을 폈다면 일본 경제는 지금처럼 내리막길을 걷지 않았을 겁니다. 미국, 영국, 스페인, 일본의 양적완화는 다수의 경제적 안전이 아니라 소수의 경제적 안전을 위해 투입된 공적 자금이었습니다. 다수의 경제적 안전을 지켜주는 한국판 양적완화는 K방역과는 비교도 안 되게 한국의 국격을 끌어올릴 겁니다.

아이 돌보는 직업을 좋은 일자리로 만들어야 합니다. 아이 돌보는 직업을 가진 사람이 대접받는 나라를 만들어야 합니다. 한국이 아이를 괄시하는 나라라는 건 어린이집과 유치원 교사 처우에서 드러납니다. 말귀가 안 통하는 코흘리개를 가르치는 게 어려울까요, 눈치로 알아듣는 대학원생을 가르치는 게 어려울까요. 육체적으로도 정신적으로도 당연히 전자가 힘듭니다. 힘든 일에는 응분의 대가가 따라야 합니다. 유치원 교사가 교수보다 월급을 많이 받는 나라도 있습니다.[9] 어린이집과 유치원을 나라가 대거 인수해서 유아 교사들을 공무원으로 채용하고 안정된 업무 환경을 보장해야 합니다.

청년 실업이 문제로 떠오르면서 한국에서 청년당도 만들어지고 기본소득당도 만들어졌습니다. 오조준입니다. 청년당보다 훨씬 중요한 것이 아기당이고 기본소득당보다 훨씬 중요한 것이 통화주권

---

9 〈왈가왈북 17화-북의 최저임금은? 교수보다 쎈 유치원선생의 월급〉, 민플러스, 2019년 8월 8일. https://www.youtube.com/watch?v=j2-xX5qeimk

국가부도경제학

당입니다. 공동체에게 훨씬 소중한 것은 세금을 많이 내는 무자녀 욜로족이 아니라 세금을 안 내는 비혼모입니다. 통화주권을 행사하지 못하는 나라의 기본소득 지급은 지속가능성이 낮습니다.

헝가리처럼 한국도 은행의 국가 지분을 꾸준히 늘려나가야 합니다. 여러 번 말씀드린 대로 돈은 가장 중요한 공공재이고 그런 공공재의 공급을 민간은행에게만 맡겨둔다는 것은 위험합니다. 지금도 국내 은행 주식을 보유하고 있지만 국민연금도 국내 은행 주식 지분을 계속 늘려나갈 필요가 있습니다. 은행의 비생산 부문 대출을 억누르고 생산 부문 지원에서 얻은 은행 수익이 공동체의 이익으로 돌아오는 선순환 구조를 만들려면 장기적으로 은행을 국유화해야 합니다. 은행원들의 고용 안정을 위해서도 그래야 합니다. 국가보다 더 책임 있는 공익의 주체는 없습니다. 미국에서 민간 연방준비은행이 세워진 1913년의 1달러는 2019년 현재 25.92달러의 구매력을 갖습니다. 뒤집어 말하면 2019년의 1달러는 반올림을 해줘도 1913년의 0.04달러에 불과합니다. 달러가 지난 한 세기 동안 96% 이상의 가치를 잃었다는 뜻입니다. 정부가 돈을 책임 있게 관리한 역사적 사례는 얼마든지 있지만 민간은행들이 돈을 책임 있게 관리한 역사적 사례는 전무합니다. 주기적으로 되풀이되는 금융위기는 자본주의의 숙명이 아니라 민간은행들에게 통화 공급을 맡긴 금융산업 체제의 논리적 귀결입니다.

캐나다는 1970년대 중반까지 국가 부채가 거의 없었습니다. 그 비결은 정부가 중앙은행에서 무이자로 돈을 빌릴 수 있어서였습니다. 캐나다의 중앙은행인 캐나다은행은 1934년 민간은행으로 출발

8. 한국의 1997년 IMF 환란은 미국의 경제 공격

했다가 1938년 국유화됐습니다. 캐나다 정부는 중앙은행에서 무이자로 빌린 돈으로 대공황을 이겨내고 2차대전을 치르고 캐나다횡단고속도로, 세인트로렌스대운하를 뚫고 수많은 항구, 공항, 지하철을 만들고 병원, 대학교, 연구소를 지었습니다. 캐나다 국민의 생활수준은 최상이었습니다. 한국의 100배에 이르는 방대한 영토에서 나오는 풍부한 천연자원의 수혜는 국민에게 고루 돌아갔습니다. 그런데 1974년 캐나다 정부가 국제결제은행의 권고를 받아들여 민간은행들로부터 돈을 빌리기 시작하면서 나라빚은 눈덩이처럼 불어났습니다. 미국이 달러의 기축통화 지위를 지키려고 하루 아침에 유가를 4배로 올린 고유가 정책으로 발생한 고물가와 고실업을 캐나다 정부의 무책임한 통화정책 탓으로 몰아간 국제 금융세력의 해석을 캐나다 정부가 수용하는 바람에 1974년 겨우 180억 달러였던 캐나다의 국가 부채가 2019년 말 현재 1조 2360억 달러에 이릅니다. 국민 1인당 나라빚이 3만 4천 달러이고 국가 부채를 갚느라고 캐나다 정부가 1년에 무는 이자만 300억 달러가 넘습니다. 지난 2008년 금융위기가 닥쳤을 때 캐나다 정부는 캐나다 주요 은행의 주식 가치를 넘어서는 구제자금을 쏟아부어서 캐나다 민간은행들을 살려줬습니다. 그런데 국민의 세금 덕분에 금융위기에서 벗어난 뒤 캐나다 민간은행들은 은행원들을 대량 해고하고 고위 임원들에게는 두둑한 보너스를 안겨줬습니다. 금융위기가 재발할 경우 이번에는 캐나다 민간은행들을 국유화해야 한다는 여론이 캐나다에서 생겨나는 이유입니다.[10]

국가나 중앙은행이 임의로 발행량을 늘릴 수 없는 비트코인 같은 암호화폐만이 가치를 유지한다는 점에서 진정한 돈이라고 말하는 사람도 있습니다. 정말 그럴까요. 돈에는 물론 금이나 은처럼 가치 보존의 역할이 있습니다. 하지만 더 중요한 역할이 있습니다. 교환 수단의 역할입니다. 비트코인의 가장 큰 문제는 사람들이 비트코인을 쟁여놓기만 하지 쓰려고 하지 않는다는 데 있습니다. 비트코인은 발행량이 고정돼 있습니다. 2025년까지는 공급량이 늘지만 그 뒤로는 미미한 수준으로 증가합니다. 모두 2100만 개의 비트코인만 발행될 예정입니다. 유한한 비트코인은 희소성을 낳고 희소성은 투기성으로 이어집니다. 지불 수단이 아니라 자산 증식 수단으로만 쓰이는 돈은 투기꾼을 위한 돈이지 생산자를 위한 돈이 아닙니다. 자산 증식 수단이 아니라 지불 수단으로 쓰는 사람들이 돈을 벌도록 설계된 암호화폐만이 진정한 돈입니다.[11]

통화주권의 여부를 결정하는 것

돈의 권위는 국가에서 나옵니다. 먼저 있는 금화나 은화나 지폐를

10 Michael Thompson, 「구제 말고 국유화가 마땅한 캐나다 5개 거대 은행 Canada's Five Giant Banks Ought to Be Nationalized, Not Bailed Out」, *Canadian Dimension*, 2018년 3월 26일. https://canadiandimension.com/articles/view/canadas-five-giant-banks-ought-to-be-nationalized-not-bailed-out
11 Ben Dyson, 「비트코인의 치명적 결함 셋Bitcoin's 3 Fatal Flaws」, *PositiveMoney*, 2014년 4월 5일. https://positivemoney.org/2014/04/bitcoins-fatal-design-flaws/

국가가 돈으로 쓰는 게 아니라 국가가 금화나 은화나 지폐를 돈으로 지정하고 나서 돈이 생기는 겁니다. 국가가 세금으로 받아주면 휴지 조각이라도 돈 노릇을 하게 되는 겁니다. 일하고 싶은 사람은 넘쳐 나는데 일자리가 없을 때 사익을 추구할 수밖에 없는 사기업들은 임금을 낮춥니다. 임금이 내려가면 국민 전체의 구매력도 내려가고 소비가 안 되니 일자리는 더 줄어듭니다. 악순환입니다. 이 악순환의 고리를 끊는 힘은 공익을 우선시하는 국가에서만 나옵니다. 국가가 공급하는 돈은 여분의 인력과 물자가 없는 완전고용 상태에서만 물가 상승으로 이어집니다. 통화량이 너무 늘어서 물가가 오르면 그때는 세금을 거둬 통화량을 줄이면 됩니다. 초국가 금융 카르텔은 독립 중앙은행의 임무는 과열된 경기를 금리 인상으로 식히고 냉각된 경기를 금리 인하로 덥히는 것이라고 주장합니다. 보수 진보를 가릴 것 없이 거의 모든 경제 전문가가 이런 주장을 그대로 받아들입니다. 독일 경제학자 리하르트 베르너는 이 명제가 거짓임을 증명했습니다. 냉각된 경기는 아무리 금리를 낮춰도 안 살아납니다. 금융자본에 쥐어짜일 대로 쥐어짜여 소비력이 고갈된 사람들에게 공공 부문이 적극적으로 돈을 투입해야만 경기는 살아납니다. 국가만이 그런 일을 할 수 있습니다.

세금 올려서 선심 행정을 펼치겠다는 거냐? 고액 소득자들은 나이를 불문하고 당연히 반발하겠죠. 그런데 사람이 돈을 많이 번다면 그건 온전히 본인의 노력으로만 얻는 것이 아닙니다. 미국의 억만장자 워런 버핏은 자궁 안에 있는 일란성 쌍둥이를 예로 듭니다. 한 명은 세금을 안 내는 방글라데시에서 태어나야 하고 한 명은 세금을 내는 미국에서 태어나야 합니다. 그리고 선택권을 줍니다. 둘 다 미국에서 태어나고 싶다고 하면 더 높은 세율을 받아들이는 쪽이 이깁니다. 버핏은 모두 내가 잘난 덕에 성공했다고 말하는 사람들이 십중팔구 미국에서 태어나기 위해 더 높은 세율을 써넣었을 거라고 말합니다.[12] 본인이 지금 누리는 고소득은 본인의 노력 말고도 가정 환경, 시장 풍토, 기반시설, 법적 제도, 사회 풍토 등 본인 스스로 만들어내지 않은 유무형 자원의 도움을 얻어서 가능했다는 것이 자수성가형 억만장자 워런 버핏의 시각입니다.

한국만 하더라도 그렇습니다. 1997년 환란을 겪은 뒤 한국 사회의 가장 큰 문제는 양극화였고 거듭 말한 대로 그 주원인은 금융 부문이 주도한 부동산 폭등이었습니다. 조물주보다 더 무서운 것은 건물주가 아니라 은행입니다. 반 세기 전만 하더라도 미국의 최고경영자는 평균 직장인 보수의 20배를 받았지만 지금은 354배를 받습니다. 모두 1980년 로널드 레이건 정부가 금융 규제를 허물면서 미국 경제가 투기판으로 변질되면서 비롯된 결과입니다. 한국의 고소득자 중에는 투자은행 등 금융기관 종사자가 많습니다. 한국도 IMF 환란 이후 금융시장 자유화에 따라 금융 부문이 비대해지고 금융 쪽으로 자금이 몰리면서 고소득자와 저소득자의 거리가 급격히 벌어졌습니다. 금융 부문의 비대화는 부동산 투기 팽창과 직결돼 있습니다. 금융 부문의 고소득은 불로소득과 직결되어 있습니다. 금융 중

12 Jonathan Aldred, 「부자를 위한 사회주의: 나쁜 경제학의 해악 Socialism for the rich: the evils of bad economics」, *The Guardian*, 2019년 6월 9일. https://www.theguardian.com/inequality/2019/jun/06/socialism-for-the-rich-the-evils-of-bad-economics

8. 한국의 1997년 IMF 환란은 미국의 경제 공격

심 체제에서 낙오된 사람들을 국가가 세금으로 돕는 데 너무 적대감을 가질 필요는 없습니다.

하지만 국가는 사실 세금을 안 거둬도 됩니다. 영국 왕은 12세기 초부터 500년 가까이 전쟁이라는 비상 시기 말고는 거의 세금을 안 걷고 부절목이라는 위조 불가능한 나무 조각을 돈으로 찍어서 썼지만 아무 문제가 없었습니다. 아이 기르기 좋은 나라를 만드는 데 은행세만으로는 부족하다 싶으면 국채를 발행하면 됩니다. 국채는 빚 아니냐구요? 맞습니다. 빚입니다. 하지만 개인빚과 나라빚은 다릅니다. 개인은 돈을 쓸 뿐이지만 나라는 돈을 찍을 수 있습니다. 나라가 자본시장에서 돈을 빌리려고 발행한 국채를 중앙은행이 사들이면 나라는 이자를 안 물어도 됩니다. 형식적으로는 중앙은행이 사들인 국채에 대해서도 이자를 내야 하지만 중앙은행의 이자 소득은 다시 국고로 귀속되니까요.

미국, 영국, 유럽, 일본의 중앙은행이 하는 양적완화도 실은 기존의 발행된 국채를 중앙은행이 사들이는 겁니다. 다른 점이라면 특히 미국의 경우 중앙은행의 국채 이자 수익이 모두 국가로 귀속되지 않고 상당액이 민간은행가들에게 배당금으로 지급된다는 점이죠. 또 하나의 차이점은 양적완화로 찍어낸 돈이 99%의 생산활동을 돕는 데 안 쓰이고 1%의 투기 활동을 돕는 데 쓰인다는 점이죠. 하지만 원리는 같습니다. 버니 샌더스 민주당 대선 후보의 경제 참모를 지냈던 스테파니 켈튼 교수가 말하는 **현대화폐이론**도 바로 미국 정부가 천문학적 재정 적자를 두려워하지 말고 사회기반시설, 교육, 제조업 등에 거액을 투자하면 미국 경제를 삽시간에 되살릴 수 있다고 강조합니다.[13] 1%가 아니라 99%를 위해 쓴다는 점에서만 양적완화와 다릅니다. 현대화폐이론이라는 말은 사실 어폐가 있습니다. 영국 왕들이 중세부터 500년이 넘도록 실천에 옮겨 아무 문제가 없음이 증명된 이론이니까요. 원조화폐이론 내지 정통화폐이론이라고 해야 맞습니다.

현대화폐이론은 기축통화를 가진 나라들에게만 해당된다고 말하는 사람들도 있습니다. 똑같은 금융위기를 겪었어도 한국은 IMF한테 돈을 빌려야 했지만 미국, 영국, 일본, 유럽은 스스로 돈을 찍어 문제를 해결했으니 얼핏 그래 보이기도 합니다. 하지만 한국이 환란을 겪은 것은 외국 돈으로 갚아야 하는 빚이 많아서였습니다. 기축통화국이 아니라고 해서 국가가 필요에 따라 돈을 찍는 통화주권을 갖지 못 하란 법은 없습니다. 신중하고 절도 있게 찍어내는 돈은 공동체를 살리는 피가 되고 살이 된다는 것을 이미 국가도 아니었고 그저 영국의 식민지였던 시절에 펜실베이니아가 증명했습니다.

한 나라가 통화주권을 가질 수 있는지 없는지를 결정하는 데 기축

현대화폐이론 영어로 Modern Monetary Theory라고 하는데 외채가 없고 자국 통화를 정부가 공급하는 통화주권을 가진 나라는 들어온 세금보다 더 많은 돈을 써도, 다시 말해서 적자 재정을 유지해도 아무 문제가 없다는 입장이다. 스스로에게 진 빚은 스스로 갚을 수 있어서다. 현대화폐이론에서는 누군가 저축을 하려면 누군가는 적자를 봐야 하는데 국가가 바로 후자의 역할을 해야 한다고 본다. 국가의 적자 재정 지출은 민간 부문을 흑자 구조로 만든다. 현대화폐이론에서는 세금은 국가경제에서 물가를 조정하는 보조적 역할을 맡을 뿐이다.

---

13 스테파니 켈튼의 현대화폐이론 요약. https://www.youtube.com/watch?v=Rpyuq KLh6QU

통화보다 중요한 것은 공업력입니다. 세계 최대 원유 매장국인 베네수엘라가 미국과 자국 상류층의 통화 공격에 무릎을 꿇은 것은 공업력이 없어서입니다. 안에서 스스로 만들 수 있는 공산품이 적다 보니 수입에 기대야 했고 수입하려면 외국 돈에 기대야 해서였습니다. 통화 가치가 떨어지니 수입가는 앙등하는 악순환에 빠집니다. 공업국은 다릅니다. 한국이 국민 경제를 위해 통화주권을 행사하려고 하면 초국가 금융 카르텔의 공격이 있을지도 모릅니다. 한국은 비축한 달러 규모가 엄청나므로, 초국가 금융 카르텔의 공격이 시작되는 순간 원화가 떨어지고 수입가 상승으로 물가가 오를 때 미국식 주류 경제학에 세뇌된 금융 당국이 물가 안정을 명분 삼아 원화 방어를 위해 1997년 환란 당시처럼 외환을 탕진하지 않는 한 웬만한 공격은 이겨낼 수 있습니다.

원화가 내려가면 공업국 한국은 오히려 유리해집니다. 수출 경쟁력이 올라가니까요. 한국이 IMF 체제에서 일찍 벗어날 수 있었던 것도 원화가 떨어지면서 수출액이 급증한 덕분이었습니다. 공업력 유지는 이렇게 국가의 존망을 좌우합니다. 트럼프 대통령은 중국 제품에 관세를 물리면 자국 제품이 많이 팔려 자국 기업 경쟁력이 늘어날 줄로 알지만 착각입니다. 미국에서 팔리는 중국 제품의 가격만 올라갈 뿐입니다. 미국에는 이렇다 할 제조업이 남지 않았고 그나마 남은 제조업의 경쟁력도 낮아졌습니다. 기축통화 지위보다 공업력이 중요하다는 것은 신대륙에서 쏟아져 들어오는 금은만 믿고 자국 산업육성을 게을리하다가 속절없이 내리막길을 걸은 스페인의 역사가 증명합니다.

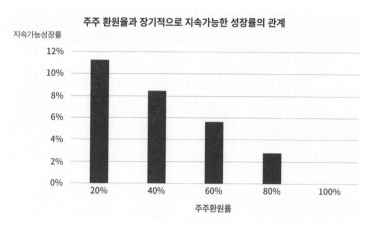

주주 환원율과 장기적으로 지속가능한 성장률의 관계

지속가능성장률

　미국은 1985년 플라자합의로 엔고를 유도한 뒤 금융자본주의를 선진 체제로 착각한 일본 금융 엘리트의 협조 아래 거품 경제를 일으켰다 터뜨린 뒤 일본 경제를 자신처럼 금융 자원을 총동원해 주가 상승에 총력을 기울이는 주주 자본주의 체제에 편입시켰습니다. 주주 자본주의 체제에서 경영자의 지상과제는 주가를 끌어올리고 주주에게 배당금을 많이 지급하는 데 있습니다. 이익이 나면 연구개발, 생산설비 같은 장기 투자에 쓰기보다는 자사주를 매입해서 주가를 더 올리고 배당금을 더 높이는 데 열중합니다. 금융 공학은 주가를 얼마나 끌어올리는지에 경영자의 보수를 연동시키고 주식 옵션으로 보상합니다. 그래서 경영자는 생산과 시장 확대에 투자하기보다는 은행에서 빚을 내서라도 자사주를 매입해서 단기 실적을 높이는 데 집착합니다. 경영자는 자사주 매입으로 주가를 끌어올린 뒤 보유 주식을 팔아 폭리를 취하기 일쑤입니다. 반면 직원 봉급은 제자리걸음입니다. 직원에게 보너스로 지급됐어야 할 돈이 경영자와 주주에게 집중됩니다. 자사주 매입은 당장은 주가를 끌어올리지만 길게는 기업이 스스로의 앞날을 비관적으로 본다는 반증이기도 합니다. 2018년에 미국 기업들은 1조 1천억 달러가 넘게 자사주를 사들였습니다. 기관투자자와 개인투자자를 합한 전체 외부 투자자의 주식 투자 규모를 앞질렀습니다. 2009년만 해도 미국 기업은 배당과 자사주 매입에 이익의 60%를 썼지만 지금은 100%를 씁니다. 기업의 장기 지속가능성장률은 0%가 됩니다.[14] 애플 같은 미국 기업들의 경쟁력이 내리막길을 걷는 것은 자사주 매입 급증과 무관하지 않습니다.

자사주 매입을 가능케 하는 것은 저금리입니다. 주류 언론에서는 주가만 보고서 미국 경제가 잘 나간다고 말하지만 미국 주가를 떠받치는 것은 건실한 제조업이 아니라 양적완화로 찍어낸 돈과 저금리입니다. 일본 주가도 마찬가지입니다. 일본은행은 양적완화로 돈을 푸는 것도 모자라 아예 일본 주식시장에서 주식을 대거 사들입니다. 몇 년 전부터 매년 6조 엔 규모로 일본은행이 사들인 주식이 2019년 6월 말 기준으로 29조 엔에 달합니다. 주가 총액의 5%에 가깝습니다. 대내적으로는 인구 감소에 소비가 안 늘어 경제가 축소하고 대외적으로는 수출경쟁력이 떨어져 무역 적자가 증가하는데도 아무 문제가 없는 것처럼 보이려고 주가를 일본은행이 인위적으로 떠받칩니다. 기축통화국들의 상호 양해 아래 마구 찍어내는 돈이 떠받치

---

14 ダンカン×ラモント, 「자사주 매입을 우려해야 하는 여섯 가지 이유 自社株買いを懸念すべき6つの理由」, *Schroders*, 2018년 12월 6일. https://www.schroders.com/ja-jp/jp/asset-management/insights/special-reports/201812062/

는 미국과 일본의 주가 지수는 두 나라 경제의 밝은 현실이 아니라 어두운 미래를 드러내는 지표입니다.[15]

일본 경제를
흔든 것은 무엇인가?

일본은 원래 빈부 격차가 극심한 나라였습니다. 일본은 전국시대라는 내전기와 임진왜란이라는 외침기가 끝나고 1600년 도쿠가와 막부 시대가 들어서 안정기로 접어들면서 인구가 급증했습니다. 적게는 1200만에서 많게는 2200만으로 추정되는 1600년의 일본 인구는 1720년대에 3100만까지 늘어났습니다.[16] 그런데 그 뒤 1850년대까지 3100만 수준을 그대로 유지했습니다. 이상한 일이었습니다. 큰 전쟁이 있었던 것도 아니고 흑사병 같은 큰 전염병이 돈 것도 아니었습니다. 도쿠가와 시대는 상공업과 도시 문화가 발달한 시대였습니다. 지금은 도쿄로 불리지만 수도 에도의 인구는 1800년 무렵 130만

---

15 일본 중앙은행의 일본 기업 주식 매입을 긍정적으로 보는 시각도 있다. 『빚그물』의 저자 엘런 브라운은 엘리어트매니지먼트 같은 기업사냥꾼 벌처펀드의 공격으로부터 한국의 건실한 제조업체들을 지키려면 한국 중앙은행이 한국 기업들의 주식을 사들이는 방안을 적극 검토해야 한다고 건의한다. 아니면 정부가 한국은행으로부터 직접 돈을 빌려 한국 기업들의 주식을 사들이는 방식도 검토할 만하다고 조언한다. 미국, 영국, 일본과는 달리 한국에서는 중앙은행이 정부가 발행하는 국채를 직접 사들일 수 있어서이다. Ellen Brown, 「한국 경제 기적의 복원 Restoring the Korean Economic Miracle」, 2019년 10월 24일. https://ellenbrown.com/2019/10/24/restoring-the-korean-economic-miracle/#_ednref29
16 https://en.wikipedia.org/wiki/Demographic_history_of_Japan_before_the_Meiji_Restoration

명 남짓이었습니다. 세계 최대의 도시였습니다. 도쿠가와 시대에 도시가 발달한 것은 도쿠가와 막부가 지방 영주의 반란을 우려하여 영주 본인이나 가족을 에도에 번갈아가며 거주하게 만든 제도를 운영해서였습니다. 가신을 거느리고 영주들이 도시로 몰려들었고 상공업자도 도시의 늘어난 소비력에 이끌려 덩달아 도시로 모였습니다.

그런데 도시와 상공업이 발전하던 시기에 왜 인구는 안 늘었을까요. 마비키라고 해서 갓 태어난 아기를 죽이는 풍습이 특히 농촌에 만연해서였습니다.[17] 마비키는 솎아낸다는 뜻입니다. 왜 아기를 죽였을까요. 먹는 입을 하나라도 줄이려고 그랬습니다. 그 정도로 수탈이 심했습니다. 공4민6이라고 해서 쌀 수확의 40%를 영주에게 바쳤습니다. 공7민3인 경우도 있었습니다. 세금은 원래 쌀로 냈지만 상공업 발달로 화폐 경제가 발달하면서 자신의 도시 소비욕을 충족시키려고 돈으로도 받으려는 영주가 늘었습니다. 돈을 못 구한 빈농은 땅의 일부를 부농에게 넘겨서라도 돈을 구해서 세금을 바쳐야 했습니다. 도쿠가와 시대에는 땅을 사고팔 수 없었지만 음성적으로 거래가 이뤄졌습니다. 빈농에게서 땅을 산 부농이 세금을 대납하면 그만이었으니까요. 그런데 못된 부농이 빈농에게 세금을 떠넘기는 일도 있었습니다. 영주는 벼라별 명목으로 세금을 뜯어냈습니다. 문세, 창문세, 옷세, 심지어 여아세까지 물렸습니다. 이렇게 수탈이 심

---

17 E. H. Norman, 『현대 국가로 등장한 일본 Japan's Emergence As a Modern State』, 1940, p. 23. 도쿠가와 시대를 거쳐 메이지유신 이후에도 일본 농민이 얼마나 힘들게 살았는지는 이 책을 토대로 삼았다. https://archive.org/details/JapansEmergenceAsAModernState.H.Norman/page/n1

하니 농민은 겁이 나서 아이를 많이 낳을 수가 없었습니다. 아이를 많이 낳으면 마을에서 눈치가 보였습니다. 세금 납부 책임도 개인이 아니라 집단에게 지웠거든요.

1868년 메이지유신으로 막을 내리기까지 도쿠가와 시대는 흥성한 도시 문화를 낳았지만 그 뒤에는 자기 아이조차 죽여야 했던 처참한 농촌 현실이 있었습니다. 일본은 조선과 달리 상공업이 발달했기에 선진 문물을 받아들여 근대화에 성공할 수 있었다며 일본을 예찬하는 사람들도 있습니다. 하지만 생산력이 낮은 사회에서 상공업이 발달했다는 것은 그만큼 농민의 몫을 빼앗아갔다는 소리이기도 합니다. 발달한 상공업의 수혜는 지금처럼 생산력이 폭발적으로 늘어난 사회에서만 다수에게 골고루 돌아갈 수 있습니다. 도시의 상인은 빚에 몰린 소농의 땅을 사들여 지세를 받으면서 재산을 더욱 불려 대부업자 노릇까지 하면서 영주를 상대로 돈놀이를 했습니다. 영주는 빚을 갚느라 휘하 가신의 봉급을 깎았습니다. 불만을 품은 하급 사무라이가 늘었습니다. 상인 대부업자도 불만이 커졌습니다. 돈을 뜯으려는 영주의 무리한 요구가 늘었거든요. 결국 하급 사무라이 집단은 상인 집단의 자금 지원 아래 막부를 무너뜨리고 메이지유신을 일으켰습니다.

사무라이는 국가 요직을 차지했고 상인은 국가 지원 아래 사업 기회를 얻었지만 농민의 생활고는 그대로였습니다. 아니 더 어려워졌습니다. 막부 체제에서는 그래도 공식적으로는 농지 매매가 불법이었고 세금은 주로 쌀로 냈습니다. 그런데 메이지 정부에서는 농지 매매가 합법화됐고 세금을 돈으로 내야 했습니다. 지가의 3%로 책

8. 한국의 1997년 IMF 환란은 미국의 경제 공격

정된 세금을 내려면 농민은 수확한 농산물의 25~30%를 팔아서 현금화해야 했습니다. 흉년이 들어도 문제였지만 풍년이 들어 농산물 값이 폭락해도 문제였습니다. 세금을 못 내 땅을 잃는 농민이 메이지유신 이후 급증했습니다. 1883년부터 1890년까지 36만 7744명의 농민이 세금 체납으로 4만 7281정보의 땅을 잃었습니다. 체납액은 약 11만 엔이었는데 토지가는 494만 엔이었습니다. 농민은 27분의 1밖에 안 되는 값에 땅을 넘긴 셈이었습니다. 메이지유신 이후 농민은 좋은 세상이 오리라 믿었지만 오히려 소작농이 급증했습니다. 20세기에 들어가서도 소작농의 비율은 증가일로였습니다.

표 5. 일본의 자영농과 소작농의 변화

	자영농	소작농
1914	54.5%	45.5%
1921	53.7	46.3
1926	54.2	45.8
1931	52.7	47.3
1934	52.9	47.1

출처: E. H. Norman, 『Japan's Emergence As a Modern State』, p. 148.

일본이 러일전쟁과 1차대전에서 이긴 덕분에 일본 기업들은 전쟁 특수로 떼돈을 벌었고 주주도 재미를 봤습니다. 하지만 국가 부채가 급증해서 세금 부담은 늘었고 농촌은 더 피폐해졌습니다. 여공으로 일하는 딸이 보내오는 돈에 기대어 살아가는 농가가 많았습니다. 전쟁에 나갔다가 불구가 되어 돌아온 아들이 누워 지내는 농가가 많았습니다. 1930년대에 군사 정변을 일으킨 소장 장교들 중에는 농촌 출신이 많았습니다. 그들은 성장의 과실을 독점하는 지배층에게 분노했습니다.

이익 본위로 굴러갔던 일본 경제는 1937년 중일전쟁이 시작되면서 생산 본위로 굴러가기 시작했습니다. 일본 경제는 한정된 자원으로 최대한의 생산을 뽑아내는 전시 경제 체제로 변모했습니다. 투기 자본이 제거되니 빈부 격차는 줄어들었습니다. 일본의 국민건강보험은 중일전쟁이 시작되고 1년 뒤인 1938년에 도입됐고 일본의 노동자연금은 2차대전이 시작된 1941년에 도입됐습니다. 일본 국민은 대외 전쟁에선 졌지만 대내 전쟁에서는 이겼다고나 할까요. 일본 경제는 양극화 없는 생산 경제 체제를 전후에도 이어갔습니다. 그러나 거품 경제의 생성과 붕괴를 통해 미국식 투기 경제 체제로 변입된 뒤 일본 경제는 내리막길을 걷고 있습니다. 소수가 성장의 과실을 독점했던 과거로 돌아가고 있습니다.

한국의 산업화 과정

한국이 산업화에 성공한 것은 일본의 식민지 통치를 받으면서 근대화 수업을 받아서가 아니었습니다. 1945년 해방은 됐지만 조선에는 열차 수리는커녕 열차를 운전하는 기관사조차 찾기 어려웠습니다. 북한에는 일본이 세운 공장이라도 있었지만 남한에는 그런 산업 시설이 전무했습니다. 1950년부터 3년 동안 전쟁을 치르면서 남북은 잿더미가 됐습니다. 1950년대에 한국은 미국의 무상 원조 경제에 전적으로 기댔습니다. 미국은 유상 차관 체제로 정책을 전환하면서 이승만 정부에 압력을 넣어 1957년 조흥, 상업, 제일, 한일 4대 은행을 민영화/사유화시켰습니다. 1961년 군사정변을 일으킨 박정희는 민간은행들을 다시 국유화시켰습니다. 이승만은 미국을 지향했고 박정희는 일본을 지향했습니다. 한국이 공업화에 성공한 것은 금융이 주역이고 산업은 조역인 미국식 금융산업 체제가 아니라 산업이 주역이고 금융은 조역인 독일식 산업금융 체제를 일본을 통해 받아들여서였습니다. 한국이 공업국으로 부상하는 데는 은행들의 투기 부문 대출을 누르고 생산 부문 대출을 독려한 국가의 역할이 절대적이었습니다. 동족상잔으로 두 동강이가 난 좁은 땅에서 한국을 무역대국으로 일으킨 것은 미국으로부터 관치금융 체제라고 비난받는 산업금융 체제였습니다. 하지만 환란을 겪으며 한국의 중앙은행은 국가로부터 독립했고 한국도 일본처럼 금융산업 체제로 편입됐습니다. 양극화와 저출산은 그 논리적 귀결입니다.

부품 소재 산업을 이용한 일본의 한국 경제 공격은 한국 경제가 금융산업 체제에서 다시 산업금융 체제로 돌아가는 데 결정적 전기가 될 수 있습니다. 부품 소재의 국산화는 물론 중요합니다. 그런데 산업금융 체제 복귀에는 더 넓은 뜻이 담겨 있습니다. 금융산업 체제에서는 금융이 산업 경쟁력을 갉아먹습니다. 사익을 추구하는 금융이 일으킨 부동산 거품으로 국민의 주거비 부담이 높아져 기업은 임금 인상 압박을 받고 국민의 소비 감소로 판매가 감소하는 이중의 피해를 입습니다. 산업금융 체제에서는 금융이 산업을 떠받칩니다. 공익을 추구하는 금융이 돕는 공영주택으로 국민의 주거비 부담이 낮아져 기업은 임금 인상 압박을 안 받고 국민의 소비 증가로 이중의 이익을 봅니다. 산업금융 체제는 가계의 고정비 부담을 낮춰서 기업 경쟁력을 높입니다.

냉전 시절 미국이 공산권 국가들의 세계무역기구 가입에 반대한 것은 주택, 교육, 보건, 에너지, 교통 부문의 국유화가 뒷받침하는 가격 경쟁력을 두려워해서였습니다. 미국이 과거 한국 정권에 압력을 넣어 개성공단을 폐쇄시킨 것도 비슷한 이유에서였겠죠. 이제는 제조업이라 부를 만한 것도 별반 없지만 미국 제조업이 경쟁력을 잃은 것은 금융 부문에게 뜯기는 고정비가 너무 많아서 그렇습니다. 한국이 산업금융 체제로 돌아간다는 것은 제조업 기술력을 높인다는 차원을 넘어 주택, 교육, 보건, 에너지, 교통 부문의 공공성을 지키고 되찾는다는 뜻입니다. 그리고 이런 공공 부문 투자의 재원을 뒷받침하는 데 중앙은행이 제 역할을 해야 합니다. 일본의 중앙은행은 정부가 1%를 살리려고 찍은 국채를 사들여 이자 부담을 줄여주지만 한국의 중앙은행은 정부가 99%를 살리려고 찍은 국채를 사들여 이자 부담을 줄여줘야 합니다.

일본의 한국 경제 공격 배후에는 미국이 있을 가능성이 높습니다. 한 세기 전에도 그랬고 지금도 그렇고 일본은 중요한 대외 정책을 혼자서 결정하지 않습니다. 패권국의 뜻에 따라 움직입니다. 1905년 조선을 일본에 넘겨준 나라는 미국이 아니라 영국이었습니다. 그해 일본이 미국과 맺은 가쓰라-태프트 밀약은 정식 조약이 아니라 그야말로 밀약이었지만 비슷한 시기 일본이 영국과 맺은 2차 영일동맹은 정식 조약이었습니다. 한 세기 전의 패권국은 미국이 아니라 영국이었습니다. 당시 일본은 러시아와 전쟁을 벌이고 있었습니다. 러일전쟁은 작게는 일본이 조선 이권을 놓고 러시아와 충돌한 전쟁이었지만 크게는 독일을 유럽에서 고립시키고 러시아를 아시아에서 고립시킨다는 영국의 큰 구도에 따라 일어난 전쟁이었습니다. 지금의 패권국은 미국입니다. 한 세기 전 아시아에서 영국의 패권국 지위를 위협한 나라는 러시아였고 영국은 일본을 앞세워 러시아를 꺾었습니다. 지금 아시아에서 미국의 패권국 지위를 위협하는 나라는 중국이고 미국은 한국과 일본을 앞세워 중국을 치려고 합니다. 미국은 전 세계에 천 개가 넘는 기지를 두고서 A로 시작되는 앙골라부터 Z로 시작되는 짐바브웨까지 안 집적거린 나라가 없는 호전국입니다. 미국을 무시할 수는 없지만 미국은 평화를 우려하고 전쟁을 환영하는 나라임을 잊어서는 안 됩니다. 평화는 돈이 안 되니까요. 전쟁만이 돈을 벌어주니까요. 미국은 한국의 전쟁동맹국은 되고 싶어해도 한국의 평화동맹국은 되고 싶어하지 않습니다. 한국에는 수십 기의 원전이 있습니다. 전쟁은 남북 공멸로 이어집니다. 평화를 안 바라는 나라를 혈맹으로 두는 것은 자멸의 길입니다.

미국 건국의 아버지인 조지 워싱턴 대통령은 퇴임하면서 뜻깊은 고별사를 남겼습니다. 특정 국가를 지나치게 적대시하거나 특정 국가에 지나치게 애착을 갖지 말라는 조언이었습니다. "모든 나라에 대한 선의와 정의를 지키십시오. 모든 나라와 평화와 조화를 키우십시오 … 그런 뜻을 실행에 옮길 때 무엇보다도 명심해야 할 것은 특정한 나라들에 대한 지속적이고 고질적인 적의와 특정한 나라들에 대한 맹렬한 애착과 결별하는 것입니다. 그런 것보다는 모든 나라에 대한 정의롭고 호의적인 감정을 키워야 합니다. 다른 나라에게 몸에 밴 증오와 몸에 밴 애정을 품는 나라는 어느 정도는 노예입니다. 적의의 노예가 되는 것도 애착의 노예가 되는 것도 모두 나라의 의무와 이익에서 벗어나는 길로 그 나라를 이끌기에 충분합니다 … 만국의 … 평화가 그렇게 해서 자주 희생됩니다."[18]

한국에는 과도하게 미국에 매달리는 사람이 많습니다. 미국은 자신의 국익도 제대로 지켜내지 못하면서 전쟁으로 돈을 버는 사람들에게 이미 오래 전에 장악된 나라입니다. 한국의 국익을 위해서라도 거리를 둘 필요가 있습니다. 미국이 한국에 군사기지를 두려는 것은 미국의 국익을 위해서조차도 아닙니다. 항구적으로 긴장을 고조시켜서 무기를 항구적으로 팔려는 금벌의 돈벌이를 위해서입니다. 한국은 중국, 러시아에 대해서는 막연한 적대감을 내려놓고 차분히 상호 이익을 키워갈 필요가 있습니다.

강대국 사이에서
한국의 행보는

한국은 대륙세력과 해양세력이 맞부딪치는 곳에 있으니 어느 한쪽에 치우치지 말고 균형을 잡으면서 국익을 추구해야 한다고 흔히들 말합니다. 맞는 이야기입니다. 그런데 대륙세력과 해양세력의 대

---

18 https://avalon.law.yale.edu/18th_century/washing.asp

8. 한국의 1997년 IMF 환란은 미국의 경제 공격

립이라는 표현은 막연하고 모호합니다. 지금의 판도에서는 산업 세력과 금융세력의 대립이라고 해야 더 정확하지 않을까요. 대륙을 대표하는 중국과 러시아는 금융대국이 아니라 각각 산업대국입니다. 중국은 철도와 도로, 항만을 건설해서 세계 교역망을 넓혀나가려고 하는 생산 기반 확대 지향 국가입니다. 달러 패권 유지를 위협하는 나라를 제거하는 데 총력을 기울이는 미국 같은 전쟁 기반 확대 지향 국가가 아닙니다. 러시아는 자원 대국으로만 알려졌지만 기초과학 기반이 단단하고 최첨단 무기 수준은 미국을 압도합니다. 크리미아를 우크라이나에서 빼앗은 팽창주의 국가로 미국 언론에서 그리지만 우크라이나를 폭력의 아수라장으로 만들어 러시아계 주민이 다수였던 크리미아가 주민투표를 통해 러시아 귀속을 결정하도록 만든 것은 바로 미국이었습니다. 러시아는 공산 체제 붕괴 이후 10년 동안 미국이 박아놓은 자유방임주의 경제전문가와 투기 세력에게 나라 자원을 강탈당했다가 2000년 푸틴 대통령이 등장하면서 웬만큼 안정을 되찾았지만 전쟁을 원할 처지가 아닙니다. 다민족 국가인 러시아와 중국 모두 전쟁을 두려워합니다.

균형만으로는 부족합니다. 금융이 아니라 산업이 중심에 오는 나라를 지키고 키우려면 한국은 미국, 일본을 경계하고 중국, 러시아와 가까워져야 합니다. 겉으로 내색은 하지 않더라도 장기적으로 한국은 전쟁을 원하는 미국, 일본과 거리를 두고 전쟁을 두려워하는 중국, 러시아에 다가서야 합니다. 미국과 일본은 전쟁이라는 불장난을 저지르지 않도록 관리해야 할 나라이지 전쟁을 패권 유지의 수단으로 삼는 데 익숙한 미국과 일본이 부풀릴 대로 부풀린 북한, 중국, 러시아의 위협으로부터 한국을 함께 지켜내줄 동맹국이 아닙니다. 한 세기 전 영국이 자신의 패권국 지위를 위협하던 독일을 상대로 전쟁을 벌였던 것처럼 미국도 자신의 패권국 지위를 위협하는 중국을 상대로 전쟁을 벌이려고 합니다. 반도체 같은 전자산업뿐 아니라 전기차, 수소차 같은 차세대 자동차산업, LNG 운반선 같은 고부가가치 조선산업 등 많은 제조업에서 한국에 밀려 경쟁력을 잃어가는 일본도 북한을 핑계로 한반도에서 전쟁을 일으키고 남북을 초토화시켜 한국이라는 경쟁자를 없애고 싶어하겠죠.

그래도 북한의 남침을 막으려면 미국과는 손잡아야 한다구요? 주한미군은 2013년부터 한국에서 탄저균, 흑사병 같은 생물무기 실험시설을 운영하고 있습니다. 북한의 세균전에 대응하기 위한 실험이라고 둘러대지만 세균전은 북한에게도 자멸의 길입니다. 좁은 한반도에서 세균은 북으로도 퍼져나갈 테니까요. 미국의 세균전은 방어용이 아니라 공격용일 가능성이 높습니다. 미국은 2017년 북한의 가상 도시를 세균전 대상으로 상정해서 모의 실험을 완료한 바 있습니다. 미국은 1952년 초 북한 지역에서 실제로 세균전을 벌인 전력이 있습니다.[19] 탄저균도 이때 이미 사용됐습니다. 한탄강 지역의 변종 유행성출혈열 바이러스도 주한미군의 세균전 실험 일환으로 생겼을 가능성이 높습니다.[20] 북한도 중국과 마찬가지로 전쟁을 두려워하는 나라이지 미국처럼 전쟁을 바라는 나라가 아닙니다.

19 「더러운 비밀 Dirty Little Secrets」, Aljazeera, 2018년 3월 2일. https://www.aljazeera.com/programmes/rewind/2018/02/dirty-secrets-180228055954051.html
20 「주한미군이 숨기고 있는 생물무기 실험실」(우희종 서울대 교수 인터뷰), 새날, 2019년 7

6·25전쟁은 남과 북이 함께 벌인 내전이지 북이 일방적으로 남을 침공한 전쟁이 아닙니다. 6·25전쟁이 터지기 한참 전에 남쪽에서는 10만 명 가까운 민간인이 학살됐습니다. 이승만은 전쟁이 터지기 1주일 전에도 북진통일론을 들고나왔습니다. 1949년 5월 4일 개성에서 일어난 남북 교전은 남쪽이 먼저 공격했습니다. 나흘 동안의 교전으로 인민군 400명, 한국군 22명, 민간인 100명이 죽었습니다.[21] 공격을 이끈 김석원은 일본 관동군의 일원으로 조선 독립군을 '토벌'했던 인물이었습니다. 만약 이때 북한이 전면 공세로 나왔다면 6·25전쟁은 5.4전쟁으로 명칭이 바뀌었을지도 모르고 전쟁은 남침이 아니라 북침으로 기록됐겠죠.

　2차대전이 끝나자 미국은 극심한 불황에 빠졌었습니다. 한창 때 1천만 명이 넘었던 군인이 1948년에는 55만 명까지 줄어 인력이 남아도는데 국방 예산이 대폭 감축되어 군수 산업이 파리만 날리고 있었습니다. 경제는 위축됐고 실업자가 급증했습니다. 6·25전쟁이 터지자 미국은 기다렸다는 듯이 바로 참전했습니다. 한반도 전쟁은 미국 경제를 살렸습니다. 미국은 한국의 가장 든든한 동맹국이 아니라 한국의 안보를 가장 위협하는 나라입니다. 미국이 가장 든든한 동맹국으로 여기는 나라는 731부대의 세균전 실험 자료를 고스란히 미국에게 넘겨준 일본입니다. 731부대의 책임자 이시이 구로는 6·25

월 28일. https://www.youtube.com/watch?v=lrckqN8-v8s
21 Bruce Cummings, *Korea's Place in the Sun: A Modern History*, 2005, pp. 247-248; https://ko.wikipedia.org/wiki/%EC%86%A1%EC%95%85%EC%82%B0_5%C2%B74_%EC%A0%84%ED%88%AC

국가부도경제학

전쟁 때 한반도까지 날아와 미군이 벌였던 세균전에도 깊숙이 관여했을 가능성이 높습니다.[22] 한반도 전쟁은 일본 경제도 살렸습니다. 일본은 한국과 동맹이 될 수 없는 나라입니다. 미국 경제와 일본 경제는 모두 내리막길입니다. 쇠락하는 제국을 일으키는 가장 손쉬운 길은 1차대전과 2차대전에서 영국과 미국이 보여줬듯이 전쟁으로 경쟁국을 무너뜨리는 것입니다. 한반도에서 다시 전쟁이 벌어져야 좋은 나라는 중국, 러시아가 아니라 미국, 일본입니다.

조공을 바치며 중국을 깍듯이 받들었던 조선의 사대주의가 재연될까봐 중국의 부상을 두려워하는 한국인이 많습니다. 그런데 지금의 눈으로 사대주의를 평가하면 곤란합니다. 사대는 유학의 기본 정신입니다. 동생이 형의 말을 따라야 가정이 화목해지듯이 작은 나라

---

22 Jeffrey S. Kaye, 'REVEALED: The long-suppressed official report on US biowarfare in North Korea', INSURGE, 2018년 2월 21일, https://medium.com/insurge-intelligence/the-long-suppressed-korean-war-report-on-u-s-use-of-biological-weapons-released-at-last-20d83f5cee54 . 731부대는 만주에서 세균전 실험만 한 것이 아니라 중국에서 실제로 세균전을 실행에 옮겼습니다. 일본군이 저지른 세균전을 수십 년 동안 연구한 모리 마사타카는 6.25전쟁 당시 북한에서 발견된 세균탄 탄두와 731부대가 중국에서 사용한 세균탄 탄두가 똑같은 것임을 밝혔습니다. 'Dirty Little Secrets', Al Jazeera, 2010, https://www.aljazeera.com/programmes/rewind/2018/02/dirty-secrets-180228055954051.html

당시 영국의 동양학자이자 화학자였던 조지프 니덤을 필두로 세계 여러 나라의 과학자들이 현장 조사를 한 뒤 세균전이 이루어졌다는 보고서를 제출했지만, 미국은 공산국 출신의 과학자가 조사단에 섞여 있었다는 이유로 해당 보고서를 공산권의 선전으로 일축했습니다. 그리고 북한에 포로로 잡힌 미군 조종사들이 세균탄 투하를 자백한 것은 공산주의자들에게 협박당하고 세뇌되었기 때문이라고 강조했습니다. 세균전을 자백한 군인들은 미국으로 돌아간 뒤 하나같이 자백을 번복했습니다. 그런데 1940년대 말부터 죄수, 정신질환자, 고아를 대상으로 마약, 고문, 전기충격요법, 최면 등으로 사람의 심리를 제어하는 기법을 집중적으로 연구한 나라는 바로 미국이었습니다. 미군 조종사들이 협박당하고 세뇌되었다면 공산 정부가 아니라 자국 정부에게 협박당하고 세뇌되었을 가능성이 높습니다. https://www.unz.com/lromanoff/cia-project-mk-ultra/

가 큰 나라를 받들어야 세상의 질서가 유지된다는 믿음이 사대였습니다. 조선은 중국이 무서워서 사대를 한 것이 아니었습니다. 사대를 실천하는 데에서 오히려 문명인의 자긍심을 느꼈습니다. 위아래를 모르고 상대를 힘으로만 제압하는 것은 조선인이 보기에는 짐승이나 하는 짓이었습니다. 조선이 중국에게 사대한 것은 주먹보다 말을 높이 사는 유교 정신을 중국도 조선과 공유한다고 믿어서였습니다.

강대국들의 속내

지금은 주권 국가의 시대죠. 나라의 크기와 무관하게 유엔에서는 모두가 똑같이 한 표를 행사합니다. 물론 현실은 다릅니다. 미국처럼 주먹이 센 나라가 국제사회의 흐름을 주도하죠. 중국이 경제력과 군사력에서도 미국을 앞질렀다고 할 때 과연 지금의 미국과 같은 방식으로 국제사회를 이끌어나갈까요. 아마 아닐 겁니다. 중국도 기본적으로 문치의 나라거든요. 한국은 문치의 전통이 더욱 강한 나라죠. 그래서 중국은 일본을 두려워해도 한국은 두려워하지 않습니다. 일본에게는 청일전쟁에서 참패했고 중일전쟁에서도 고전했거든요. 자존심이 상한다구요? 아닙니다. 일본처럼 말보다 주먹을 믿는 무치의 전통이 강한 나라는 주먹이 약할 때는 엎드려 지내다가 주먹이 세지면 상대를 얕보고 짓누릅니다. 그래서 상대로 하여금 항상 경계하고 불신하게 만듭니다. 조선처럼 주먹보다 말을 믿는 나라는 아무리 힘이 세져도 명분을 먼저 따지므로 무력 일변도로 나가지 않죠.

나라의 크고 작음에 상관 없이 모든 나라의 주권이 존중받아야 하는 현대 국제사회에서 가장 믿음을 줄 수 있는 나라는 문치의 전통이 강한 나라입니다. 말이 밥 먹여주냐구요? 네. 밥 먹여줍니다. 주먹보다 말을 떠받들어서 이웃 나라에게 두려움을 갖지 않게 해준 것은 선조가 우리에게 물려준 가장 값진 재산입니다.

한국에는 주먹으로 조선을 삼킨 일본의 힘을 숭상하는 사람들이 아직도 꽤 있습니다. 한때는 마르크스주의자였다가 정반대로 돌아서서 일본의 식민지 지배가 낙후하고 정체된 조선을 근대화의 길로 이끌었다고 말하는 학자들이 뉴라이트 운동을 이끌고 있죠. 그 학자들의 생각은 왜 백팔십도 달라졌을까요. 마르크스주의의 역사발전사관을 신봉하다보니 그렇게 됐을 겁니다. 마르크스 이론에 따르면 역사는 노예제 사회에서 봉건제 사회로 넘어갔다가 자본주의 사회를 거쳐 공산주의 사회로 귀결됩니다. 뉴라이트 학자들은 일본의 식민지 지배가 없었어도 조선이 자생적으로 발전했을 것이라는 논리를 정당화하려고 조선 사회에서 열심히 자본주의의 맹아를 찾았을 겁니다. 그런데 조선 후기를 아무리 뒤져도 상공업 발전의 조짐은커녕 노비제의 강고한 사슬만 보이자 조선을 저주하고 일본을 예찬하게 됐을 겁니다.

조선이 극심한 신분제 사회였던 것은 맞습니다. 시대에 따라 다르기는 하지만 조선 시대에 적게는 인구의 3분의 1에서 많게는 인구의 절반이 노비였습니다. 그런데 신분제가 있고 주먹이 약한 나라는 주먹이 강한 이웃 나라의 식민지가 반드시 돼야 한다는 법이 있나요. 일본 대다수 국민은 메이지유신을 거치면서 오히려 생활이 힘들어졌습니다. 자국민도 자기 아기를 죽여야 할 만큼 쥐어짜는 나라가 이웃 나라의 노비들이 가여워서 식민지로 거둬줬다는 건가요. 조선은 자본주의의 맹아가 싹틀 리 없는 나라였습니다. 사농공상을 국시로 삼아 상업을 천시한 나라였으니까요. 그런데 사치를 막으려고 일부러 상업을 억누른 나라는 이 세계에서 존재 가치가 없는 건가요. 마르크스의 합목적적 역사적 궤적에서 벗어나는 나라는 주권을 짓밟혀도 되는 건가요.

마르크스가 말한 봉건제라는 단계 자체가 유럽과 일본처럼 주먹을 중심으로 굴러갔던 사회에서 공통적으로 나타난 요소입니다. 주먹이 아니라 말을 중시했던 조선과는 거리가 먼 체제였습니다. 지나간 역사를 굳이 평가하려고 한다면 적어도 국가와 국가의 관계에서는 조선처럼 주먹보다 말을 중요하게 생각했던 나라를 더 높이 평가해야 합니다. 그것은 지금의 국제사회가 지향해야 할 길이기도 합니다. 노비제가 봉건제로 바뀌는 것이 발전이라고 보는 것도 우스운 이야기입니다. 로마 공화정은 전쟁을 통해 치부한 금권세력이 득세하면서 대농장 노예 체제로 추락했습니다. 역사는 도식에 따라 흘러가는 것이 아닙니다. 낙후하고 정체된 것은 주먹보다 말을 따랐던 조선이 아니라 말보다 주먹을 따랐던 유럽 현실을 설명하려고 마르크스가 지어낸 역사발전 도식을 맹종하다가 자기들보다 앞서 살았던 선조를 자본주의의 싹을 키워내지 못했다는 이유로 못났다고 비웃는 못난 후손이 아닐까요. 그런데 주먹보다 말을 중시한 조상을 덕분에 한국인은 한국을 경계하지 않는 또 하나의 대국을 이웃으로 두고 있습니다. 러시아입니다. 2019년 한국 해외홍보문화원이 실시한 한국의 해외 호감도 조사에서 러시아 국민은 94.8%가 한국을 긍정적으로 생각하고 있다고 나왔습니다. 조사 대상국 16개국 중 압도적 1위였습니다. 일본 국민은 18.8%만 한국을 긍정적으로 생각했습니다.

중국이 일본을 경계하는 것처럼 러시아도 일본을 경계합니다. 러일전쟁에서 진 경험이 있거든요. 북방 영토를 두고 갈등도 있습니다. 한국은 러시아와 척을 질 일이 없습니다. 그런데도 러시아 하면 왠지 껄끄럽게 여기는 한국인이 많은 것은 미국 언론이 러시아와 푸틴 대통령을 워낙 부정적으로 그려서입니다. 미국의 CNN이나 《뉴욕타임스》, 영국의 BBC나 《가디언》 같은 언론사는 모두 자국 금벌의 의제 설정을 충실히 추종하면서 전쟁 몰이에 앞장서는 가짜 뉴스 양산 공장일 뿐입니다. 중국이 시장 대국이라면 러시아는 시장 대국이자 기술 대국이자 자원 대국입니다. 같이 미국의 경제 공격을 받다 보니 러시아와 중국은 사이가 가까워졌지만 러시아도 중국을 두려워할 수밖에 없습니다. 러시아의 방대한 연해주 영토는 19세기 말까지 중국 땅이었습니다. 러시아는 일본이나 중국보다 한국과 더 경제 교류를 확대하고 싶어할 수밖에 없습니다. 러시아가 한국에게 호감을 품는 또 하나의 중요한 이유는 러시아에 있는 고려인들의 성실하고 근면한 모습을 익히 알아서 그렇습니다. 러시아는 한국에게 미안한 마음도 갖고 있겠죠. 1930년대 중반에 연해주에 살던 수많은 조선인을 중앙아시아로 강제 이주시킨 적이 있으니까요.

그런데 1937년 8월에 이루어진 스탈린의 조선인 강제 이주 결정은 일본과 내통한 소련 정보 당국이 주도해서 벌였을 가능성이 농후

합니다. 미국 역사가 그로버 퍼에 따르면 1930년대 후반에 이루어진 소련의 대숙청에는 진짜 숙청과 가짜 숙청이 있었습니다.[23] 레닌이 죽은 뒤 권좌에서 밀려난 트로츠키는 해외로 망명한 뒤에도 스탈린 정권을 무너뜨리려 일을 꾸미다가 적발되었습니다. 이것이 진짜 숙청이었습니다. 그런데 문제는 스탈린 타도 공작을 트로츠키와 손잡고 벌인 것이 소련 정보부의 최상층부였다는 사실이었습니다. 정보부 최상층부는 자신의 죄과를 덮으려고 무고한 사람들에게 죄를 뒤집어씌웠습니다. 그로버 퍼는 연해주의 조선인을 적시하지는 않지만 연해주의 조선인이 이때 억울하게 희생되었을 가능성이 높습니다. 트로츠키는 같은 유대인이었던 미국 은행가 제이콥 시프로부터 러시아 혁명 자금을 지원받았는데, 제이콥 시프는 러일전쟁에서 일본에게 군자금을 빌려줘서 일본의 기사회생을 도왔던 장본인이기도 합니다. 소련 안에 있던 연해주의 조선인 자립 공동체는 만주와 시베리아를 넘보던 일본에게 가장 큰 걸림돌이었던 터이고 스탈린을 무너뜨려야 하는 세력에게 러시아를 목숨 걸고 지켜야 할 이유가 가장 컸던 조선인 공동체는 제거 일순위가 아니었을까요. 연해주 조선인의 강제 이주는 일본의 공작에 의한 가짜 숙청이었을 가능성이 높습니다.

그런데 한국도 러시아에게 신세를 졌습니다. 1945년 조선이 일본의 식민지 지배에서 해방된 것은 일본이 2차대전에서 패한 덕분이

---

23 Grover Furr, 「예조프 대 스탈린: 1937~1938 소련의 집단 탄압 원인 Yezhov vs. Stalin: The Causes of the Mass Repressions of 1937~1938 in the USSR」, Journal of Labor and Society, 2017년 9월, msuweb.montclair.edu/~furrg/research/yvs_jls2017.pdf

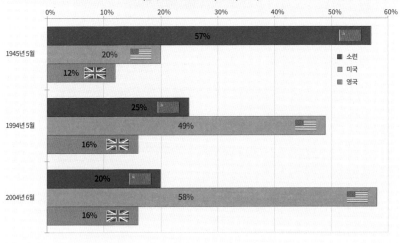

프랑스 여론조사: "1945년 독일 패배에 가장 기여한 나라는 어디라고 생각하십니까?"
(출처: IFOP 조사 1945, 1994, 2004)

지만 2차대전 승리의 주역은 러시아였습니다. 일본을 누른 것은 작게는 미국의 무력이었지만 크게는 미국이 일본과의 태평양 전선에 주력할 수 있도록 러시아가 유럽에서 독일군 정예 주력을 거의 혼자서 막아낸 덕이었습니다. 2차대전 때 작전 중 사망한 474만 명의 독일군 중에서 355만 명이 소련군과 싸우다 죽었습니다. 소련군은 최소 870만 명이 죽었고 모두 2600만 명의 소련인이 죽었습니다. 미군과 영국군 사망자는 각각 40만 명과 38만 명이었고 민간인 사망자는 각각 1만 2천 명과 6만 7천 명에 그쳤습니다.

러시아가 2차대전 전승의 주역이었다는 사실은 종전 직후인 1945년 5월 프랑스에서 실시된 여론조사 결과가 보여줍니다. 프랑스 국민의 57%는 2차대전에서 독일을 격퇴하는 데 가장 크게 기여

8. 한국의 1997년 IMF 환란은 미국의 경제 공격

한 나라를 러시아로 꼽았습니다. 미국을 지목한 비율은 20%에 그쳤고 영국은 12%였습니다. 그런데 2차대전의 기억이 가물가물해지고 냉전 세력의 이념 공세를 반 세기 가까이 겪은 1994년 5월 조사에서는 프랑스인의 49%가 최대 전승 기여국을 미국으로 꼽았습니다. 러시아는 25%로 곤두박질쳤고 영국은 16%로 올라섰습니다. 그로부터 다시 10년이 지난 2004년 6월 조사에서는 미국이 58%로 압도적 우위를 누렸고 영국은 똑같은 16%였지만 러시아는 20%로 더 떨어졌습니다. 러시아와 미국에 대한 평가가 60년 사이에 러시아는 57에서 20으로 미국은 20에서 58로 완전히 뒤바뀌었습니다. 그토록 똑똑하고 주관이 강하다는 프랑스인도 감옥 밖의 감옥에서 살다보니 어느새 초국가 금융 카르텔이 지배하는 언론이 그런 대로 이유도 모르면서 러시아에 반감을 품게 된 거죠.

중국과 홍콩에 대한 오해

그런데 중국과 러시아는 왜 서방 언론에서 부정 일변도로 묘사되는 걸까요. 미국의 금융패권 체제를 관철하는 데 방해가 돼서 그렇습니다. 중국, 러시아와 관련되어 일어나는 사건은 왜곡이 너무 심합니다. 홍콩 '민주화' 시위만 해도 그렇습니다. 홍콩에는 크고 작은 비정부기구가 3만 7천 개나 되는데 상당수가 미국, 유럽의 지원을 받습니다. 시위의 불씨를 제공한 범죄인 송환법은 중국 정부의 요청으로 입안된 것도 아니었습니다. 한 홍콩인이 대만인 여자 친구를 죽이고 홍콩으로 돌아왔는데 처벌할 길이 없는 문제점을 해결하려고 대만과의 범죄인 송환법을 만들면서 마카오, 중국도 추가한 것입니다. 중국 본토에서 각종 범죄를 저지르고 홍콩으로 도주한 사람들도 많은 현실이었습니다. 시위대는 송환법이 만들어지면 '반국가' 활동에 가담한 홍콩 주민이 중국에 끌려갈 거라고 말했습니다. 송환법은 양쪽 모두가 범죄로 인정하는 사안에만 적용됩니다. 홍콩에는 반국가 범죄가 없습니다. 영국에는 반역죄가 시퍼렇게 살아 있지만 반역도 스파이도 홍콩에선 범죄가 아닙니다.[24] 영국의 진보지 《가디언》은 중국 정부가 '비정치적' 범죄를 꼬투리로 삼아 비판 세력을 잡아들일까봐 홍콩 시위대가 두려워한다고 보도하지만 미국이 전 세계에서 저질러온 범죄를 폭로한 위키리크스 설립자 줄리언 어산지를 근거도 없이 파렴치한 강간범으로 몰면서 '비정치적' 범죄를 뒤집어씌워 미국으로 송환하려는 영국 정부를 옹호해온 것이 바로 《가디언》 아니었냐고 영국의 독립 언론인 조너선 쿡은 꼬집습니다.[25] 줄리언 어산지는 에콰도르 대사관으로 망명해서 7년 동안 갇혀 살다가 에콰도르 정권이 바뀌면서 쫓겨나 영국 교도소에 감금된 채 언제 미국으로 송환될지 모르는 처지에 있습니다.

홍콩의 살인적 주거비도 홍콩 시위대를 자극한 경제적 요인의 하나입니다. 1997년 홍콩이 반환된 뒤 초대 행정장관은 홍콩의 심각

24 https://www.unz.com/emargolis/hong-kong-dont-provoke-the-dragon/
25 https://www.facebook.com/Jonathan.Cook.journalist/posts/the-uk-media-cheerlead-hong-kong-protesters-who-fear-china-will-use-non-politica/2066012340174069/

한 주거 문제를 해결하려고 매년 8만 5천 채의 공공주택을 짓는 사업에 착수했습니다. 하지만 집값 하락을 우려한 건물주들과 야당들의 극렬한 반대로 좌초됐습니다.[26] 홍콩은 열 명의 부자가 국내총생산의 35%를 차지할 만큼 양극화가 심합니다. 부자가 버는 돈의 태반은 부동산에서 나옵니다. 그러니 공공주택을 반대할 수밖에요. 2018년 8월 현재 홍콩 임대 아파트의 절반에 가까운 44%의 평균 임대료가 원화로 300만 원인데 가계 중위 소득은 월 425만 원이고 개인 중위 소득은 248만 원입니다. 홍콩에서 소득이 중간쯤 되는 가정은 수입의 70%를 월세로 내야만 홍콩에서 중간쯤 되는 집에서 살수 있고 홍콩에서 소득이 중간쯤 되는 개인은 수입의 122%를 월세로 내야만 홍콩에서 중간쯤 되는 집에서 살 수 있다는 뜻입니다.[27] 홍콩 젊은이의 불만이 폭발 안 할 수가 없죠. 하지만 홍콩의 주택 사정을 이 지경으로 몰아간 것은 중국 정부가 아니라 부패한 홍콩의 토호들이란 사실을 홍콩 젊은이들은 알아야 합니다. 중국 본토의 아동 빈곤율은 1%인데 홍콩의 아동 빈곤율은 23%입니다.[28] 홍콩 젊은이의 미래를 어둡게 만드는 것은 중국이 아니라 사익만을 추구하는 금벌에게 국가가 오래전에 접수된 부도국가의 원조 영국, 미국을 추앙하는 홍콩의 가짜 민주 세력입니다.

---

26 https://www.hongkongfp.com/2018/06/13/ex-hong-kong-leader-cy-leung-defends-controversial-1990s-housing-policy-says-crisis-averted/

27 https://www.scmp.com/business/article/2160554/nearly-half-hk-flats-rent-us2550-month-70-cent-median-household-income

28 Godfree Roberts, 「홍콩의 독배 Hong Kong's Poisoned Chalice」, *The Unz Review*, 2019년 7월 2일, http://www.unz.com/article/hong-kongs-poisoned-chalice/

다당제에서 살아온 홍콩인들이 정보가 통제되는 일당제 중국 사회에 반감을 느끼는 것은 이해가 갑니다. 홍콩과 중국이 송환 협정을 맺으면 홍콩인의 인권이 위협받을지 모른다는 홍콩인의 걱정도 이해가 갑니다. 그런데 한편으로는 편파적이라는 생각도 듭니다. 2013년 미국 국가안보국의 광범위한 불법 도청과 감찰 활동을 폭로한 미국의 공익제보자 에드워드 스노든은 홍콩으로 도피했다가 홍콩과 미국 사이에 체결된 송환법에 따라 미국으로 송환될 뻔하다가 까스로 러시아로 피했습니다. 원래는 러시아를 거쳐 에콰도르로 가려다가 미국이 여권을 정지시키는 바람에 러시아에 남게 됐습니다. 전 세계 모든 개인의 인권을 지키려고 목숨을 걸고 미국의 반인권 행위를 폭로한 스노든과 어산지를 생각한다면 홍콩이 미국, 영국과 맺은 송환 협정도 이 참에 취소해야 한다고 요구하는 목소리가 시위대에서 나왔어야 하지 않을까요.

중국 하면 많은 사람들이 1989년의 6월의 천안문광장 학살을 떠올립니다. 당시 학생들이 두 달 동안 천안문광장에서 반정부 집회를 가진 것은 맞습니다. 그런데 당시 학생들은 등샤오핑의 개방 정책으로 공교육 지원 등 중국의 사회주의가 무너져내리고 부패 관료들의 자녀가 특혜를 독점하는 데 반대한 것이었지 서구식 자유를 요구한 게 아니었습니다.[29] 공산당 안에도 학생들의 문제의식에 공감하는 사람이 많았고 중국공산당 기관지라는 인민일보도 학생들의 요

---

29 Godfree Roberts, 「다시 찾는 천안문광장 1989 Tiananmen Square, 1989-Revisited」, *The Unz Review*, 2018년 5월 30일. http://www.unz.com/article/tiananmen-square-1989-revisited/

천안문광장에 진입한 계엄군의 탱크들　　　　　　출처: Sin Wai Keung(Sing Tao Daily. 星島日報

구를 비중 있게 보도했습니다. 인민군이 자국민에게 더구나 학생에
게 총을 쏜다는 것은 있을 수 없는 일이었습니다. 학생들이 단식 투
쟁에 돌입하자 중국 정부는 1만 명의 의사와 간호사, 100대의 구급
차를 보냈습니다.

　중국 정부는 6월 4일 오전 6시까지 천안문광장을 떠나라고 학생
들에게 최후통첩했습니다. 학생들은 천안문광장을 떠났고 광장에
서는 한 명의 사상자도 없었습니다. 사상자는 장안로라는 곳에서 시
위대가 투석전과 화염병으로 경찰과 군인을 공격하면서 발생했습
니다. 시위대에게 납치된 군인이 살해되어 불에 태워지기도 했습니
다. 어느 민주 국가에서 군인을 납치해서 화형시키는 시위대를 그
대로 두고 볼까요. 중국 정부는 7천 명이 다치고 학생 36명, 군인 10

명, 경찰 13명을 포함해서 241명이 죽었다고 발표했습니다. 중국은 명령 경제에서 시장 경제로 넘어가면서 혼란을 겪고 있었습니다. 미국 CIA는 대만과 손잡고 불순 세력을 포섭해 반정부 폭동을 확산시키려고 했지만 일부를 제외하고 대다수 학생은 폭력을 원하지 않아 뜻을 못 이뤘습니다. 만약 이 혼란기에 중국 공산당 정권이 무너졌다면 중국 경제가 지금처럼 발전할 수 있었을까요. 역사에서 가정은 큰 의미가 없을 수도 있지만 러시아에서 옐친이 공산 정부를 무너뜨린 뒤 서방과 내통한 소수 기회주의자들이 국가 자산을 말아먹은 후유증에서 러시아가 아직도 완전히 벗어나지 못했음을 생각하면 오늘의 중국 경제는 실현되기 어려웠을 겁니다.

천안문광장에서 학살이 없었다는 것은 미국 정부도 알고 있었고 미국 기자들도 알고 있었습니다.《워싱턴포스트》베이징지국장을 지낸 제이 매튜는 '천안문 신화'를 증언하는 글을 쓰기도 했습니다.[30] 하지만 만리장성처럼 강고히 다져진 천안문 신화를 깨뜨리기에는 역부족이었습니다. 특히 인민군 탱크를 막아선 남자의 사진은 중국 정부의 폭압성을 생생히 전달했습니다. 하지만 그 사진은 학생들이 광장을 떠난 다음날이었던 6월 5일에 찍은 것이었고 탱크들은 광장으로 진입하려던 것이 아니라 광장을 떠나려 하고 있었습니다. 맥락을 상실한 사실은 진실을 은폐합니다. 천안문광장의 폭력 진압 신화는 홍콩 '민주화' 시위대가 중국 정부에 대해서 느낀다는 공포를 세

30　Jay Mathews,「천안문 신화 The Myth of Tiananmen」, *Columbia Journalism Review*, 2010년 6월 4일. https://archives.cjr.org/behind_the_news/the_myth_of_tiananmen.php

계인으로 하여금 십분 공감할 수 있게 해줍니다. 그리고 반중국 시위는 아무리 폭력적이어도 정당화됩니다.

아마 적지 않은 홍콩인들은 본토 중국인들이 커다란 감옥에서 살아간다고 생각하겠죠. 하지만 감옥 안에서 살아가는 중국인을 비웃는 홍콩인도 감옥 밖의 더 큰 감옥에서 살아간다는 사실을 알아야 합니다. 홍콩 젊은이의 미래를 어둡게 만드는 홍콩 양극화의 주범은 어느 사회에서나 마찬가지로 부동산 투기이고 부동산 투기의 주범은 사익만 추구하는 은행입니다. 세계 금융자산의 태반은 소수의 초국적 금융 카르텔이 소유하고 있다는 충격적 사실을 2011년에 스위스의 연구자들이 밝혀냈다고 말씀드렸습니다. 하지만 이런 사실은 《뉴사이언티스트》라는 과학 주간지에만 소개됐을 뿐 주류 언론에서는 전혀 안 다뤘습니다. 왜일까요. 빈곤이 지속되는지를 정조준한 연구였거든요. 진보지와 보수지를 막론하고 초국가 금융 카르텔이 대다수 지분을 차지하는 서양 주류 언론은 문제를 정조준하는 사람을 무시하거나 음모론자로 매도합니다. 그러면서 성소수자, 인종 갈등처럼 금융 카르텔을 전혀 위협하지 않는 주제를 좌파의 중심 의제로 키웁니다. 다수의 선량한 홍콩인을 빈곤으로 몰아넣은 주범은 중국 정부가 아니라 홍콩이 영국의 식민지였던 시절부터 영국의 아편무역을 돕는 마름 노릇을 하면서 부를 축적해온 소수의 홍콩 거부들과 그들의 마름이 되어 중국 정부의 공공주택 공급을 저지시킨 부패한 홍콩 정치인들이었음에도 홍콩인들이 정조준에 실패한 것은 자신들도 감옥에서 살아왔음을 깨닫지 못해서입니다. 홍콩 시위가 영국 언론에서 대서특필되는 동안 영국 록그룹 핑크플로이드의 기타

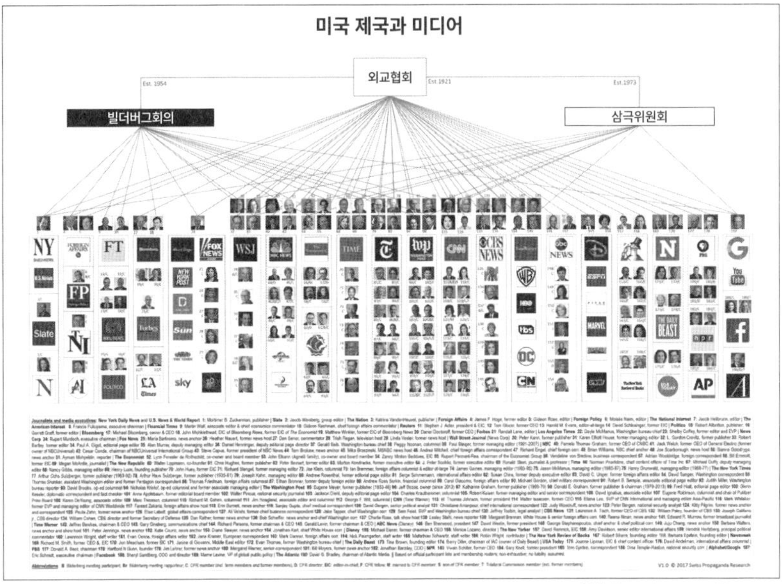

출처: Swiss Propagand Research

외교협회는 1차대전 이후 미국의 대외 정책을 조율하는 상설기구로 1921년에 만들어졌는데 미국의 주류 정치인, 학자, 기업인, 언론인이 참여하고 있다. 빌더버그회의는 미국과 유럽의 정책 조율 모임으로 냉전 초기인 1954년에 만들어졌고, 삼극위원회는 미국의 금본위제 포기로 생겨난 세계 경제 혼란을 조율하기 위해 일본을 포함시켜 1973년에 만들어졌고 지금은 한국을 비롯해 아시아 여러 나라도 참여하고 있다. 모두 민간 조직이며 언론계 인사가 깊숙이 개입하고 있다.

리스트 로저 워터스는 줄리언 어산지 억류에 항의하는 1인 공연을 영국 내무부 앞에서 벌였지만《가디언》을 비롯한 영국의 주류 언론은 철저히 무시했습니다.

중국은 지난 10년 동안 3만 킬로미터가 넘는 초고속열차망을 완성했습니다. 미국은 한때 철도 선진국이었지만 2차대전 이후 자동차회사들과 석유회사들의 로비로 철도산업은 형해화됐습니다.[31] 중국의 아동 빈곤율이 계속 내려가는 것은 중국 인민은행이 공익을 추구하면서 일자리를 늘리는 생산 부문에 돈을 안정적으로 공급해서입니다. 중국 '독재 정권'이 정보를 차단하는 것은 홍콩 시위대가 보여주듯이 소수 초국가 금융 카르텔에게 유리한 다원주의만이 만병통치약이고 이 세상의 전부인 줄 아는 중국인이 늘어나 99%를 위하려는 국가의 사회 정책이 좌초할 것을 두려워해서입니다. 미국의 아동 빈곤율은 2017년 현재 12.3%입니다. 세계 최강대국이라는 미국의 아동 빈곤율이 중국보다 훨씬 높은 것은 연방준비은행이 사익을 추구하면서 거품을 늘리는 투기 부문에 돈을 안정적으로 공급해서입니다. 미국 '민주 정부'가 정보를 차단하는 것은 국가 통화주권을 무너뜨리고 소수의 초국가 금융 카르텔이 주도하는 1%의 세계 지배 전략이 들통나 좌초할 것을 두려워해서입니다.

생산 위에 군림하는
금융을 향한 일침

흔히 나라 경제를 가장 성공적으로 이끈 독립 중앙은행의 모범적 사례로 독일의 연방은행(분데스방크)을 듭니다.[32] 연방은행은 전후 독일 경제를 안정되게 성장시킨 주역으로 꼽힙니다. 초인플레를

---

31 「왜 미국은 초고속철도가 없나 Why the US Has No High-Speed Rail」, *CNBC*, 2019년 5월 7일. https://www.youtube.com/watch?v=Qaf6baEu0_w
32 독일 연방은행이 안정된 경제 성장을 실현할 수 있었던 배경은 Richard Werner, 『엔의 지배자』 19장을 토대로 삼았다.

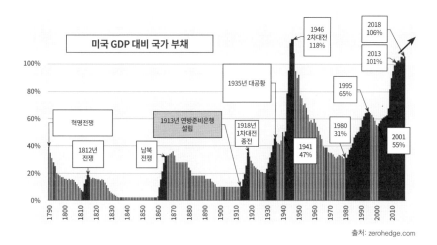

미국 GDP 대비 국가 부채

100%
80%
60%
40%
20%
0%

1790 1800 1810 1820 1830 1840 1850 1860 1870 1880 1890 1900 1910 1920 1930 1940 1950 1960 1970 1980 1990 2000 2010

혁명전쟁

1812년
전쟁

남북
전쟁

1913년 연방준비은행
설립

1918년
1차대전
종전

1935년 대공황

1941
47%

1946
2차대전
118%

1980
31%

1995
65%

2013
101%

2018
106%

2001
55%

출처: zerohedge.com

초래한 1920년대의 비독립 국가은행과는 달리 연방은행은 득표율
에 연연하여 선심 정책을 추구하기 십상인 정부로부터 독립했기에
합리적이고 객관적이고 지속가능한 경제를 이루어냈다고들 말합니
다. 1920년대의 초인플레는 비독립 중앙은행이 아니라 독립 중앙은
행이 만들어냈다고 앞에서 말씀드렸습니다. 마찬가지로 연방은행
은 더 독립적이어서가 아니라 덜 독립적이어서 성공했습니다. 연방
은행이 설립되고 10년 뒤인 1967년 독일 의회는 안정성장법을 통과
시켜서 중앙은행의 역할은 '물가 안정' 말고도 거의 완전 고용을 추
구하는 '안정 성장'에도 있음을 못박았습니다. 안정성장법은 정부의
경제 정책 전반을 뒷받침하는 책무를 완수하는 것을 연방은행의 소
임으로 규정했습니다. 연방은행은 물가 안정을 해치지 않는 범위 안
에서 정부의 성장 고용 정책을 적극 지원해야 했습니다. 안 그러면
불법이었습니다. 덕분에 독일의 수출 경제는 쑥쑥 성장했고 1980년

대가 되면 달러 다음 가는 지위를 무역 거래에서 얻었습니다. 그런데 전문가들은 독일이 왜 그렇게 잘 나가던 마르크를 토대로 한 독자적 통화정책을 자제하면서 프랑스 프랑 등과 유럽통화체제를 만들어 통화정책을 공동으로 조율하다가 결국 2002년에는 유로를 출범시키면서 마르크를 포기했는지 의아해합니다.

답은 전쟁에 대한 공포였습니다. 1974년부터 1982년까지 독일 총리를 지냈고 프랑스의 지스카르 데스탱 대통령과 함께 독불 경제협력을 위해 노력했던 헬무트 슈미트는 아데나워부터 콜까지 역대 독일 지도자들은 1차대전, 2차대전에 이어 또다시 독일을 고립화시키는 3차 반독 동맹이 맺어지는 것을 두려워했다고 합니다.[33] 2002년 유로가 탄생하면서 마르크는 사라지고 독일 연방은행은 독자적 통화정책 권한을 잃고 유럽중앙은행의 독일 지부로 전락했습니다. 유럽중앙은행은 정부와 의회의 견제를 받으면서 독일 국민경제의 성장을 추구했던 독일 연방은행과는 달리 민간 투자자의 금융 이권을 지키는 정책을 추구하면서 누구의 견제도 안 받는 초법적 기구입니다. 그래도 독일은 전쟁의 표적에서는 벗어났으니 그나마 다행이라고 봐야 할까요. 적어도 20세기의 큰 전쟁은 이렇게 영미를 주축으로 한 초국가 금융 카르텔이 일으켰고 21세기의 큰 전쟁도 그렇게 일어날 가능성이 높습니다.

아니, 전쟁은 이미 시작된 지 오래입니다. 보복력 있는 대량살상무기의 출현으로 양차 대전처럼 전 세계에 걸친 물리적 전쟁은 일

---

33 Werner, 『엔의 지배자』, p. 317.

어나기 어렵습니다. 하지만 물리적 전쟁 못지않게 폐해가 심각한 경제전쟁은 1980년대에 벌써 시작됐고 지금도 계속되고 있습니다. 미국은 독립 이후로 전쟁이 터지면 빚이 늘었다가 전쟁이 끝나면 빚이 줄어드는 흐름을 줄곧 보였습니다. 미국의 국내총생산 대비 국가 부채는 예전에는 미국이 큰 전쟁에 휘말렸을 때만 급증했다가 전쟁이 끝나면 다시 꾸준히 내려갔습니다. 독립전쟁, 1812년 영미전쟁, 남북전쟁, 1차대전, 2차대전이 그랬습니다.

1930년대 대공황기에는 전쟁과 무관하게 나라빚이 급증했지만 뉴딜정책을 통해 다수 국민의 안전망을 넓히는 데에 들어간 돈이 많았습니다. 그런데 미국의 국가 부채 비율은 1980년대부터 급증했습니다. 클린턴 정부 때 잠시 줄었지만 1980년 국내총생산 대비 31%였던 미국 국가 부채 비율은 2018년에는 106%를 넘어섰습니다. 1930년대의 뉴딜 때와는 달리 다수 국민에게 수혜가 돌아간 것도 아니었습니다. 1980년 이후 미국인의 실질 임금은 제자리 걸음입니다. 1980년대 이후 미국에서 무슨 일이 벌어진 걸까요. 1981년 호전파 네오콘에게 장악된 레이건 정부가 들어섰습니다. 레이건 정부는 세 가지 일을 벌였습니다. 부자가 돈을 써야 경제가 살아난다는 낙수효과론으로 부자 세금을 크게 낮췄고 소련과의 군비 확산 경쟁에 몰입하면서 군사비 지출을 크게 늘렸고 영국의 주택금융조합처럼 서민의 주택 마련을 도우려고 만들어진 저축대부조합이 예금자의 돈으로 위험한 고수익 자산에 투자할 수 있도록 금융 규제를 풀었습니다. 금벌이 후원하는 네오콘에게 장악당한 미국에서 감세, 군비 증강, 투기 조장이라는 세 가지 정책 기조는 정권이 바뀌어도 큰 변화 없이 지금까지 이어지고 있습니다. 감세, 군비 증강, 투기 조장으로 인한 국가 부채 증가는 재정 적자를 구실로 삼은 긴축과 국가 자산의 사유화로 이어지고 서민은 빚에서 헤어나오지 못합니다. 감세, 군비 증강, 투기 조장은 미국의 1%가 99%를 상대로 벌이는 전쟁입니다.

미국은 1980년 이후 좁게는 자국민을 상대로 넓게는 세계인을 상대로 전쟁을 벌이고 있습니다. 허공에서 찍어낸 오일달러를 마구 뿌리면서 주식, 채권, 부동산 가격을 끌어올렸다가 금융위기가 터지면 달러를 더 찍어서 1%의 재산만 지켜주고 긴축과 차압을 통한 99% 재산의 강탈로 더 부풀어오른 1%의 재산은 전 세계를 돌면서 생산과 동떨어진 주식, 채권, 부동산 가격을 폭등시켜서 1%를 더욱 부유하게 99%를 더욱 가난하게 만듭니다. 투기 경제가 생산 경제를 상대로 벌이는 전쟁입니다. 1980년대 중반까지 일본을 경제 강국으로 만든 원동력은 한정된 자원을 생산에 쏟아부은 생산 경제 체제였지만 이제 일본은 무한정한 자원을 금융에 쏟아붓는 투기 경제 체제로 미국과 동질화되어 미국이 세계를 상대로 벌이는 금융 약탈전의 충실한 조력자가 됐습니다.

투기 경제는 생산 경제라는 숙주의 몸체에 빚이라는 빨대를 꽂아 빨아먹는 기생 경제입니다. 한국의 2018년 매출액 상위 20대 기업 중 16개가 삼성전자, 현대자동차, 포스코, LG화학처럼 본격 제조업체입니다. CJ처럼 식품, 유통 등 다양한 업종을 가진 기업이 하나고 나머지 셋은 삼성생명 KB금융, 하나금융지주 같은 금융업체입니다. 그런데 영업이익으로 본 상위 20대 기업 안에는 금융업체가 7개나 들어갑니다. 10위권 안에는 절반인 5개가 금융업체입니다. 금융업이 얼마나 수익성이 뛰어난 업종인지 알 수 있습니다. 은행이 돈을 많이 벌었다는 것은 나라 경제 전체로 보면 그리 좋은 일이 아닙니다. 나라 경제에서 고리대금 이자로 빨려나간 돈이 그만큼 많았다는 뜻이거든요. 꼭 이자가 높아서가 아니어도 비생산적 부문에서 빨아들이는 이자는 아무리 낮아도 고리대금입니다. 그렇게 은행에서 빨려나간 돈만큼 나라 경제의 소비는 줄어들고 제조업체도 어려워집니다. 그리고 은행이 빨아들인 이익은 배당금 형식으로 외국으로 빠져나갑니다. 투기 경제에 맞서 산업 경제를 지키고 살려내기 위해서라도 금융세로 은행 이익의 일부를 회수해 공공주택을 늘려 국민 생활에서 고정비 부담을 줄여나가야 합니다.

　금융은 생산을 도와야지 생산 위에 군림해서는 안 됩니다. 생산을 돕는 역량이 진정한 금융 경쟁력입니다. 돈은 재화와 서비스의 교환을 촉진하고 지원해야 합니다. 교환할 재화가 없으면 돈은 무가치합니다. 사막에서 금 한 자루의 가치는 금을 담은 자루만큼도 안 됩니다. 빈센트 비커스라는 영국 경제학자는 돈을 바구니에 비유합니다. 딸기 농사가 잘 돼서 딸기가 넘쳐나고 딸기를 먹고 싶어하는 사람도 넘쳐나는데 바구니 만드는 회사의 횡포로 바구니 조달이 안 되는 바람에 딸기 유통이 중단되어 딸기가 썩어나간다면 말이 안 되겠죠. 돈은 딸기가 아니라 바구니에 불과합니다. 금융이 생산을 지배하도록 허용하는 것은 바구니 회사가 딸기 생산과 소비를 좌지우지하도록 허용하는 셈입니다. 초등학생도 배꼽을 잡을 어처구니없는 일이지만 모든 나라에서 이런 어이없는 일이 벌어지고 있습니다. 한 나라의 부는 쌓아둔 돈에 있는 것이 아니라 생산력과 소비력에 있습니다. 돈이 없어도 생산과 소비는 가능하지만 생산과 소비 없이 돈은 무용지물입니다. [34]

한두 세기 전까지만 해도 세계 대부분의 나라에서 정부가 돈을 찍었습니다. 하지만 지금은 초국가 금융 카르텔이 퍼뜨린 국가 불신론에 모두가 세뇌되어 국가가 국민을 위해 써야 할 핵심 주권인 발권력을 독립 중앙은행과 민간은행들에게 빼앗기고도 국가 주권을 잃은지 모른 채 살아갑니다. 그래서 연애와 결혼과 출산을 포기하는 젊은이가 급증하는데도 국가는 시장의 눈치만 보면서 발만 동동 구릅니다. 그런 나라는 국가가 부도난 나라입니다. 시장이 중심을 꿰어차고 돈을 주무르는 나라는 부도국가입니다.

연애와 결혼과 출산을 포기한 젊은 세대를 살리는 힘은 시장이 아니라 국가에서 나옵니다. 시장이 이자를 붙여 찍어내는 돈은 학자금 대출로, 부동산 투기로 이어져 젊은이를 더 가난하게 만들지만 국가가 무이자로 찍어내는 돈은 공교육, 공공주택 인프라로 이어져 젊은이를 더 여유 있게 만듭니다. 젊은이에게 여유가 있어야 연애와 결혼과 출산이 가능해집니다. 가난한 젊은이를 품어줄 가슴은 시장이 아니라 국가에게 있습니다. 미국이 주도하고 일본이 추종하는 금융 투기 체제는 처음에는 자국민을 착취하고 다음에는 타국을 착취하고 나중에는 타국민을 수탈하는 것도 모자라 막판에는 빚더미를 물

---

34 Vincent Vickers, 『경제 시련 Economic Tribulation』, 1941, p. 19. https://archive.org/details/in.ernet.dli.2015.13534/page/n5

려주며 후손마저 약탈하는 체제입니다. 공간과 시간을 넘나들며 동시다발적으로 수탈하는 체제는 지속가능한 체제가 아닙니다. 미국과 일본은 기축통화국이 아니라 부도국가입니다. 산업을 버리고 금융을 선택했다가 빚더미에 오른 나라들입니다. 자국민을 버리고 소수 부자만을 섬기는 나라들입니다. 마르크스는 자본과 노동을 대립관계로 봤습니다. 자본은 노동을 수탈한다고 봤습니다. 오조준입니다. 노동자는 동시에 소비자입니다. 노동자의 안정된 보수는 소비증가를 통해 자본가에게도 매출 증가로 돌아옵니다. 소득 주도 성장이 그래서 중요합니다. 자본과 노동을 수탈하는 주인공은 따로 있습니다. 민간 금융입니다. 1997년 한국을 국가부도로 몰아가 은행이라는 가장 중요한 국가 자산을 집어삼킨 집단입니다. 민간 금융은 기업과 가계를 빨아먹고 국가 금융은 기업과 가계를 살찌웁니다. 금융이 군림하지 않고 기업과 가계에 기여하는 나라만이 지속가능한 번영을 누릴 수 있습니다.

이세돌 9단이 은퇴했습니다. 사람과 인공지능의 격차가 급속히 벌어지고 최정상급 바둑 기사들까지 인공지능 프로그램에게 바둑을 배우는 현실에서 바둑을 두는 의미를 못 느껴서입니다. 4차산업혁명은 좋은 정부를 가진 국민에게는 축복이지만 나쁜 정부를 가진 국민에게는 재앙입니다. 나쁜 정부는 자동화로 많은 일자리가 사라져서 세금 수입이 줄어들면 재정 적자를 핑계로 국가 자산을 소수 민간 금융 집단에게 팔아넘기는 사유화에 앞장설 겁니다. 공공자산의 사유화로 공공요금이 오르면 국민은 더 가난해집니다. 반면 좋은 정부는 어떻게든 새로운 일자리를 만들어내려고 노력할 겁니다. 이

세돌 9단은 상금으로 받은 돈이 있으니 은퇴해도 생활고와는 무관하지만 절대 다수의 국민은 그렇지 않으니까요. 좋은 정부는 가장 소중한 공공재인 돈을 공동체의 지속가능한 발전을 위해 국민을 위해 쓸 줄 아는 정부이고 좋은 중앙은행은 독립된 중앙은행이 아니라 공동체에 이바지하려는 정부를 도울 줄 아는 중앙은행입니다.

금융자본에 맞서 산업자본을 지켜야 하는 전시 체제입니다. 전시 체제에서는 국가만이 약자를 도울 수 있습니다. 국가의 역할은 기축통화를 쌓아 외환보유고만 늘리는 데 있지 않습니다. 국가는 미국이 강요했고 일본이 추종하면서 돈이라는 공공재를 사유화하여 세상을 지배하려는 금융 투기 지향 체제에 맞서 돈이라는 공공재를 공유하면서 공공교육, 공공주택, 공공보건 인프라를 굳혀 세상과 공생하려는 산업 생산 지향 체제를 다져야 합니다. 그것이 진정으로 일본을 넘어서는 길입니다. 남을 짓밟는 주먹보다 남과 통하는 말을 택했던 조상의 값진 선물을 타국과 나누고 후손에게 물려주는 길입니다.

찾아보기

•

ㄱ

가격보장제 157, 161

간접세 164~165

감세법 200

개인투자자 21, 264~265, 278

거품 경제 231~233, 242, 277, 283

건물주 5, 17, 60, 252, 273, 300

경제난 57, 79, 89, 172

경제봉쇄 79~80, 84, 143

고리대금업 6, 129, 254

고용 안정성 239

곡물법 93, 95, 101, 104

골드만삭스 29, 30, 32, 34, 37~39

공공주택 56~60, 266~267, 300, 304, 311~312, 314

공동체 7, 9, 15~16, 18~19, 21, 23~24, 83, 85, 125, 201~202, 206, 251, 253, 255, 269, 314

공매도 88

공산주의 83~85, 144, 182~183, 190, 293

공업화 9, 94, 232, 284

공적 자금 37, 39, 60, 268

관치금융 9, 12, 252, 284

구매력 6, 133~134, 161, 236, 269, 272

구제금융 22

국가부도 16~17, 24, 41, 89, 244~245, 313

『국민정치경제체제』 102, 112

『국부론』 101

국제투기집단 12

국채 18~19, 21, 77, 89, 168, 236~237, 274, 285

군수산업 164, 166~167, 290

그린백 209~215, 217

글래스스티걸법 36

금 6, 9, 11, 53, 78, 93, 97, 106, 121~ 122, 125, 132~133, 155, 201, 213~ 214, 230

금권세력(집단) 9~10, 12~13, 15, 17~18, 23, 149, 205, 211, 294

금리 18, 97, 155~156, 215, 227, 233~ 236, 250, 264

금본위제 6, 10, 78, 93, 97, 106, 133, 150, 155~156, 213~214

금융 선진화 32

금융위기 30~31, 36~38, 42, 44, 59,

98, 105, 156, 162, 215~216, 250
금융개혁 42
금융개혁법 36
금융시장 14, 32, 43, 227
기축통화 6, 19~20, 188, 230~231,
   275, 314

ⓛ ─────────────

나치 경제 153, 167
나치당 168~169, 182
나폴레옹 3세 137~138
남미 은행 70
남북전쟁 94, 208~212, 215, 217
네케르, 자크 12
노동자 23, 158, 161, 242, 254~255,
   313
노동창출증 169~171
농업보조금 158
뉴딜경제 153
뉴딜정책 13, 158, 160, 309

ⓓ ─────────────

달러 6, 23, 68, 155~156, 188, 205,
   218, 230~232, 237, 249, 269, 308,
   310
담보 43, 97, 157, 202, 212, 228
대공황 13, 36, 157~158, 161~163,
   167~170, 172, 229, 270, 309

대항해시대 103, 131
도덕적 해이 40
독일 우파 83~85
독일 좌파 83
돈 6~8, 10~11, 14~16, 18, 21~24
동인도회사 103, 200
드레퓌스 사건 116~117
드레퓌스, 알프레드 116

ⓡ ─────────────

라테나우, 발터 83, 85~86, 88
러일전쟁 115, 140, 282, 286, 294, 296
레닌, 블라디미르 83, 141, 143, 147~
   148, 296
로스차일드 116~118, 142, 150, 156,
   207, 213
루빈, 로버트 41~43, 250
루스벨트, 시어도어 157~158, 161,
   165~168, 178~181, 193, 196, 210
리먼브라더스 31
리스트, 프리드리히 101~105, 112~
   113, 209~210
리카도, 데이비드 99~101, 104
링컨, 에이브러햄 208~212

ⓜ ─────────────

마르크스, 카를 161, 293~294, 313
마르크화 77~78

멘셰비키 139, 141~142

무솔리니, 베니토 165

무이자 43, 269, 270, 312

물가 17, 66, 68, 80, 127~128, 134,
159~160, 164, 202, 234, 238, 240,
244, 272

물자 부족 61, 64~66, 78~80, 82, 84,
190, 210

미수금 31~32

민간은행 9~10, 15~17, 57, 121, 162,
183, 189, 196, 208, 213, 226~228,
252, 269, 312

민영화 238, 244, 284

ㅂ ─────────────────────

발권력 11, 13, 15~16, 18, 22, 24,
183~184, 196, 200, 203, 216~217,
219~220, 229, 312

배당금 21~22, 98~99, 205, 265, 274,
277, 311

법인세 164, 171, 241~242, 255

베네수엘라은행 49~50, 56

베르너, 리하르트 223~224, 228, 234,
236, 238, 272

벨록, 힐레어 8, 132, 254~255

보어전쟁 191

『보이는 시장의 손:베네수엘라의 경제
전쟁』 64

보험 35~36

보험금 37~39

보호무역 104

보호주의 102~103, 114, 119, 209

볼리바르화 67, 69

볼셰비키 139, 141~142, 144, 146,
148~149

부동산 8, 30, 44, 55, 59~60, 97, 130,
171, 189, 224, 228, 232, 241, 252,
255, 260, 264, 266~268, 273, 300,
310

부실채권 40, 43, 223

부절목 11~12, 125~126, 274

부채 33, 41, 51, 199, 226, 236, 257,
264

부채담보증권 33~35, 37~39

불환지폐 213

비교우위론 100

비생산대출 8

비스마르크, 오토 폰 107, 117~119

비우량 주택담보대출 30~31, 33~34,
42

비테, 세르게이 112~114, 117, 119

비트코인(암호화폐) 6, 270~271

빅토르 오르반 255

빈곤 퇴치 58

빈곤층 10

빚 7, 9, 18, 21, 38, 135, 183, 204,
208, 210, 215, 217, 224, 231, 257,
274~275, 281, 309~310

『빚그물』 126

ㅅ

사회주의 70, 72, 86, 301
산업혁명 97
산탄데르은행 49, 59
생산 과잉 10, 123
생산력 14~16, 20, 22~24, 94, 98, 176,
    281, 312
석탄 15, 82, 88, 94, 109
섬유산업 102
세금 11, 13, 18~19, 21, 89, 122,
    126, 128, 131, 164, 168, 171, 183,
    199~201, 203, 244, 255, 260, 270,
    272, 274, 280~282
세입자 44~45, 59, 252, 266~267
소득세 158, 164, 171
소디, 프레더릭 15
소비력 10, 18~19, 23, 78, 158~159,
    164, 168, 183, 212~233, 239~240,
    243, 272, 280, 312
소비자 20, 64, 66, 161, 164, 175, 232,
    239, 313
스미스, 애덤 64, 99, 101, 103, 104,
    129, 210
스탈린, 이오시프 295~296
스페인독감 14
시베리아 철도 86
시온주의자 194~196
시프, 제이콥 142, 296
식민지 89, 95, 103, 106~109, 111,

115, 120, 176, 196, 199~203, 209,
    217, 252, 275, 293, 304
신용도 33, 44, 132, 205
신용부도보상 34~37, 39
실업률 10, 13, 17, 21, 68, 159, 161,
    164~168, 171~173
씨티그룹 43

ㅇ

아메리카인터내셔널그룹(AIG) 35~39
아우슈비츠 190, 192~193
아일랜드 기근 135
아퀴나스, 토마스 129
양극화 6, 237~239, 242~243,
    251~253, 255, 273, 283~284, 300,
    304
양도성예금증서 56
양적완화 22, 43~44, 239, 241~242,
    252, 265, 267~268, 274~275, 278
어음 169~171
엔(엔화) 223, 230, 237, 240
연방준비은행 24, 39, 43, 215, 217,
    219, 238, 244, 252, 265, 306
영러동맹 115
『영미 권부』 151
영미 주류 경제학 13
오바마, 버락 40~43
『왕권이냐 금권이냐』 12
외자 유치 9

원금   10, 51, 54

원금 상환 11

원유 매장량 69

월가 32, 38, 41~43, 45, 237

월세 17, 44~45, 300

윌슨, 로버트 맥네어 12

윌슨, 우드로 84, 141, 216~218

유가 49, 231~232, 270

유대인 85, 116~117, 148~149, 156,
189~191, 193~195, 216

유동성 97~98

유동성 위기 37~39, 56

은행 5~6, 8~9, 17~18, 21, 32~34,
40~42, 49~57, 59~61, 72,
93~94, 97~98, 128, 133, 135,
157, 162~163, 165, 170~171,
202, 210~211, 217, 226~227,
234~235, 245, 249~252,
255~256, 260, 264~265, 269, 273,
284, 311, 313

은행 대출 8~9, 55, 234

은행업 53

의료망 확충 58

이자 6, 8, 10, 18, 21, 33~34, 51,
53~54, 98, 121~122, 129, 163,
183, 202, 205, 210~211, 213~214,
217, 226~227, 252, 254~255, 274,
311~312

인플레이션 11, 18, 61~62, 72, 79,

175, 201, 210, 213

일본은행 223~224, 225, 232~235,
237~238, 242, 278

임대주택 58, 266~267

임대료 5, 8, 300

잉글랜드은행 9, 11, 14, 93, 97, 120,
129, 132~133, 155, 206, 218, 227

ㅈ ────────────────

자본부채비율 34

자사주 21, 277~278

자산 21~22, 35~36, 51, 60, 89, 140,
226~227, 241, 260, 264~265

자영업자 5, 17

자유무역 95, 99~101, 104

자유화 238, 173

재무장관 29~30, 38~39, 41, 43, 112

재부 7~8, 10, 18, 104, 254~255

『재부, 가상재부, 부채』 15

재정 지출 158~159, 164, 210, 212

저금리 8, 21, 40, 57, 278

적자 재정 166, 275

전쟁 9~13, 77~80, 84~86, 89~90,
111~112, 119~120, 124,
132~135, 138~141, 144, 155,
165~167, 175~180, 182~185,
188, 192~193, 195, 204, 206,
209~212, 274, 279, 282~283, 286,

288, 291, 294, 308~310

전쟁자금 11, 118, 138, 210, 217, 230

전쟁배상금 82, 86, 89

절대우위론 99

『정치경제학과 과세의 원리』 101

제조업 93~96, 105~107, 228, 230,
  274, 276, 278, 285, 289

조세도피처 55, 69~70, 73

주가 21~22, 88, 156~157, 216, 235,
  240, 277~278

주식시장 22, 30, 36, 43, 88, 243, 278

주택금융조합 50~52, 54

주택난 50

주택담보대출 30, 37, 42, 50, 59,
  266~267

주택보유자 35, 40~42

주택자금 32

중앙은행 13~19, 51, 72, 77~78,
  87~88, 121, 128, 130, 155, 163,
  170~171, 184, 205~206, 208, 215,
  217, 220, 234, 238, 249, 252, 256,
  265, 267~269, 274, 285, 306, 314

증권거래위원회 34

증권화 32~34, 42, 45, 55

증세 121, 129, 169, 183

지급준비금 56, 225~227

직접세 164

집값 17, 20, 40, 51~52, 267, 300

ㅊ ────────────

차베스, 우고 49, 55, 57~58, 62, 68~72

차압 22, 40, 44, 60, 208, 214, 257, 310

채권 10, 22, 34, 38, 105, 133~134,
  183, 201, 205, 201~211, 213, 217,
  264, 310

채권자 38~39, 133, 214

채무자 38~40, 163, 203, 214

처칠, 윈스턴 193

천안문광장 302~303

철 82, 94

초국적기업 261~262

초인플레 14, 69, 72~73, 79~80, 82,
  86, 88, 169, 189, 306

ㅋ ────────────

케인스, 존 메이너드 10

켈튼, 스테파니 274~275

코로나 바이러스 14

쿠르초, 파스콸리나 64

퀴글리, 캐롤 150~151

크리미아전쟁 112, 137

ㅌ ────────────

타운젠드법 199~200

태평양전쟁 167

태환지폐 213

토지 60, 124, 130, 212

통화량 10, 51~52, 77~78, 215, 226,
　　236, 264, 272

통화주권 19~24, 123, 125, 132, 206,
　　217, 269, 271, 275

투기 7, 14, 34, 36, 41~42, 55, 57, 72,
　　162, 219

투자 18~19, 34, 54~55, 70, 105,
　　155~156, 164, 166, 168, 171, 231,
　　235, 239, 241, 244, 250, 264, 276

트럼프, 도널드 72, 276

트로츠키, 레온 83, 142, 296

ⅡⅡ ─────────────

파생상품 36

파운드 11, 24, 80, 93, 128~130, 133,
　　150, 155, 203, 218, 230

포드자동차 160

포드, 헨리 160

폴슨, 헨리 29~31, 34, 38~41, 43

프랑스프로이센전쟁 136

프랑스혁명 12, 89, 133, 204

프랑화 89

플라자합의 232, 277

ㅎ ─────────────

항해법 103~104

『헬렌을 위한 경제학』 8

현대화폐이론 275

홀로코스트 190

화석연료 15

화폐 73, 78, 122~126, 130, 211, 214

환율 67~69

후버, 허버트 158~159

히틀러, 아돌프 13, 167~169, 171~
　　178, 181~185, 187~189, 194, 196,
　　229

기타 ─────────────

1차대전 13, 72, 77, 85, 89~90, 93,
　　111, 136, 138~139, 142~143, 148,
　　150, 165, 176, 181~183, 217, 291,
　　308~309

2차대전 14, 167, 188, 190~191, 195,
　　212, 220, 223, 228~229, 237, 291,
　　296, 308~309

4차산업혁명 22, 313

IMF 8, 41, 249~250, 256, 275~276

JP모건 156

국가부도경제학

1판 1쇄 찍음 2020년 9월 10일
1판 1쇄 펴냄 2020년 9월 18일

지은이 이희재

주간 김현숙 | **편집** 변효현, 김주희
디자인 이현정, 전미혜
영업 백국현, 정강석 | **관리** 오유나

펴낸곳 궁리출판 | **펴낸이** 이갑수

등록 1999년 3월 29일 제300-2004-162호
주소 10881 경기도 파주시 회동길 325-12
전화 031-955-9818 | **팩스** 031-955-9848
홈페이지 www.kungree.com | **전자우편** kungree@kungree.com
페이스북 /kungreepress | **트위터** @kungreepress
인스타그램 /kungree_press

ⓒ 이희재, 2020.

ISBN 978-89-5820-681-1   03330